制造业+互联网

——《国务院关于深化制造业与互联网融合发展的指导意见》解读

工业和信息化部信息化和软件服务业司
中国电子信息产业发展研究院 编著

電子工業出版社
Publishing House of Electronics Industry
北京 • BEIJING

内 容 简 介

本书主要解读《国务院关于深化制造业与互联网融合发展的指导意见》(国发〔2016〕28号文),由工业和信息化部信息化和软件服务业司联合中国电子信息产业发展研究院共同编写。

“制造业+互联网”是两化深度融合的具体体现,是协同推进“中国制造 2025”和“互联网+”行动的最佳结合点。本书围绕“制造业与互联网在哪融合、用什么融合、怎么融合”这一主线,系统阐述了制造业与互联网融合发展的基础条件、可行路径和重点举措。通过典型案例剖析,为企业深化互联网应用提供借鉴和指导。

本书可为政府部门、制造企业、互联网企业和研究机构提供参考,也可供高等院校及对制造业和互联网感兴趣的读者阅读。

图书在版编目(CIP)数据

制造业+互联网:《国务院关于深化制造业与互联网融合发展的指导意见》解读 / 工业和信息化部信息化和软件服务业司,中国电子信息产业发展研究院编著. —北京:电子工业出版社,2016.9
ISBN 978-7-121-29866-0

Ⅰ. ①制… Ⅱ. ①工… ②中… Ⅲ. ①互联网络—应用—制造工业—经济发展—文件—中国 Ⅳ. ①F426.4

中国版本图书馆 CIP 数据核字(2016)第 211993 号

责任编辑:徐　静　　特约编辑:刘　凡
印　　刷:北京捷迅佳彩印刷有限公司
装　　订:北京捷迅佳彩印刷有限公司
出版发行:电子工业出版社
　　　　　北京市海淀区万寿路 173 信箱　邮编　100036
开　　本:720×1000　1/16　印张:16.75　字数:290 千字
版　　次:2016 年 9 月第 1 版
印　　次:2023 年 9 月第 3 次印刷
定　　价:79.00 元

凡所购买电子工业出版社图书有缺损问题,请向购买书店调换。若书店售缺,请与本社发行部联系,联系及邮购电话:(010)88254888,88258888。

质量投诉请发邮件至 zlts@phei.com.cn,盗版侵权举报请发邮件至 dbqq@phei.com.cn。

本书咨询联系方式:(010)88254473、qiyue@phei.com.cn。

编 委 会

序

——写在《制造业+互联网:〈国务院关于深化制造业与互联网融合发展的指导意见〉解读》出版之际

当前，全球新一轮科技革命和产业变革蓄势待发，党中央、国务院高度重视制造业与互联网融合发展。习近平总书记指出，“要着力推动互联网与实体经济深度融合发展，以信息流带动技术流、资金流、人才流、物资流，促进资源配置优化”。李克强总理强调，“中国制造 2025”的前途就在于“+互联网”。国务院其他领导同志也多次提出具体工作要求。深入推进制造业与互联网融合发展，既有利于发挥我国制造业门类齐全、独立完整、规模庞大的优势，又有利于发挥我国互联网应用创新活跃、产业规模领先、人才资本聚集的优势，形成叠加效应、倍增效应、聚合效应，加快新旧发展动能和生产体系转换，推动“中国制造”提质增效升级。

一、深化制造业与互联网融合发展意义重大

深化制造业与互联网融合，就是把制造业、“互联网+”和“双创”紧密结合起来，通过优化产业结构有效改善供给，发展新经济，释放新动能，推动制造业转型升级。

（一）制造业与互联网融合发展是建设制造强国的根本途径

制造业是我国经济的根基所在，也是推动经济发展提质增效升级的主战场。经过多年发展，我国已经成为全球制造业大国，但整体大而不强。建设制造强国

需要实现由要素驱动向创新驱动转变，由低成本竞争优势向质量效益竞争优势转变，由资源消耗大、污染物排放多的粗放制造向绿色制造转变，由生产型制造向服务型制造转变。深化制造业与互联网融合发展，是实现上述转变的现实选择，有利于构建跨领域、协同化、生态化制造业创新体系，有利于加快制造业数字化、网络化、智能化转型，有利于打造新型制造体系。

（二）制造业与互联网融合发展是实践“双创”的主要阵地

当前，我国经济发展进入新常态，依靠大规模投资扩大产能、低成本要素投入和出口拉动的传统模式已难以为继，创新能力不强、体制机制僵化已成为制约我国经济发展的要害问题。“双创”通过集众智、汇众力不断挖掘创新发展潜力，成为经济持续健康发展的新动力之源。在流通领域，电子商务等平台已经为广大创业者开展创业提供重要支撑；在制造业领域，基于互联网的大型制造企业“双创”平台和为中小企业服务的第三方“双创”平台也开始出现，正成为激发创新、激励创业的新载体。深化制造业与互联网融合，将会引发制造业创新模式、资源配置、生产方式、组织形式、管理模式深刻变革，催生面向制造业转型升级与创新发展的大量新兴技术、产品、模式与业态需求，为“双创”拓展出了广阔空间。

（三）制造业与互联网融合发展是推进供给侧改革的重要途径

当前，我国经济发展的内外部环境发生了重大变化，制造业领域供需结构错配的问题亟待解决。首先，互联网在制造企业和用户之间架设了信息沟通的桥梁，为制造企业基于用户需求设计、生产、服务提供支撑，催生了大规模个性化定制的新模式，实现了按需供给，大大缓解了产能过剩的问题。其次，互联网使得技术、资金、人才等创新要素和资源的汇聚更加迅速，提升了制造企业内外部协同效率，催生了网络化协同制造的新模式，大大降低了资源共享、业务协同和交易服务的成本。此外，互联网使得制造企业在产品交付后能够对产品实现线上线下（O2O）服务，催生了在线监控诊断、远程维护、产品全生命周期管理等服务型制造新模式，提高了产品和服务的附加值，提升了供给的层次和水平。

（四）制造业与互联网融合发展是抢占全球新一轮产业竞争制高点的战略选择

金融危机后，世界经济进入深度调整，发达国家争相把制造业与互联网的融合发展上升至经济社会发展的全局性、战略性地位，作为新形势下推动再工业化、争夺国际产业竞争话语权的重大举措。其根本出发点在于深化以互联网为代表的新一代信息技术在制造业研发设计、生产制造、经营管理、营销服务等流程和环节的集成应用，构建网络时代的智能制造生产体系，进一步巩固和增强本国比较优势，抢占新一轮产业竞争制高点。我国深化制造业与互联网融合发展势在必行，以此突破发展瓶颈，加快实施“中国制造 2025”，实现制造强国的战略目标。

二、以五大发展理念为引领，贯彻落实《国务院关于深化制造业与互联网融合发展的指导意见》

《国务院关于深化制造业与互联网融合发展的指导意见》（以下简称《指导意见》）是未来一段时期深化制造业与互联网融合发展的行动纲领。必须牢固树立和贯彻落实创新、协调、绿色、开放、共享五大发展理念，加快推动制造业转型升级，不断提升“中国制造”竞争新优势。

（一）坚持把创新发展作为引领制造业与互联网融合发展的重要引擎

创新是引领产业突破发展瓶颈、实现全面加速的第一动力。制造业与互联网融合发展必须坚持创新驱动，强化企业创新主体地位和主导作用，支持大型制造企业“双创”平台和面向中小企业的第三方“双创”服务平台发展，推动生产模式和组织方式创新，构建网络化、智能化、服务化、协同化的产业发展新生态，开创大众创业、万众创新的新局面。

（二）坚持把协调发展作为加快制造业与互联网融合发展的核心要义

制造业与互联网融合发展需要妥善处理鼓励创新与加强监管、全面推进与错位发展、加快发展与保障安全的关系，维护用户权益，保护公平竞争，保障知识产权，降低市场壁垒，实施科学有效监管，形成公平有序的融合发展新环境。需要推动制造企业与互联网企业在发展理念、技术产业、生产体系、业务模式等方面全面融合，形成协调共生的产业发展格局。

（三）坚持把绿色发展作为促进制造业与互联网融合发展的根本要求

绿色是国家产业体系建设与可持续发展的基本要求。制造业发展对资源能源的需求不断提升，对生态环境的影响日益深刻，绿色发展刻不容缓。与此同时，新一代信息通信技术应用在促进制造业清洁低碳、循环生产、节能减排等方面的作用日益凸显。深化制造业与互联网融合发展，要以制造业绿色改造升级为重点，大力推动绿色制造关键技术研发和产业化，加快培育合同能源管理、电力需求侧管理等新业态、新模式，提高资源能源利用效率。

（四）坚持把开放发展作为深化制造业与互联网融合发展的主要内容

我国制造业的发展需要紧紧抓住全球互联网发展和治理格局变动的机遇，加强技术、市场、资本、人才的交流合作，推进新一轮高水平对外开放，努力形成与世界经济深度融合的互利合作格局。支持制造企业、互联网企业深度参与国际分工合作和全球经济治理，完善面向全球的网络化服务生态体系，持续提升全球资源整合能力，促进全球创新要素有序流动，不断增强在国际标准制定中的话语权，加快构建我国制造业国际竞争新优势。

（五）坚持把共享发展作为推动制造业与互联网融合发展的有效途径

制造业肩负着吸纳就业、满足社会需求和保障人民生活的重要使命。深化制造业与互联网融合，要发挥互联网平台聚集优化各类要素资源的优势，构建共享协同的生产组织体系，大力发展制造业分享经济，以更优质的产品、更丰富的业态、更灵活的方式满足个性化、多样化需求。要支持大型制造企业建立基于互联网的“双创”平台，创造更多新的就业岗位，催生更多新的产业形态，提供更多新的发展机会。

落实好《指导意见》，必须加快建立深化制造业与互联网融合发展的工作机制，调动各方力量，瞄准重点领域，狠抓关键环节，夯实政策支持，扎实稳步地推进各方面工作。

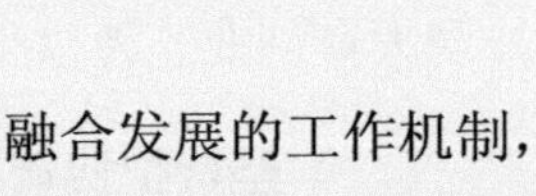

工业和信息化部部长

前言

以互联网为代表的新一代信息通信技术与制造业融合发展，是全球新一轮科技革命和产业变革的重要特征，也是当前制造业大国竞争的主战场。我国是制造业大国，也是互联网大国，推动制造业与互联网融合，既有得天独厚的基础优势，也有利于充分发挥我国制造业大国和互联网大国的双重优势，形成叠加效应、倍增效应、聚合效应，为激发“双创”活力、培育新模式新业态、加快新旧发展动能和新旧生产体系转换提供了可行途径。

近年来，党中央、国务院高度重视信息化和工业化融合在我国现代化建设中的战略地位。在国家政策的强力支持下，我国两化融合取得明显成效。当前，制造业与互联网加速融合，正逐步沿着微笑曲线由采购、营销端向研发、设计和制造端渗透，从单项业务、单一企业、局部环节向多业务、全产业链、产品全生命周期渗透，从生产方式变革到组织创新，加速重构生产要素配置方式和创新模式。但与此同时，我国仍面临平台支撑不足、核心技术薄弱、应用水平不高、安全保障有待增强、体制机制亟待完善等问题。为进一步深化制造业与互联网融合发展，协同推进“中国制造 2025”和“互联网+”行动，加快制造强国建设，工业和信息化部会同国家发改委、财政部等有关部委，编制了《国务院关于深化制造业与互联网融合发展的指导意见》（以下简称《指导意见》）。

为做好《指导意见》的宣传解读工作，工业和信息化部信息化和软件服务业司联合中国电子信息产业发展研究院编纂了《制造业+互联网》一书，主要围绕“制造业与互联网在哪融合、用什么融合、怎么融合”这条主线，从发展背景、战略意义、现实基础、思路目标、重点方向和政策措施等方面，对《指导意见》进行系统性深度解读。本书分为三篇共 16 章。第一篇为总体篇（共 4 章），第一章介绍《指导意见》出台的背景和意义；第二章研究“互联网+”的价值创造机理；第三章全面梳理制造业与互联网融合发展的基础条件；第四章系统分析制造业与互联网融合发展的思路和目标。第二篇为任务篇（共 5 章），第五章详细阐述大型制造企业互联网“双创”平台和面向中小企业的第三方“双创”服务平台的建设模式；第六章研究论述制造企业与互联网企业开展多种形式跨界合作、融合发展的新生态；第七章深入分析智能工厂、网络化协同制造、个性化定制、服务型制造等制造业与互联网融合新模式；第八章分析论述支撑制造业与互联网融合发展的基础技术、解决方案、安全保障等能力；第九章分析了提升融合发展的系统解决方案能力。第三篇为政策篇（共 7 章），分别解读制造业与互联网融合发展中体制机制、国企改革、财政支持、税收金融、产业用地、人才培养、国际合作等方面的政策考虑和措施。本书重点解读制造业与互联网融合的路径和对策，可作为政府、企业、科研单位、高校等社会各界理解“制作业与互联网融合”内涵，进一步明确如何推进实施“制作业与互联网融合”的重要参考书。

制造业是国民经济的主体，是实施“互联网+”行动的主战场。深化制造业与互联网融合发展的核心是加快推动制造业转型升级，不断提升“中国制造”竞争新优势。“制造业与互联网融合”进一步丰富和发展了两化融合的内涵，为新一代信息技术与工业各行业在更广范围、更深层次的渗透融合开辟了新途径。我国作为人口大国、制造大国和互联网大国，拥有互联网用户近 7 亿，网购用户达 4.1 亿，这也成为“互联网+”时代我国经济在较长时期内保持中高速增长的强大基础。推动制造业与互联网融合发展，既有利于发挥网络用户越多价值越大的梅特卡夫定律效应，也有利于发挥我国大国大市场的独特资源优势，构筑新常态下的经济发展新动能。我们要贯彻落实创新、协调、绿色、开放、共享的发展理念，以激发制造企业创新活力、发展潜力和转型动力为主线，深入推进制造业与互联网融合，充分释放“互联网+”的力量，培育新模式、新业态，构建新型制造体系，建设制造强国，提升“中国制造”竞争新优势。

本书编委会

目　录

总 体 篇

任　务　篇

政 策 篇

附 录

总体篇

背景和意义

“互联网+”的价值创造机理

现实基础

思路和目标

第一章　背景和意义

第一节　我国制造业步入发展动能转换的重要关口

当前，我国经济发展正由传统动能驱动向新动能驱动转换。制造业是国民经济的主体，也是产业结构调整和新旧动能转换的主战场，亟需通过供给侧结构性改革提高创新能力、培育新的发展动能。特别是在新一轮科技革命和产业变革孕育突破的形势下，我国人口红利趋于消失，企业制造成本持续上升，资本边际回报率不断下降，制造业迫切需要加快与互联网深度融合，从生产方式、组织管理和商业模式等多维度重塑竞争力，激发制造企业创新活力、发展潜力和转型动力，加快构建新型制造体系。以上正是《国务院关于深化制造业与互联网融合发展的指导意见》出台的大背景。

一、传统生产要素效率亟待提升

改革开放以来，我国工业持续高速增长，已经建立了门类齐全、独立完整的制造体系，制造业规模跃居世界第一位。2015 年，我国制造业增加值在世界占比超过 1/5，连续 6 年保持世界第一大国地位。但是，随着生产成本持续上升，资源环境约束不断强化，劳动力、资本、土地等要素的规模驱动力持续减弱。特别是近年来，我国劳动力总量逐年减少，资本使用效率偏低，相当多产业和领域的技术水平大幅提高，技术引进消化吸收的空间缩小，这些因素在一定程度上影响了制造业潜在经济增长率的提升。以劳动力为例，2011—2015 年，我国 60 岁及以上老年人口从 1.85 亿增长到 2.22 亿，占总人口的比例从 13.7%上升到 16.1%，平均每年增加 60 岁及以上老年人口 880 万，如表 1-1 和图 1-1 所示。

表 1-1 2008—2015 年我国 60 岁及以上老年人口数量及占全国总人口比例

指标	2008 年	2009 年	2010 年	2011 年	2012 年	2013 年	2014 年	2015 年
60 岁及以上人口（万人）	15989	16714	17765	18499	19390	20243	21242	22200
占全国总人口比例（%）	12	12.5	13.26	13.7	14.3	14.9	15.5	16.1

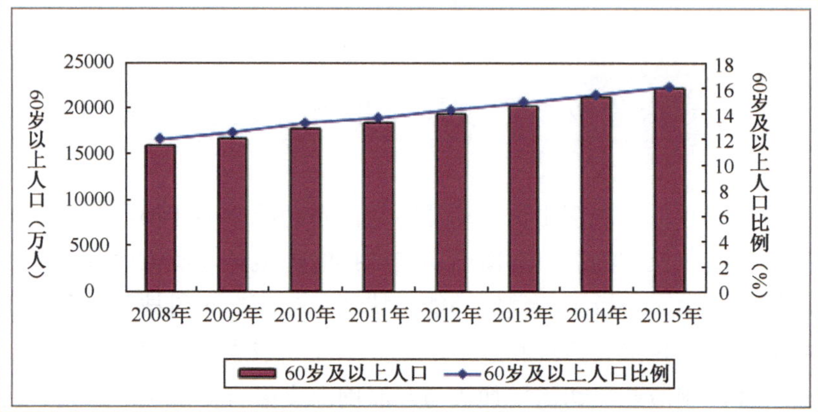

数据来源：国家统计局

图 1-1 2008—2015 年我国 60 岁及以上老年人口数量及占全国总人口比例

二、供给侧与需求侧结构性矛盾引发制造业动力机制深刻变化

需求是工业发展的动力。过去 30 多年，我国崛起成为全球第一制造业大国，得益于出口、投资快速增长的拉动和消费稳步增长的支撑，在需求方面一直拥有良好的外部发展条件。但是近几年，由于投资、出口、消费需求增速的放缓甚至萎缩，支撑我国制造业长期快速发展的有利局面正在发生逆转。以固定资产投资为例，2016 年 1—7 月，工业投资 120603 亿元，同比增长 3.4%，增速比 1—6 月回落 0.8 个百分点。其中，制造业投资 99619 亿元，同比增长 3.0%，增速回落 0.3 个百分点。具体数据如图 1-2 所示。同时，长期困扰我国经济发展的产能过剩问题更为突出，由此拖累了经济提质增效的步伐。正是需求和供给的双重失衡，导致我国制造业发展的动力机制发生较大变化。

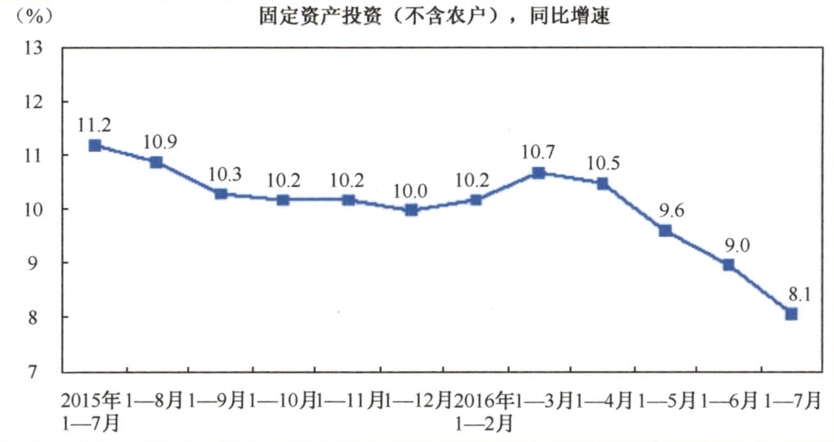

数据来源：国家统计局

图1-2　2015—2016年7月我国固定资产投资（不含农户）同比增速

钢铁行业产能过剩

钢铁行业是我国产能过剩最为严重的行业之一。2007—2011年，钢铁行业的产能利用率保持在80%左右（79.5%~81.3%），总体上处于合理水平。但2012年之后产能利用率明显下降，产能过剩矛盾突出。2012—2014年，我国粗钢产能分别为10亿吨、10.4亿吨、11.4亿吨，而产量分别为7.2亿吨、7.79亿吨和8.23亿吨，产能利用率分别为72%、74.9%和74.8%。

2015年，我国粗钢累计产量超过8亿吨，同比下降0.7%，为1982年来首次下降；我国钢材实际消费6.68亿吨，同比下降5.4%，为1996年来首次下降；钢材出口1.12亿吨，同比增长19.9%。

2016年6月我国粗钢产量为6947万吨，同比上升0.76%，粗钢日均产量为235.01万吨，环比上升1.56%。粗钢日均产量升幅明显，炼钢产能利用率达到71.48%，环比上升1.10个百分点。

产能严重过剩导致钢铁行业盈利水平持续下降，目前钢铁企业生产经营困难加剧、亏损面和亏损额不断扩大。

三、“三明治陷阱”风险加大我国制造业赶超发展难度

我国制造业正面临前有发达国家在高端制造领域围追堵截、后有新兴发展中国家在中低端制造领域追赶竞争的困难局面，如果应对不当，就有可能掉进类似于“三明治”的“陷阱”。金融危机后，欧美发达国家重新审视制造业发展理念，推行“再工业化”和“制造业回归”战略，积极利用新技术抢占新一轮科技革命和产业变革的制高点。美国《先进制造业伙伴计划》、德国《工业 4.0》、法国《新工业法国》等一系列战略规划的提出和实施，其根本出发点在于重塑制造业，谋求在技术、产业继续保持领先优势。这明显推动了制造业向发达国家的回流，导致国际产业 “逆转移”，加大了我国制造业赶超发展的难度。同时，印度、越南、印尼等发展中国家加速工业化，以更低的劳动力成本承接劳动密集型产业的转移，抢占制造业价值链的中低端。“跨太平洋伙伴关系协定（TPP）”、“跨大西洋贸易与投资伙伴协定（TTIP）”等较大范围的跨境自由贸易在很大程度上增加了我国制造业面临的“前后夹击”双重挑战，降低了我国工业产品的竞争优势，对高度依赖外部市场的我国工业出口形成了强烈冲击。

四、质量效益提升成为制造业发展的重中之重

长期以来，我国制造业一直延续规模扩张的发展道路。2001—2010 年，我国工业增速为 11.3%，高于 GDP 增速 0.6 个百分点。自 2012 年开始，工业增速从两位数回落到个位数，如图 1-3 所示。1978 年我国工业增加值占 GDP 比重达到 44.1%，此后略有波动，但始终保持在 40%左右。到 2006 年，工业增加值占 GDP 比重达到新的高点，即 42.2%，此后呈现逐渐回落态势。到 2015 年，工业增加值占 GDP 比重为 40.5%，如图 1-4 所示。然而，随着工业产能趋于饱和、规模扩张的空间逐步缩小，我国工业已进入必须培育发展新动力才能大幅提高劳动生产率，进而从粗放式规模速度型扩张转变到内涵式质量效益型增长的新阶段。

数据来源：国家统计局

图 1-3 2011—2015 年我国工业增加值及其增长速度

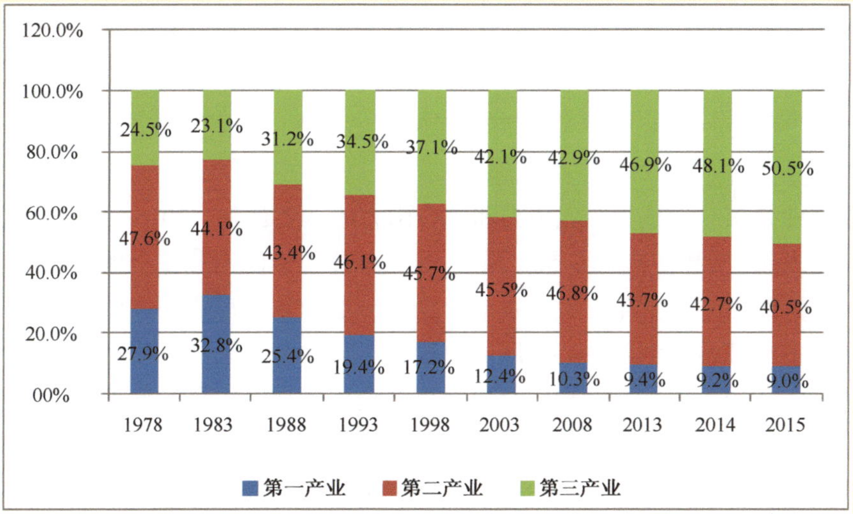

数据来源：国家统计局

图 1-4 1978—2015 年我国一、二、三产占 GDP 比重

五、制造业亟须拓展发展新空间

近 10 多年来，我国制造业持续快速发展，总体规模大幅提升，综合实力不断增强，创新能力明显提升。据 2016 年世界知识产权组织（WIPO）发布的报告显示，过去10年间我国《专利合作条约》（PCT）国际专利申请快速增长，国内专利申请数量连续5年蝉联全球第一，2015年我国通过PCT途径提交的国际专利申请达29846件，增速为16.8%，创下历史新高，增速连续3年列全球第三位，紧随美国、日本之后。但是，单位产出不高，单位产品附加值偏低，地区间产业结构趋同和低水平重复建设现象突出，亟需以供给创新激活消费需求、创造新的生产要素、形成新的增长点，拓展产业发展空间。

第二节　制造业是“互联网+”的主战场

制造业是国民经济的主体，是新常态下经济保持中高速增长和产业迈向中高端水平的中坚力量，是确保如期全面建成小康社会的战略支撑。在“互联网+”向经济社会各领域广渗透、全覆盖的过程中，制造业必然成为“互联网+”深入推进必须要攻克的堡垒，将对我国经济转型产生最深远的影响和最深刻的变革。

一、制造业是全球产业竞争制高点

制造业是国家创造力、竞争力和综合国力的重要体现。2016年，共有204家制造企业入选“《财富》世界500强”，这充分体现了制造业在全球产业体系中的重要地位。经历了三百年工业化发展，全球制造业基本形成四大梯队，包括以美国为主导的全球科技创新中心梯队，以德国、日本为引领的高端制造梯队，以新兴国家为主体的中低端制造梯队，以及资源输出国梯队。金融危机后，美国、德国、日本等发达国家重新审视发展战略，纷纷制定以制造业与互联网融合发展为核心内容的制造业新战略，作为巩固和增强本国比较优势、争夺国际产业竞争话语权的重大举措。印度、越南、印尼等发展中国家加速工业化，凭借更低的人力和资源成本，加快对外开放和结构调整步伐，积极承接劳动密集型产业和资本转移。面对全球产业竞争格局的新调整和抢占未来产业竞争制高点的挑战，我国必须前瞻部署、主动应对，积极推动制造业与互联网融合发展，不断提升“中国制造”竞争新优势，在新一轮全球竞争格局中赢得主动权。

二、我国制造业由大变强需求迫切

随着我国经济发展进入新常态，增长速度、经济结构和发展动力都在进行深度调整，制造业到了爬坡过坎、由大变强的历史新起点上。“十二五”以来，我国制造业稳步发展，综合实力和国际竞争力显著增强，从规模来看已成为世界第一制造大国。但也应看到，我国制造业大而不强，自主创新能力弱，产品质量和可靠性水平较低，产业结构不合理，能源资源利用效率低，企业全球化经营能力不足，依靠大规模投资、低成本要素投入和出口拉动的传统模式已难以为继，与世界制造强国的差距依然十分明显。于是，紧抓互联网跨界融合和释放潜能的战略机遇期，促进以互联网为代表的新一代信息通信技术在制造业领域的深度应用，从生产方式、组织管理和商业模式等多维度重塑制造业，推动制造业向更多依靠创新驱动转变，就构成了我国制造业发展的大背景、大逻辑。

三、“互联网+”为制造业转型升级注入活力

以互联网为代表的新一代信息技术正处于加速发展和跨界融合的爆发期，成为引领新一轮科技革命和产业变革的主导力量。互联网通过聚合资源、对接供需、优化配置，引发了制造业创新模式、资源配置、生产方式、组织形式、管理模式的深刻变革，网络制造、智能制造、柔性制造、绿色制造、服务型制造等日益成为制造业变革的重要方向。

首先，“互联网+”重构制造业创新组织方式。互联网使得技术、资金、人才等创新要素的汇聚更加迅速，大幅降低了创新门槛和创新成本，制造业创新活动不断突破地域、组织、技术的界限，创新主体互动、创新资源组织和创新成果转化方式更加网络化、全球化和快捷化，促进形成更开放、更灵活、更快速、更贴近用户的创新发展模式，开启以融合创新、系统创新、迭代创新、大众创新、微创新为突出特征的创新时代。

其次，“互联网+”变革制造业生产经营方式。互联网逆向整合生产要素，推动生产模式以生产为中心向以消费为中心转变，从大规模标准化生产到大规模个性化定制，成为新一轮产业革命生产方式变革的最本质特征。互联网推动客户交易从一次性交易向长期交易转变，市场需求从产品导向向产品服务系统转变，高价值环节从制造环节向服务环节转变，全球制造企业通过全生命周期管理、总集

成总承包、互联网金融、电子商务、在线诊断等实现了服务化转型。互联网带来了企业组织流程和管理模式的持续创新，平台化、生态化、扁平化等新的企业生产组织方式不断兴起，决策分散化、团队小型化趋势日益凸显。

再次，“互联网+”催生制造业新型业态模式。互联网等新技术突破不断，与传统产业融合创新的步伐加快，催生出一批新产品、新模式、新业态、新产业，正成为新的经济增长点。无人驾驶汽车、无人飞机、数控机床、智能机器人、可穿戴设备等高度智能化产品的商业化步伐不断加快，基于移动互联、云计算、物联网应用的新型商业模式不断涌现，电子商务、互联网金融等新兴产业快速健康发展。

第三节　制造业与互联网融合加速推动制造业转型升级

制造业与互联网融合，不断孕育形成新的产品形态、新的生产制造方式、新的行业领域及新的产业生态体系，加快创新资源配置方式、企业管理方式和市场供给方式，成为推动制造业提质增效升级的强大动力。

一、互联网与制造业融合是制造业迈向中高端水平的重要手段

深化互联网在制造业各环节、各领域的应用，充分发挥互联网激发创新潜能、重构生产体系、引领组织变革、高效配置资源的作用，有利于培育新技术、新产品、新业态、新模式，有利于构建跨领域、协同化、网络化的制造业创新体系，有利于打造新型制造体系，加快形成经济增长新动能以及精准、高效的供给体系。深化互联网与制造业融合发展，正成为我国保持经济中高速增长的重要引擎，成为推动产业迈向中高端的战略支点。

二、制造业与互联网融合是实施创新驱动发展战略的重要路径

制造业是技术创新最活跃的领域，也是国家竞争力和综合实力的集中体现。互联网突破地域、组织、技术的界限，推动制造业创新主体高效互动、产品快速迭代、模式深刻变革、用户深度参与，制造业创客空间、创新工场等新载体、新模式不断涌现，激发全社会创新活力，提高创新资源配置效率，缩短技术商业化

周期，加快构建国家制造业创新体系，推动制造业智能化、绿色化、服务化，助推中国经济从要素驱动向创新驱动转变。

三、制造业与互联网融合是抢占产业竞争制高点的战略选择

全球互联网正处于从消费领域向生产环节拓展的关键时期，国际社会提出了工业 4.0、工业互联网、智能制造等新战略，推进互联网与制造业融合发展，以制造为关键环节、以制造业为主战场、以制造企业为主力军，抢占新一轮产业革命发展理念、架构标准、核心技术、生态系统的竞争制高点。发挥我国互联网应用创新活跃、产业规模领先、人才资本聚集以及制造业门类齐全、独立完整、规模庞大的双重优势，有利于形成叠加效应、倍增效应、聚合效应，将会不断增强制造业竞争实力。

第二章 “互联网+”的价值创造机理

互联网汇聚的不仅是网络资源、计算资源，更是信息资源、经济资源和社会资源。互联网服务商利用资源在大量用户间的复用来降低成本、提高利润，进而利用上规模客户群发展更多的附加业务。互联网服务形成的客户资源和经营网络将成为垄断性知识资源。互联网用户拥有的服务也不仅是信息，而是以极小的代价得到无限的后台服务和经济资源。因此，互联网实际上是经济资源配置方式的重大革新，互联网应用创新具有独特的价值生成机理。

第一节 “互联网+”的特征

“互联网+”是一种推进经济社会变革的力量，主要表现为以互联网为代表的新一代信息技术在经济社会运行、生产生活方式、治国理政模式中的广泛普及与深化应用，不断变革生产模式、组织体系、资源配置方式和经济社会发展范式，孕育形成新的产品形态、新的行业、新的生态体系、新的价值链。“互联网+”主要呈现出如下五个鲜明特征：

一是技术通用性。以互联网为代表的新一代信息技术的创新活力和应用潜能正裂变式释放，并加速与制造、能源、材料、生物等技术交叉融合，不断渗透到经济社会的各个领域，成为重要的经济活动和创新的集聚平台。

二是网络外部性。互联网的价值与用户数的平方成正比。用户数未达到一定规模之前，初始固定投入较高；而随着用户数的增加，其边际投入和边际成本都将递减；当用户规模超过临界点后，互联网价值将呈指数级增长。

三是协同共享性。互联网突破了地域、组织、技术的界限，整合了政府、企业、协会、院所等各类资源，将生产者、消费者聚集在一起，形成跨领域、网络化的协同共享平台，促进资源的共享使用、合理配置与优化供应。

四是去中间环节。互联网具有扁平化、网络化、去中心化的显著特质，这种特质能够把生产与消费无缝连接起来，把散乱的、小的供给与复杂多变的市场需求无限拉近，压缩甚至取消大量中间环节，使可变成本趋近于零。

五是融合解构性。跨地域、无边界、开放、共享的特性使互联网能够与不同领域、平台、组织之间实现跨界融合，形成“统一、开放、透明”的准入条件、交易规则、信用制度以及金融和物流体系大市场，深刻变革传统生产方式、要素配置方式、产品形态和服务模式，形成“互联网+”经济社会发展范式。

第二节 “互联网+”创造价值的作用机制

“互联网+”创造价值的作用机制主要表现在以下三方面。

一、“互联网+”通过改变市场博弈策略，以诚信自律机制提高经济效率

互联网在电子商务、互联网金融等经济领域，以第三方平台服务方式长期记录和积累交易方的行为数据，将市场经济中原本属于不完全信息条件下的静态博弈转变为完全信息条件下的动态重复博弈，形成以信用记录约束经济人行为的自律机制，改善了交易市场的信用环境，形成了长期可信交易的市场环境。

在传统经济交易中，提取两个交易者为分析对象。假设每个参与者都有“诚信”和“欺骗”两种选择。参与者各选择一种决策行为并且不让对方知道。在兑现决策之后，根据以下规则支付利益：

- 一人欺骗、一人诚信：欺骗者得 5 分（欺骗诱惑），诚信者 0 分（受骗支付）。
- 二人都诚信：各得 3 分（诚信报酬）。
- 二人都欺骗：各得 1 分（欺骗惩罚）。

具体支付矩阵表格如表 2-1 所示。

表 2-1　支付矩阵表格

一般形式囚徒困境的支付矩阵			以“T、R、P、S”符号表示			以“胜-负”术语表示		
	诚信	欺骗		诚信	欺骗		诚信	欺骗
诚信	3, 3	0, 5	诚信	R, R	S, T	诚信	胜-胜	大负-大胜
欺骗	5, 0	1, 1	欺骗	T, S	P, P	欺骗	大胜-大负	负-负

简单博弈获得的点数可以得出表 2-2 所示结论。

表 2-2　T、R、P、S 符号表

符号	分数	英文	中文（非术语）	解释
T	5	Temptation	欺骗诱惑	单独欺骗成功所得
R	3	Reward	诚信报酬	共同诚信所得
P	1	Punishment	欺骗惩罚	共同欺骗所得
S	0	Suckers	受骗支付	被单独欺骗所获

以个人选择得分而言，可得出以下不等式：

$$T>R>P>S$$

此时，交易任何一方的单独欺骗优于共同诚信。

在基于互联网的市场交易环境下，交易者的博弈行为由不完全信息静态博弈转变为完全信息动态博弈。根据道格拉斯·霍夫施塔特（Douglas R. Hofstadter）的重复博弈或重复囚徒困境理论，参与者从注重 T>R>P>S 转变成注重 2R>T+S，参与者选择 R（共同诚信）为最优选择。

给定一博弈 G，无限次重复进行 G 博弈的过程称为 G 的无限次重复博弈，记为 $G(\infty,\delta)$，其中δ是各博弈方支付（即未来所得利益）共同的贴现系数。并且，对任意的 t，在进行第 t 阶段（第 t 次重复）博弈之前，所有博弈方都能看到前 t–1 阶段博弈的结果。各博弈方在 $G(\infty, \delta)$中的支付等于各阶段支付的现值。

给定贴现系数δ，设无限次重复博弈的某博弈方各阶段支付为π_1、π_2……则该博弈方在无限次重复博弈中的“总支付”为各阶段博弈中支付的“现值”之和：

$$\pi_1+\delta\pi_2+\delta^2\pi_3 +\cdots=\sum \delta^t-1\pi_t \qquad (2\text{-}1)$$

设每一期支付现值均为常数π，是每一轮博弈的平均支付，则总支付现值为：

$$\pi+\delta\pi+\delta^2\pi+\cdots$$

贴现值为：

$$\lim_{n\to\infty}\pi(1+\delta+\delta^2+\cdots)=\frac{\pi}{1-\delta} \quad (2\text{-}2)$$

根据上述支付矩阵：

（1）参与者 K 在某阶段选择欺骗将会使当期得到 5 的收益，但却会触发参与者 J 的永远不诚信策略，于是未来每一阶段的收益都将成为 1。

收益现值为：
$$V_T=5+\delta\times1+\delta^2\times1+\cdots=5+\frac{\delta}{1-\delta} \quad (2\text{-}3)$$

（2）参与者 K 采取诚信策略，

收益现值为：$V_R=3+3\delta+3\delta^2+\cdots=3+\delta(3+3\delta+3\delta^2+\cdots)=3+\delta V_R$

可得出：
$$V_R=\frac{3}{1-\delta} \quad (2\text{-}4)$$

由于$V_R>V_T$，

所以，$\frac{3}{1-\delta}>5+\frac{\delta}{1-\delta}$，

$\delta>1/3$，

贴现因子 $0\leqslant\delta\leqslant1$。

当δ趋向于 0 时，说明参与人行动短视化，时间视野往往局限于本期和近期；

当δ趋向于 1 时，说明参与人有远见，能充分意识到现期的行动决策将通过其他参与人的反应影响到他未来的收益，因而试图跨期协调其行动决策。

因此，在无限次重复博弈情况下，只要参与人有足够的耐心（即δ足够接近 1），每个阶段的行动组合为（诚信，诚信），将可以形成一条子博弈完美纳什均衡的路径。这说明，在基于互联网平台的经济交易中，选择相互诚信是最明智的。诚信自律环境的形成，减少了交易风险，提高了交易效率，从而产生了经济价值。

二、“互联网+”向资本市场展示了收益前景，以内部学习效应机制获取资本补偿

很多互联网平台能够在亏损条件下可持续运营，这是传统经济理论无法解释的。究其原因，是互联网的创新应用形成了短期亏损、长期高利的新型商业模式。互联网用户规模一旦超过临界点，便形成用户偏好依赖和软性市场垄断，具有长期良好的利润前景，这正是资本市场所青睐的商业模式。美国学者肯普（Tom Kemp）的幼稚产业标准理论（Kemp’s Test）能够较好地解释这种现象。

在肯普标准中，内外部学习效应是一个重要概念。它是指一个企业的创新成果能够独自享用，而不被其他企业免费学习模仿。而外部学习效应就是一个企业的创新成果能够被社会上其他企业免费学习模仿。肯普认为，即使某一个新兴的产业在一定时间内是亏损的，只要其知识不会被别人免费学习，即具备内部学习效应机制，就能够通过市场机制来进行资本补偿，实现长期可持续发展，无需政府的补贴或其他产业保护措施。因为对于厂商或投资者来说，其决定是否生产或投资的标准不是眼前的利益，而是未来长期预期收益。如果未来预期收益的贴现值能够大于近期的亏损，那么即使在没有政府保护的情况下，厂商也会为了远期预期收益继续经营，还能从资本市场获取资本补偿，该产业无需政府保护亦会成长起来。但是当存在外部学习效应时，情况就不同了。由于先行企业投资所取得的知识、技术、经验等有可能被其他企业“搭便车”而免费学会，创新成果可能大部分都为社会所免费共享，自身却无法获益，资本市场也不会青睐。这种产业，就只能依靠政府的补贴和保护才能够生存发展了。

图 2-1 描述了互联网平台的内部学习效应和资本补偿机制。图中，横轴是时间 t，纵轴为价格 P 和成本 C。dd' 为新投资的互联网创新应用企业平均成本的变化轨迹，ww' 为市场上传统经营模式的企业平均成本的变化轨迹。假定服务收费价格是一样的，一开始（t_0 到 t_1 阶段），传统企业成本低、利润高，互联网创新应用企业是一直亏损的。问题在于，到了临界点 O 即时间 t_1 点以后，互联网企业与传统企业的平均成本相比较将会发生怎样的变化。如果由于互联网的创新应用导致平均成本大幅度下降，平均成本沿着 dd' 下降，互联网企业可以在 dd' 与 ww' 之间确定实际价格，长期获取超额利润，dd' 与 ww' 之间的距离就是其利润率。传统企业则由于成本 ww' 较高而面临严峻竞争压力，最后不得不退出行业。但是

如果存在外部学习效应，行业内其他企业也很快采用互联网创新应用模式，则他们的成本也会快速下降，dd' 与 ww' 之间的距离也就快速缩小，互联网企业获得的超额利润也就较少，甚至不能弥补前期的亏损，这类行业就需要政府补贴或保护才会有人投资。

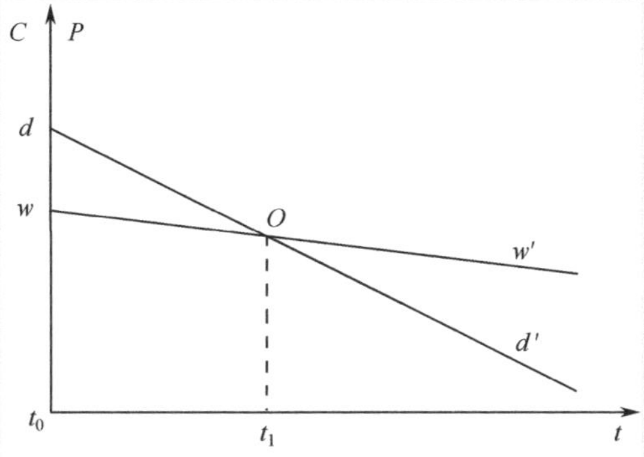

图 2-1　互联网平台的内部学习效应和资本补偿机制

由此可见，只要保护互联网创新应用先行者的合法权益，营造内部学习效应环境，使其知识产权不会被模仿者免费学习，保持较合理的未来预期收益，互联网企业就能够在无需政府保护和政府补贴的前提下，通过市场机制来进行资本补偿，实现长期可持续发展。

三、“互联网+”形成了复合商业模式，以交叉补贴机制确保可持续运营

在用户规模达到一定程度之后，互联网平台经常免费向用户提供长期服务，仍能够维持较好收益，保持良好经营状态。2014 年诺贝尔经济学奖得主法国经济学家让•梯若尔（Jean Tirole）的交叉补贴理论很好地解释了这种商业运作机制。

很多互联网创新应用企业的商业模式是将核心产品或服务完全免费提供给用户，从而形成庞大的用户群和品牌影响力，转而通过其他特定客户的特定产品或增值服务来获取盈利。以图 2-2 和图 2-3 为例，横轴为用户量和服务量，纵轴为服务价格。假定互联网平台普通服务为 A，特定服务为 B，当企业获得最大利润时，A 的使用量为 Q_A^*，售价为 P_A^*；B 的使用量为 Q_B^*，售价为 P_B^*。企业通过降低 A 的售价甚至免费提供 A，使 B 的使用量提升，B 的需求曲线从 D_B 右移到 D_B'。

B 所获得的额外利润可以用补贴形式返回到 A 市场，这样就可以在 A 市场得到一条新的带补贴的边际成本线，这条线应该与边际收入 MR_A 相等。这时，互联网平台普通服务和特定服务的利润之和达到最大。

由此可见，互联网平台通过交叉补贴机制，以免费服务吸引用户达到一定规模，再以部分高收益服务补贴免费服务，从而保证了长期可持续运营。

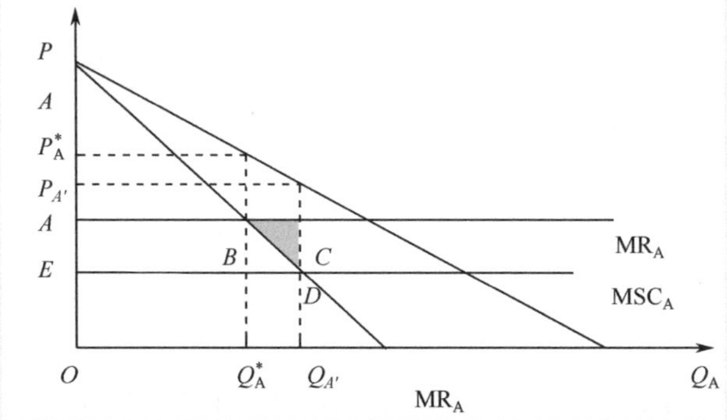

图 2-2　受到交叉补贴的平台服务

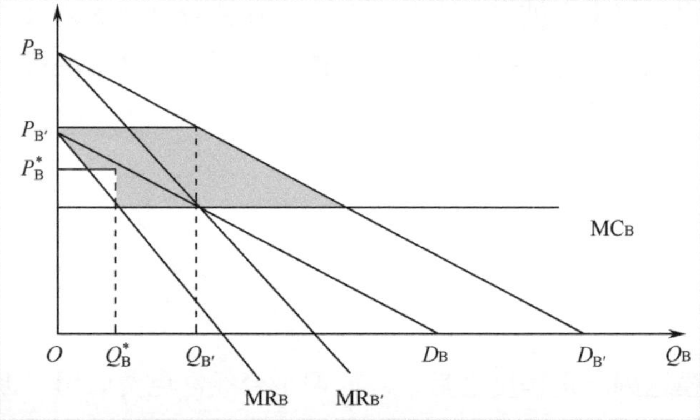

图 2-3　提供交叉补贴的增值服务

第三节　"互联网+"对制造业价值创造的作用分析

经过 20 多年的发展，我国互联网发展取得了巨大进步，目前已是互联网大国。截至 2015 年 12 月，我国网民规模达 6.88 亿，全年新增网民 3951 万人。互联网普及率达到 50.3%，较 2010 年年底提升了 20 个百分点。电子商务交易额达到 20.8

亿元，跃居全球第一。在全球互联网市值最大的10家企业中，我国企业占到4家，阿里、腾讯、百度等互联网龙头企业在服务数亿用户的过程中，培育形成了云计算、大数据、人工智能等新的竞争优势。同时，我国互联网发展多年来积攒的巨大用户量和变革思维，使其正在履行自我创新、跨界融合和渗透颠覆的新使命，这为制造业创新发展、构建新型制造体系带来了新理念、新模式。

一、互联网降低技术应用门槛，将数据和信息转化为生产要素

通过高速宽带的互联网，数据采集终端大规模扩展，计算和服务平台也实现了集中统一，从而促进了数据资源的规模采集和规模集中，以数量巨大、动态变化为基本特征的大数据由此而生。原本零碎、异构、无价值的数据，汇集在一起便具备了深度挖掘和多维利用的价值。对大数据进行分析可以发现关联、发现异常、发现趋势，实现机器设备的智能运转和远程操控，为企业创新生产方式、优化生产流程、提升生产效能发挥极大的促进作用。例如，企业通过工业互联网尽可能捕捉影响生产决策的隐性数据，如零部件的偶发失效、不同加工材料造成的运转性能磨损的不同、静止机器突然大功率启动时发生的摩擦损耗等，在此基础上开展预测分析，采取事前控制，通过降低决策成本和维修成本来创造价值。

二、互联网促进管理模式变革，提升企业组织和运营效率

工业革命以来，企业管理模式上有两次革命性突破：一次是以福特制流水线为代表的古典管理模式，助力美国成为制造业强国；另一次是以丰田制精益管理为代表的经典管理模式，推动日本成为制造业强国。当前，基于互联网的新型管理模式有可能成为继福特模式和丰田模式之后的第三次管理革命，其核心是通过互联网开放平台吸纳企业内外部资源，建立从应用研究、技术开发到产业化应用的创新链条，重构企业运作基本单元和总体结构，通过内部组织扁平化和资源配置全球化培育竞争新优势。例如，海尔将8万多名员工解构成一支由上千个自主经营单元组成的“并联舰队”，形成以销定产的敏捷供应链。宝马通过网络将价值链与生产过程分解到不同国家和地区，形成跨区域、跨链条协作的利益共同体。服装企业海澜之家通过组建互联网平台，联合上游供应链伙伴共同进行以品牌为核心的产品设计，协同下游渠道商、直销商同步进行客户交互管理，同时外包成

衣生产和运输配送等环节，成功实现从传统制造向“品牌+平台”创新制造模式的转型。

三、互联网平台拓宽营销渠道，增强品牌竞争力和市场成长性

互联网平台扩大了企业产品营销渠道，拓展了企业发展空间。特别是跨境电子商务构建了多维、开放的外贸合作模式，能有效打破渠道垄断，降低企业进出口贸易门槛，拓展进入国际市场的渠道，带动企业业务发展。目前，我国跨境电子商务交易额超过 3.75 万亿元，企业超过 20 万家，平台企业超过 5000 家，越来越多的企业通过跨境电子商务平台开辟了走出去的途径，为企业带来了更大的发展机会。由于跨境电子商务是基于互联网的运作模式，具有全球性、即时性的特征，从需求角度看，能够帮助国外消费者更加全面、及时地了解中国物美价廉的产品和高效优质的加工生产能力，进一步发挥中国制造的产品优势；从海外营销角度看，能够越过中间商，减少中间环节，帮助国外与国内、生产者与消费者直接进行业务洽谈等国际商务活动，有助于企业摆脱贴牌加工、打造国际品牌。

四、互联网平台强化与顾客的互动，拓展产品和服务增值空间

互联网搭建起企业与用户、利益相关者无缝对接的平台，拉近了制造端和服务端之间的距离，为企业基于用户需求设计生产、无缝隙传递服务提供了支撑，推动服务型制造快速发展。在互联网应用条件下，生产设备网络化和生产系统智能化水平得到提升，使得消费者需求在设计、生产领域能够得到迅速、及时的响应。以生产者、产品和技术为中心的制造模式加速向社会化和用户深度参与转变，越来越多的制造企业探索“与用户交互、让用户吐槽、最终由用户定义”的大规模个性化定制新模式，大大提升了价值创造空间。服装、家电、家具等最接近消费端的行业率先探索基于工业互联网的定制业务创新，如淘品牌茵曼服饰采用了聚定制预售模式，海尔电器实施了家电模块定制设计，尚品宅配面向家具市场开展高度规模化个性定制。北江纺织基于 O2O 模式开展定制化 ODM（Original Design Manufacturer，原始设计制造商）业务，实现在线按需设计开发和异地定制生产。

同时，互联网促进形成了企业和消费者之间信息主动反馈的机制，为完善以客户需求为导向的产品全生命周期信息集成和跟踪服务、建立以服务为核心的整

体解决方案提供可行路径。制造企业可以利用互联网采集产品的实时数据，开展产品全生命周期管理，为在线实时监测、远程故障诊断、工控系统安全监控、融资租赁、全生命周期管理等增值服务提供了依据，使得服务在产品价值中的比重不断提升。例如，福田雷沃重工基于物联服务平台拓展故障预警、远程诊断等服务业务；罗尔斯罗伊斯公司基于互联网实现对飞机引擎的在线、实时、远程和智能服务；普天新能源搭建了新能源汽车充电、运营及车网一体智能服务平台，借助互联网技术积累分析数万辆电动车日常运行数据，开展服务化运营，推动电动车和电池产品不断完善成熟。目前，制造服务化转型态势明显，企业通过提供远程维护、全寿命周期管理、系统集成整体解决方案等服务刷新了消费者的服务体验，在很大程度上增强了产品的核心竞争力。

五、互联网平台聚焦供应商资源，提高产业链协同效率

互联网为企业加强产业链协同提供了绝佳的技术支持。互联网应用平台实现了跨部门信息系统的互联互通和综合集成，推动企业市场竞争从单打独斗向组织内外部、上下游产业链整合的方向发展，企业竞争实质上成为产业链组织协同能力和效率的竞争。大企业通过建立以互联网为基础的私有云并要求产业链协作各企业利用私有云服务，实现了管理信息系统的内外部整合，掌控了各企业的运作信息，无形中消除了各子企业自行其是的诸多借口及技术障碍，增强了产业链合作的主动性和凝聚力。这使得大企业能够突破各种复杂的利益格局，智慧地管理和运作产业链，从而使产业链更具整体竞争力。

六、云和智能平台集中信息技术资源和服务，释放技术应用效益

互联网服务直接引起计算服务和信息服务的集中，并进一步促进了各类服务资源的集中，使得集中式、开放型信息服务平台有了巨大的发展空间。一个信息平台可以服务数亿甚至数十亿个用户，单位用户的使用成本大幅度降低，整个社会的信息化效率得到了惊人的提高。例如，对大量的中小企业来说，若没有互联网应用，将要花费很多钱来购买各种应用软件和服务；而在互联网应用模式下，中小企业完全能够以很低的成本尽享最先进的信息技术应用和相应的服务。中小企业信息化的难题是因达不到规模经济而面临资金、技术、人才、成本等方面的

高门槛。即使是一些规模较大的企业，购置了某些昂贵的大型应用软件后，也未必能充分应用，而信息技术的快速进步很可能使这些应用软件的价值尚未得到充分发挥便已因落后而被淘汰。基于互联网的公共云计算服务恰好可以在满足中小企业信息化应用需求的同时，大幅度降低成本和风险。原本让中小企业可望而不可即的昂贵的信息系统、先进的信息技术，可以通过公共云服务的模式，以低廉的价格、周到的服务，随需随取地提供给中小企业。企业偶尔使用一下三维 CAD 软件，可以按件付费地租用；买不起 ERP、CRM，可以按日付费地租用。由于需求的专业性和多样性，互联网应用在中小企业公共技术服务中具有非常广阔的市场。面向中小企业的公共互联网云计算服务，势必会成长为一个新兴的生产性服务业。

第三章　现实基础

当前，我国互联网发展已经进入能量积蓄、亟待爆发的新阶段。我国信息产业发展已奠定了雄厚的宽带网络、通信设施基础，在互联网技术、产业以及跨界融合等方面也取得了积极进展，已具备加快推进制造业与互联网融合发展的坚实基础。

第一节　政策环境不断优化

国家政策强力支持两化融合，政策体系基本形成，财政支持力度不断加大，试点示范成效明显，为制造业与互联网融合提供了良好的发展环境。

一、政策体系初步形成

近年来，国家出台了一系列推动两化融合的政策文件。国务院先后出台《工业转型升级规划（2011—2015）》《关于大力推进信息化发展和切实保障信息安全的若干意见》《关于促进信息消费扩大内需的若干意见》《关于推进物联网有序健康发展的指导意见》《“宽带中国”战略及实施方案》《关于促进云计算创新发展培育信息产业新业态的意见》《关于大力发展电子商务加快培育经济新动力的意见》《中国制造 2025》等战略规划。工业和信息化部及相关部委围绕网络基础设施、信息技术产业、制造业信息化、电子商务、新业态新模式等制订并组织实施了 50 多个信息化规划及专项行动计划。上海、广东、湖北等 24 个省市出台了 51 个两化融合专项规划，福建、浙江等 6 个省市制订并组织实施信息经济、互联网+等指导意见和实施方案，31 个省市均制订实施了宽带网络建设的指导意见，广西等 27 个省市设立了两化融合专项资金。目前，初步形成了推动两化深度融合战略部署的顶层设计、政策体系、组织保障和工作机制。

二、试点示范成效显著

发现最佳实践、总结行业经验、加强交流推广、开展试点示范，是推动两化深度融合的有效途径。近年来，工业和信息化部围绕新业态新模式培育、区域两化融合发展、两化融合管理体系贯标等工作，开展了一系列试点示范，涉及企业、行业、区域等多个层面，经过不断探索实践，取得了明显成效。例如，以培育新业态新模式为目标，2014 年和 2015 年共遴选了 124 家企业开展互联网与工业融合试点；以创新工业云服务模式为主线，自 2013 年开始在北京等 16 个省市组织开展了工业云创新服务试点，建设了一批区域工业云平台，推动工业云服务在重点行业深度应用；以工业电子商务集聚区为主体，遴选了北京市朝阳区、天津市北辰区、上海市宝山区、河南省安阳市、广东省揭阳市、湖北省孝感市孝南区 6 个地区开展工业电子商务试点，推动大型工业企业电子商务深度应用。近年来，钢铁、石化、冶金、汽车等行业形成了一批百亿级、千亿级第三方电子商务交易平台，传统 B2C、C2C 模式向大规模个性化定制 C2B 模式转型，电子商务从交易平台向生产平台转变。围绕推广两化融合管理体系标准，分两批遴选了 1100 余家企业开展贯标试点，探索以两化融合管理体系引领企业战略转型、组织变革、管理创新的新机制。为探索区域两化融合发展模式，遴选了北京、沈阳等 16 个两化融合试验区以及浙江等 4 个两化深度融合试验区，探索区域两化融合可行路径。为科学评价我国两化融合发展水平，2012 年遴选了上海、江苏等 9 个省市开展区域两化融合评估试点，探索形成区域两化融合发展水平评估指标体系和评估方法。在试点基础上开展了面向 31 个省市的区域两化融合评估，为各地摸清两化融合现状和问题、把握发展趋势和规律提供重要参考，为引导地方政府找到两化融合发展方向和实践路径、制订具体有效的推进措施提供依据。

第二节　网络基础支撑能力不断增强

基础设施是信息化发展的基石，信息网络是经济社会运行的“血管”和“神经”。我国已经建成全球最大的通信网络，为制造业与互联网融合发展构筑了重要基石。

一、宽带网络支撑能力持续提升

近年来，我国光纤宽带网络加快建设。截至2015年年底，行政村通光纤比例达到78.5%。覆盖全国近80%的家庭。我国宽带接入用户规模位居全球第一，全国光纤接入用户总数达到1.2亿户，占宽带用户总数的56.1%，比上年提高了22个百分点；4G用户数呈爆发式增长，达到3.56亿户，比2014年年底增加了2.59亿户；宽带提速效果日益显著，2015年全国平均接入速率达到17.8Mbps，是2014年年底的2.7倍；网间带宽扩容600G，8Mbps以上、20Mbps以上宽带用户总数占宽带用户总数的比重分别达到69.9%、33.4%，比上年分别提高29、23个百分点；20Mbps及以上宽带用户总数占宽带用户总数的比例达到27.5%，比2014年年底提高了17.1个百分点。总体取得阶段性成效。

提速降费为融合发展提供了良好支撑。2015年5月，国务院下发《关于加快高速宽带网络建设推进网络提速降费的指导意见》，要求加快推进宽带网络基础设施建设，进一步提速降费，提升服务水平。为贯彻落实国务院部署的宽带“提速降费”相关部署，工信部自2015年5月至今，连续四次督促提速降费。各地纷纷制订宽带“提速降费”方案。河南省发布《关于加快“宽带中原”建设推进网络提速降费的意见》，提出2015年50Mbps、100Mbps宽带资费分别下调20%、30%以上，全省固定宽带资费比全国平均水平低10%，2015年年底移动流量资费降至全国平均水平。江西省发布《关于加快高速宽带网络建设推进网络提速降费的实施意见》，提出2015年年底前将具备网络条件的4Mbps以下铜缆用户接入速率免费提升到4Mbps～8Mbps，光纤接入用户免费提速至8Mbps以上，下调百兆光纤接入网费。青海省出台《推进网络提速降费工作实施方案》，明确提出2015年，信息通信行业宽带青海建设投入超过50亿元，并将具备网络条件的4Mbps以下铜缆用户接入速率免费提升到4Mbps～8Mbps，下调百兆光纤接入网费；通过定向流量优惠、闲时流量赠送等多种方式降低流量资费水平，推出流量不清零、流量转赠、套餐匹配等服务。三大电信运营商积极响应，通过开展“光进铜退”“闲时流量套餐”“夜间流量套餐”“流量转赠”“流量不清零”等多项举措提升网络速率、调低流量资费水平。在网络降费方面，三大电信运营商推出了面向所有用户的套餐内流量当月不清零等多项优惠措施，取消了京津冀漫游费和长途费，降低了热点国家国际漫游资费。

二、工业互联网部署力度不断加大

工业互联网是支撑制造业与互联网深度融合的重要基础。2015 年，工业和信息化部加快研究制订工业互联网整体网络架构方案，推动建立工业互联网标准体系，推进工业和 ICT 领域联合推进标准研制，开展工业互联网试验验证。一是探索构建基于 IPv6 的工厂 IT 网络。为适应互联网的发展趋势，同时也为了工厂内庞大数量的生产、监控终端接入 IT 网络，2015 年工信部加快研究基于 IPv6 或支持 IPv4/IPv6 双栈网络技术的工厂级 IT 网络架构方案。二是探索构建基于工业以太网并兼容 IPv6 的 OT 网络。工业以太网将逐步替代现场总线，实现“e 网到底”，同时在以太网向下延伸基础上实现智能机器、传感器、执行器等的 IP 化或 IPv6 化。三是推动实现直达智能机器和在制品的网络连接。智能机器、传感器、在制品等生产现场设备、物品将实现到 IT 网络的直达连接，以实现对生产现场的实时数据采集等功能。四是探索实现泛在的无线连接。生产现场的智能机器、在制品、传感器、运送设备等将通过各类无线技术实现连接，根据设备能耗、传送距离等可采用 Zigbee 等短距离通信技术或 WiFi、LTE 增强、5G 等无线技术来实现。五是研究制订基于 SDN 的 IT/OT 组网方案。IT 网络和 OT 网络采用 SDN 技术，实现控制平面与转发平面的分离，通过 SDN 控制器与制造控制系统（如 MES 等）协同进行网络资源调度，实现柔性制造和生产自组织。

第三节　技术基础不断夯实

近年来，我国物联网、云计算、大数据、工业核心软硬件等领域技术创新应用步伐加快，为制造业与互联网融合发展奠定了坚实的技术基础。

一、物联网技术研发取得突破

我国的光纤传感器、中高频 RFID 技术已进入国际先进行列，面向工业过程自动化的工业无线通信芯片也研制成功。无锡物联网产业研究院院长、国家物联网 973 首席科学家刘海涛领导的“感知中国”团队提出的物联网三层架构、共性平台+应用子集产业化架构与发展模式等物联网顶层设计被物联网国际标准化组织全面采纳，为我国在物联网标准制定上赢得了话语权。2014年11月，ISO/IEC JTC1全会新成立物联网标准工作组（WG10），同步转移原中国主导的物联网参考体系架构标准项目，我国继续主导物联网架构国际标准的制定。

二、云计算和大数据初步具备支撑能力

伴随云计算、大数据的应用推广，产业规模持续提高，各垂直细分领域的云计算产品和服务大量涌现。EB级存储系统、亿级并发服务器系统，以及万台服务器系统集成等云计算技术快速发展，为工业大规模计算需求提供了可行的解决方案。亿级并发任务服务器系统可以支持32节点以上、每节点16路x86或64路轻量处理器的系统规模，计算节点间采用万兆网络互连，支持每秒亿次以上的并发服务请求；大数据平台分布式计算系统集群达到万台服务器规模，分布式存储系统支持单集群2000台服务器，可以同时支撑6万的并发访问，并且采用多份冗余的方式，保证“10个9”的可靠性。阿里云通过自主创新，掌握了云计算的核心技术，主要云计算平台的计算能力和数据处理能力已跻身世界前列；浪潮、曙光、华为等国内自主云计算服务器也已比较成熟，具有一定的国际竞争力。

三、工业核心软硬件具备一定支撑能力

围绕集成电路、关键元器件、基础软件、新型显示等技术，国家组织实施了核高基专项、高档数控机床与基础制造装备等科技重大专项以及智能制造装备发展专项，引导和支持信息技术自主研发和产业化，推动技术向尖端化、国际化方向迈进。高性能计算、通信设备、集成电路、高端通用芯片、平板显示、软件和信息技术服务业等领域新技术突破层出不穷。

在高性能计算领域，实测性能超千万亿次的超级计算机——曙光“星云”高性能计算机将我国高性能计算机研制水平推向世界先进行列，其采用的自主研发的刀片服务器系统实现了国际标准化生产，并集成了大规模系统管理和调度系统、高性能计算机安全系统等其他多项自主技术。

在通信设备领域，以TD-SCDMA/TD-LTE、AVS、WAPI等为代表的具有自

主知识产权的关键技术跨入世界先进行列。自主研发的TD-LTE-Advanced成为4G国际标准之一，TD-SCDMA基带芯片市场占有率超过50%，建成了全球最大的下一代互联网（IPv6）示范网络，在信息通信技术国际标准制定中的影响力逐渐扩大。

在集成电路领域，开展了22～14nm集成电路技术攻关，完成了面向22/20nm技术代的150多项单项技术的研发并实现工艺集成。集成电路设计水平达到16/14nm，制造业实现28nm小批量产。

在高端通用芯片领域，国产通用芯片“龙芯”实现国产CPU芯片零的突破，并在党政军示范应用的带动下，基本上建成涵盖BIOS、OEM/ODM、操作系统、办公软件、数据库、中间件、JAVA、Flash等在内的软硬件技术链。

在平板显示领域，国内新一代显示技术布局加快，新技术产业化以及新产品量产化成为产业发展的重要驱动力。厦门5.5代低温多晶硅生产线、鄂尔多斯5.5代AMOLED生产线相继投产；氧化物半导体（Oxide）、四道光罩工艺等新技术逐步导入生产线；自主研发的电子设计自动化（EDA）软件被骨干企业大量采用；大尺寸、超高分辨率的55英寸4K×2K液晶电视面板实现量产；电视用55英寸以上有源有机发光二极管（AMOLED）面板样品研制成功。

在软件和信息技术服务领域，基础软件取得突破，基于国产中望CAD平台二次开发的建筑、给排水、暖通、电气、结构等系列专业应用软件产品研制成功，冲破了对国外CAD平台软件的技术羁绊，逐步构建起基于自主化底层平台的国产CAD软件生态圈。

第四节　产业基础支撑服务能力日益增强

近年来，我国信息产业发展取得显著成效，初步具备了为制造业与互联网融合发展提供软硬件产品应用的支撑服务能力。

一、信息产业基础不断完善

经过多年持续快速发展，我国信息产业规模平稳较快增长，初步形成了专业门类相对齐全、产业链基本完善、产业基础扎实雄厚、产业结构不断优化、创新能力日益提升、宏观调控逐渐科学规范的产业体系，国际竞争力明显增强，为制造业与互联网深度融合提供了坚实基础。2015年，我国信息产业收入规模达到17.3万亿元，其中，软件和信息技术服务业实现软件业务收入 4.3 万亿元，占信息产业收入比例从 2010 年的 16%提高到 25%，移动数据及互联网业务收入占电信业务收入的比重提升至 27.6%。智能终端、通信设备等多个领域的电子信息产品产量规模居全球第一位。

二、涌现出了一批具有国际竞争力的企业

我国信息企业规模不断壮大，盈利能力不断提高，创新能力和品牌影响力日益提升，国际市场竞争力明显增强。一批综合实力较强的本土大企业和具有独特优势的中小企业迅速崛起。这些企业的技术水平、产品结构不断升级优化，在国际化经营中，产品从低端到高端，市场从发展中国家拓展到发达国家，“走出去”层次不断提高。华为、中兴在全球通信设备制造商中分别居第一、第五位，在通信设备专用芯片领域成绩斐然，实现了移动基站 ASIC 芯片、网络处理芯片（NP）、光通信（WDM/OTN/PTN）芯片的自主供给。阿里巴巴、腾讯、百度、京东等互联网企业已跻身于全球十大互联网公司行列。

三、初步掌握了智能制造系统解决方案能力

当前，智能制造热度高企，航空航天、飞机制造、汽车制造、电子制造等行业企业纷纷涉足智能制造。中航科工二院将 3D 打印应用于复杂零部件研发生产过程中。九江石化、三一重工、中石油、中石化等企业开始建设智能工厂。面向日益增长的智能制造发展需求，浙江省建立了一批装备电子重点企业研究院，开始培养解决方案商。和利时、宝信、中国普天、中控、中海创、广州数控等龙头企业将业务重心转向智能制造系统整体解决方案，加强与各行业工业企业的协同合作，在自动化生产线、数字化车间及未来智能工厂模式的探索中获得了大量的实践经验，为制造业与互联网融合发展提供了可行路径。

第五节　两化融合水平逐年提升

当前，我国两化融合进入快速发展期。根据中国电子信息产业发展研究院连续五年的监测评估结果，2012—2015 年全国两化融合发展总指数分别为 59.07、61.95、66.14、72.68，2013—2015 年指数增长量分别是 6.34、2.88、4.19、6.54，增长率分别是 4.88%、6.76%、9.89%，2013—2015 年增长速度呈逐年加快态势。这表明我国两化融合正步入深化应用、变革创新、引领转型的新阶段，在改造提升传统产业、培育新模式新业态、增强企业创新活力等方面的作用日益增强，为制造业与互联网在发展理念、技术和产品、生产体系、业务模式等层面的全方位融合奠定了坚实的基础。

一、基础环境建设效果明显

根据 2011—2015 年的监测评估，各地区两化融合基础设施体系日益健全，如图 3-1 所示。全国固定宽带端口平均速率指数已连续两年大幅增长，城（省）域网出口带宽和固定宽带普及率指数均有不同程度提高，这主要是因为我国全面实施“宽带中国”专项行动，加快推进全光网城市建设，狠抓网络提速降费。截至 2015 年年底，8Mbps 以上、20Mbps 以上宽带用户总数占宽带用户总数的比例分别达到 69.9%、33.4%，比 2014 年分别提升了 29、23 个百分点。同时，中小企业信息化公共服务平台建设正在成为大众创业、万众创新的重要载体。

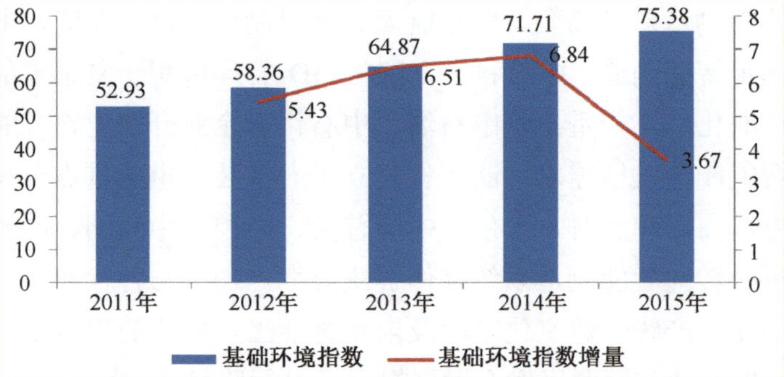

数据来源：中国电子信息产业发展研究院

图 3-1　2011—2015 年基础环境指数及增量

二、工业互联初步形成

根据连续五年的监测和评估，2015 年全国绝大部分工业企业使用互联网开展业务，大中型企业普遍使用供应链管理（SCM）、客户关系管理（CRM）等基于互联网的管理信息系统，依托互联网开展按需制造、众包众设、协同设计等模式不断涌现。从 2015 年区域两化融合发展水平评估结果看，代表网络普及和应用水平的基础环境指数为 75.38，比 2011 年增长了 23.45，年均复合增长率 7.33%（参见表 3-1）。这说明，宽带互联网在工业中的应用基本普及，工业互联网已经形成。

表 3-1　2011—2015 年全国两化融合基础环境类指标指数

年份	城（省）域网出口带宽	固定宽带普及率	固定宽带端口平均速率	移动电话普及率	互联网普及率	中小企业信息化服务平台数	全国基础环境指数
2011	47.98	53.84	49.03	51.2	51.48	58.59	52.93
2012	57.42	59.73	50.57	55.77	54.89	66.84	58.36
2013	63.42	66.24	54.29	60.45	58.69	93.56	64.87
2014	63.42	69.49	69.55	63.75	62.31	107.71	71.71
2015	65.82	72.51	82.18	65.56	63.97	108.35	75.38
2011—2015 年年均复合增长率（%）	6.53	6.13	10.88	5.07	4.44	13.08	7.33

数据来源：中国电子信息产业发展研究院

三、工业信息系统大幅提高集成互通水平

2015 年重点行业企业装备数控化率提高到 51.3%，ERP、MES 等信息系统普及率分别达到 62.71%、69.67%，跨企业、跨平台的 SCM、PLM 等以综合集成、互联互通为特征的信息系统普及率均接近 60%（见表 3-2）。这说明，我国工业企业信息化已从单项业务信息技术应用向多业务多技术综合集成转变，从内部信息系统集成向跨企业互联互通转变，从单一企业信息技术应用向产业链上下游协同应用转变，并且正在拓展出工业云、工业大数据等新型商业模式和产业形态。在工业信息系统大型化、集成化和互联互通的基础上，工业生产出现了网络化、虚拟化和协同化新特点，融合信息网络和生产设施的信息物理系统（CPS）开始形成，发展智能制造的条件趋于成熟。

表 3-2　2011—2015 年全国两化融合工业应用类指标指数

年份	重点行业典型企业 ERP 普及率	重点行业典型企业 MES 普及率	重点行业典型企业 PLM 普及率	重点行业典型企业 SCM 普及率	重点行业典型企业采购环节电子商务应用	重点行业典型企业销售环节电子商务应用	重点行业典型企业装备数控化率	国家新型工业化产业示范基地两化融合发展水平	全国工业应用指数
2011	48.75	48.6	49.65	49.44	51.7	57.15	45.28	52.08	50.26
2012	57.05	55.8	55.57	56.08	59.89	62.97	47.97	55.25	56.13
2013	58.10	57.33	49.50	55.63	63.05	69.61	47.20	59.58	57.34
2014	59.57	62.92	53.83	56.20	68.46	74.36	48.36	56.36	59.70
2015	62.71	69.67	59.63	58.81	76.83	84.64	51.3	67.02	66.04
2011—2015 年年均复合增长率（%）	5.17	7.45	3.73	3.53	8.25	8.17	2.53	5.17	5.61

数据来源：中国电子信息产业发展研究院

四、工业电子商务应用步伐加快

我国电子商务正加速从消费领域向工业领域延伸，已成为整合产业链资源、引领生产方式变革、增强制造业发展活力的重要途径。2015 年，重点行业典型企业采购环节和销售环节电子商务应用指数分别增长 8.37 和 10.28，均高于 2014 年的 5.41 和 4.75 的增长量，如图 3-2、图 3-3 所示。

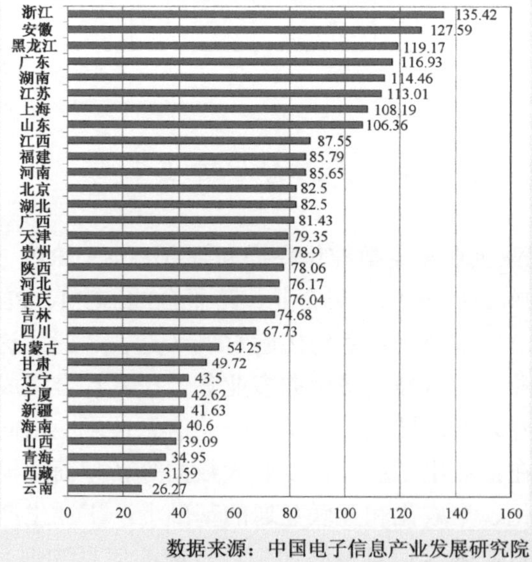

数据来源：中国电子信息产业发展研究院

图 3-2　2015 年重点行业典型企业采购环节电子商务应用指数情况

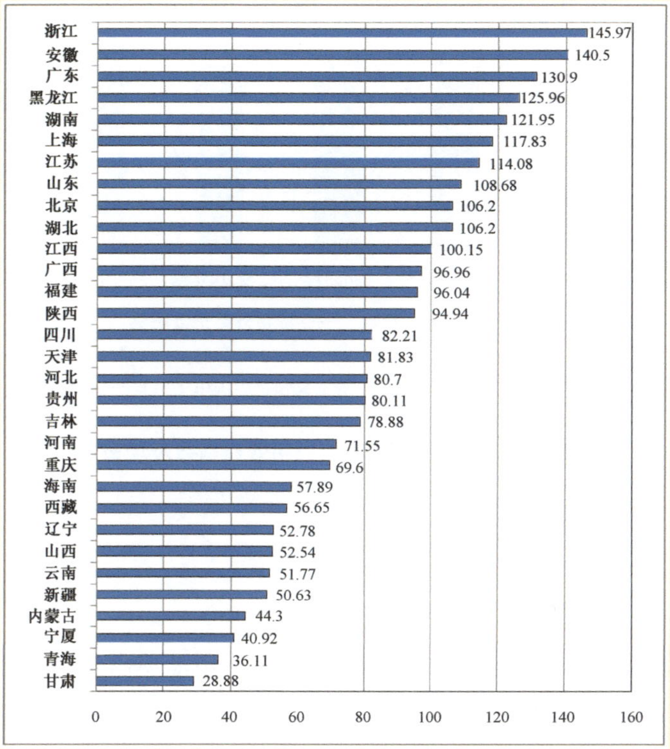

数据来源：中国电子信息产业发展研究院

图 3-3　2015 年重点行业典型企业销售环节电子商务应用指数情况

五、工业应用效益开始显现

从评估结果看，各地两化深度融合的成效开始显现，全国两化融合应用效益指数由 2014 年的 73.43 提高到了 2015 年的 83.25，增幅为历年最高，全部省份的工业应用效应指数的增长量均超过了 4，如图 3-4 所示。工业企业创新意识和创新能力显著增强，工业产品、生产方式和商业模式等方面的创新不断。工业各行业应用信息技术有效实现节能减排，钢铁、石化、有色、建材等行业实现了能源消耗的实时监测和精确控制。电子信息产业、软件和信息服务业快速发展，成为经济发展新的增长点。

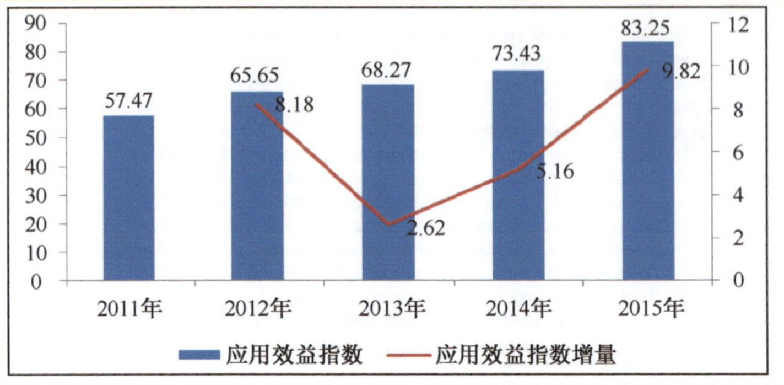

数据来源：中国电子信息产业发展研究院

图 3-4　2011—2015 年应用效益指数及增量

第六节　涌现出一批融合发展新模式

当前制造业纷纷探索与互联网融合的路径，初步涌现出八类融合发展新模式，为更多的制造业与互联网深度融合提供了范例。

一、众包众设研发模式

众包众设研发模式是指大型企业通过搭建基于互联网的开放式网络平台，集聚并对接线下各类社会创新资源，开展众设众包研发设计。该模式比较典型的企业有小米、海尔和潍柴。

小米公司没有走传统手机制造商的老路，而是利用互联网充分调动广大粉丝消费者和群众的力量，发现创意或解决技术问题。在产品设计之初，小米公司先通过微博、微信等线上“粉丝中心”，与几十万用户互动沟通，了解用户需求和设想，营造市场氛围，最终线下生产出能够迎合不同需求的手机。在研发 MIUI 操作系统时，小米公司通过微信、微博、论坛等多种形式收集粉丝和消费者的意见，之后对系统版本进行更新和改进。

海尔集团是利用 O2O 实现公司互联网化转型的主要典范。为推进企业互联网化转型，海尔集团建立了开放创新平台 HOPE（Haier Open Partnership Ecosystem），吸引了全球 200 多万研发人员在该平台注册，参与海尔空调、冰箱、洗衣机等各种家电的研发设计。据海尔方面的数据显示，海尔帝尊空调共有 1600 多名设计师参与设计，同时通过互联网收集了 12 万条需求和创意，其出风口酒杯型设计、静音技术、圆柱外形、隐藏式显示窗设计分别来自时尚界、航天领域、电子行业和汽车界。

潍柴联合数十家供应商企业，共同成立了“潍柴产品研发共同体”，并在此基础上建立了产品研发协同机制，自主搭建了供应商协同设计平台，帮助小微企业建立起标准化的研发体系，吸引更多的专业设计能力强的公司也加入供应商设计平台，成为潍柴重要的客户来源，缩短了研发周期。

二、大规模个性化定制模式

大规模个性化定制是指制造企业通过互联网就产品设计、制造与用户进行实时互动，及时响应用户个性化需求，实现以大批量生产的低成本、高质量和高效率等特点提供定制产品和服务的生产方式。制造业与互联网融合提供了基于 O2O 的大规模个性化定制设计手段。该模式比较典型的企业有尚品宅配、青橙手机和苏宁云商。

尚品宅配是家装业 O2O 的样本，该公司依托 O2O 电子商务平台，线上展示设计、收集用户需求，线下用户体验、免费测量尺寸，从用户的个性化需求中提取共性需求，打造全新的家装服务模式，其收入增长率和板材利用率远高于全国平均水平。

青橙定制手机 N1 是全球第一款从外观到硬件、服务、软件、配件、签名都能进行自由定制的手机，开创了中国乃至全球范围内手机定制化销售的先河。青橙手机的定制模式，就是将传统的由厂商到产品再到用户的模式，转变为从用户到产品再到厂商的模式，即让用户向厂商提出需求，通过自由组合，打造一部心中所需的手机。

苏宁云商初步实现了从渠道商向“线上+线下”的互联网平台企业的转变，正以苏宁易购为平台，汇聚下游消费者多样化的需求信息，利用大数据分析制订新产品方案，反馈到上游制造企业实现新产品的开发和定制生产。

三、精准供应链模式

精准供应链是指企业通过在线上配置线下资源的方式，整合信息流、资金流、物流，改变原有供应链运作模式。该模式比较典型的企业有美特斯邦威、上海华谊和红豆集团。

上海美特斯邦威服饰股份有限公司应对国际上知名品牌“多品种、小批量、高质量、快交货”的生产趋势，建立了信息整合管理平台，极大地加强了企业在服装设计、试装、定稿、样衣制作、货量统计、大货生产、物流配送等供应链环节的控制能力。目前美特斯邦威的平均库存周转期已经降到了70天左右，远远领先国内同行平均水平。

上海华谊信息技术有限公司构建的华谊智慧HSE（Health，Safety，Environment）管理平台，能够有效提升化工企业的生产管理水平。目前该系统已经实现将华谊集团下属氯碱化工、三爱富、焦化、吴泾化工、丙烯酸厂五个公司的PI系统中的相关实时数据（包括重要装置的压力、温度、流量、装置开停工状态、装置负荷等）、安全数据、环保数据等信息采集，在集团总部实现数据分析、监控，在生产调度层面实现集团内互供物料生产协调一体化管理。

红豆集团建设了基于互联网的纺织材料交易中心、面料馆、红豆商城三个交易平台，通过线上、线下两种渠道提供信息、交易、交割等服务，极大地提高了材料采购的透明度。

四、平台化生态化组织模式

平台化生态化组织模式是指企业在开展互联网化转型的过程中，对组织架构进行调整，使传统的科层制金字塔组织结构向扁平化、平台化、生态化组织结构转变。该模式比较典型的企业是海尔集团、中信重工。

面对消费者日益增长的个性化定制需求，海尔集团积极推进管理方式的变革，利用互联网搭建创客平台，打造以小微经营体为基础的扁平分散化管理模式，实现企业生产组织从集中到分散、从趋同向个性化发展。围绕为用户创造价值这条主线，海尔创建了“平台主+小微主+创客”的生态平台，以往公司管理制度是员工要听从上级的指挥，现在都要围着用户转；同时，小微主是也不是由企业任命的，而是由创客选举产生的，创客和小微主一起开拓市场、发展用户。

中信重工把国企改革与“双创”结合起来，组建了18个技术创客团队，建立了以1个劳模工作室、5个大工匠工作站、16个首席员工创新工作站为代表的工人创客群，带动影响了超过6000名技术人员和工人队伍，有20余项核心技术取得突破，处于世界领先水平。

五、数据化在线化服务模式

数据化在线化服务模式是指制造企业利用互联网、物联网、云计算、大数据等技术，开展对联网设备的在线远程监测、故障诊断和运维等服务，拓展制造业价值链和企业盈利空间，推动生产型制造向服务型制造转变。该模式比较典型的企业有徐工集团、上海三菱电梯等。

徐工集团建设了工程机械全球物联网，通过车载智能终端，借助移动互联网络，实时向总部传输车辆位置及工况信息，实现工程机械车辆的定位跟踪、远程故障诊断以及面向终端用户的设备管理等应用功能。同时，结合工程机械一机一册电子发布物（PDS）和手机App等技术，为用户提供主机档案等应用程序，方便最终用户进行设备维护保养及备品备件的在线订购，帮助公司拓展后市场业务。

上海三菱电梯运用电梯远程监视系统将分布在全国各地的电梯组织成物联网，对电梯运行数据进行实时采集、分析，一旦发现异常、故障的隐患，就在第一时间自动向分公司、维保站发出急修信号。同时，上海三菱还通过定期的远程数据采集和汇总，根据每一台电梯的不同情况，制订有针对性的个性化维保作业计划，目前已接入远程监视的电梯达3.4万台。

六、分布式网络化资源优化配置模式

分布式网络化资源优化配置模式是指制造企业借助互联网，在全球范围内发现和动态调整合作对象，整合企业间优势资源，实现全球分散化异地协同设计、制造和服务。该模式比较典型的企业有中国商飞、吉利控股等。

中国商飞公司是一家大型客机研发设计和总装制造公司。面对互联网向制造业领域的快速渗透，商飞公司积极拥抱互联网，建立了协同研制平台，利用全球资源来开展协同设计。例如，商飞公司的 C919 大型客机利用协同研制平台，实现了全球 26 个国家和地区的 4500 名工程师和管理人员开展协同设计。

吉利控股集团在杭州建设了吉利汽车研究院，从而在整车、发动机、变速器和汽车电子电器等方面具备了较强的开发能力，在西班牙的巴塞罗那、瑞典的哥德堡和中国的上海分别设有设计造型中心，从而构建起全球造型设计体系，并通过互联网实现全球分布式设计。

七、制造能力分享模式

分享经济是通过互联网平台整合分享社会闲散资源，满足多样化社会需求的经济活动的总和，其本质是以闲置资源为条件、以产权清晰为前提、以信息技术为支撑、以大众参与为特征的资源优化配置模式。分享经济兴起于交通、住宿、家政等消费领域，并加快向工业领域延伸，推动工业构建全新的零边际成本经济运行体系。在互联网环境下，工业领域闲散的机器设备、生产能力、创新要素、物流资源都有可能成为价值分享的对象，这将有利于盘活工业剩余产能和资源，提升工业整体运行质量和效率，拓展工业发展新空间。

沈阳机床研发了融合工业化、信息化、网络化、智能化、集成化特点的 i5 智能机床，根据产品可以联通互联网、智能操纵、在线监控的特点，融入互联网思维商业理念，推动企业由卖产品向卖服务转变，以上游机床零件的免费提供为基础扩大产品产量，以产品免费供给为依托拓展产品市场，以生产力分布式布局为驱动建立基于产能租赁的定制服务生态，形成了消费价值按贡献分配的制造业分享经济模式。其中，沈阳机床建立了 SESOL 数据云平台，对分布于全国的智能机床进行联网和生产能力可视化监测，一旦接收到加工任务，平台就会自动识别空闲生产资源并安排生产计划。在沈阳 i5 机床订单中，有七成客户采用租赁方式，一台机床开机一小时只收 10 元钱，大大降低了企业的一次性投资。

八、社交化场景化营销模式

社交化场景化营销模式是指企业利用各类社交工具和社交平台，通过线上线下相结合的方式与消费者开展网上实时互动，收集分析用户社交和偏好信息，实现基于具体场景的社交式营销。该模式比较典型的企业有洋河酒厂和上海来伊份。

洋河酒厂是白酒行业 O2O 模式的先行者和领航者，消费者可以通过“洋河 1 号”App 或者拨打电话下单，洋河酒厂线下经销商（烟酒店）为消费者进行配货，实现了线上与线下的结合，满足了消费者线下场景购酒便利性的需求。

来伊份是上海著名的休闲食品品牌，在互联网的冲击下，来伊份积极探索 O2O 新模式，其每个店面都可以通过销售终端及时采集到最终用户的个体信息和消费信息，并以此为整个来伊份的市场营销策略提供有效的数据依据，进而改善和提高采购、库存、营销预测、促销手段等各个环节的效率和准确性。

第七节　制造业与互联网融合发展面临的问题

当前，制造业与互联网融合快速发展的同时，也面临着平台支撑能力不足、应用水平不高、核心技术薄弱、安全保障有待进一步加强、体制机制亟待完善等一系列问题。

一是平台支撑能力不足。制造企业互联网化转型需求迫切，但目前基于互联网的“双创”平台在汇聚整合创业创新资源，带动技术产品、组织管理、经营机制创新方面的潜力远没有发挥出来；同时，许多制造企业与互联网企业对“双创”平台建设的复杂性认识不足，对“双创”平台建设的规律认识不清。

二是应用水平不高。我国制造业与互联网融合进程面临“综合集成”跨越困境，仅有 14%的企业处于两化融合集成提升阶段，融合发展面临智能装备集成薄弱、流程管理缺失、组织机构僵化、数据开发应用能力不足等挑战，制造业与互联网融合整体上还处于起步阶段。

三是核心技术薄弱。关键器件长期依赖进口，核心技术受制于人，自动控制与感知关键技术、核心工业软硬件、工业互联网、工业云与智能服务平台等制造业新型基础设施的技术产业支撑能力不足。

四是安全保障有待加强。新技术、新产品、新模式、新业态的安全模式和安全规则缺失，工业网络、工业控制系统、工业大数据平台安全防护能力薄弱，信息安全测试、评估、验证能力不强。

五是体制机制亟待完善。制造业与互联网融合带来新业态、新模式，制造业“双创”平台、服务型制造等新业务的健康发展需要更加完善的制度环境，需要在科技创新、财税金融、国企改革等方面取得突破。

第四章　思路和目标

《指导意见》主要围绕长期以来以来困扰制造业与互联网的“在哪融合、用什么融合、怎么融合” 的问题，指明了制造业与互联网融合的路径和对策，指出了制造业与互联网融合的焊点（新技术、新产品、新模式、新业态）、焊料（“新四基”，即一软一硬一网一平台）、焊枪（双创平台、生态体系、机制和环境），强调“以激发制造企业创新活力、发展潜力和转型动力为主线、以建设制造业与互联网融合‘双创’平台为抓手”，制定了近期和远期发展目标。

第一节　制造业与互联网融合的内涵

“制造业与互联网融合”是以互联网为代表的新一代信息技术在制造业的广泛普及和深化应用，形成新的产品形态、生产模式、组织体系和资源配置方式，推动制造业向规模化定制、柔性化生产、服务型制造、网络化制造模式演进，提升交易效率和生产效率，为产品、装备、人、企业赋能，最终形成新型制造体系。制造业与互联网融合的主线是激发制造企业创新活力、发展潜力和转型动力，融合的本质是新旧发展动能和新旧生产体系的转换，融合的标志是形成新模式、新业态和新产品。

“制造业与互联网融合”是两化深度融合在新时期的具体反映。从广义上理解，两化融合是工业化进程与信息化进程的重合；从狭义上讲，两化融合是信息技术广泛应用于工业领域，引起生产效率提高和生产方式变革，从而使工业结构调整升级的过程。就狭义而言，两化深度融合主要体现在工业利用信息技术的水平和层次上。一般把“三个转变，一个拓展”作为深度融合的基本内涵，即从单项业务信息技术应用向多业务多技术综合集成转变，从单纯信息技术应用向业务流程再造和组织结构调整转变，从单一企业信息技术应用向产业链上下游协同应用转变，拓展新型商业模式和产业形态。“制造业与互联网融合发展”进一步丰富和发展了两化融合的内涵，为新一代信息技术与工业各领域在更广范围、更深层次的渗透融合开辟了新途径，为新时期实现工业转型升级提供了新动能。

第二节 深化制造业与互联网融合发展的总体思路

【原文】全面贯彻党的十八大和十八届三中、四中、五中全会精神，按照国务院决策部署，牢固树立和贯彻落实创新、协调、绿色、开放、共享的发展理念，以激发制造企业创新活力、发展潜力和转型动力为主线，以建设制造业与互联网融合“双创”平台为抓手，围绕制造业与互联网融合关键环节，积极培育新模式新业态，强化信息技术产业支撑，完善信息安全保障，夯实融合发展基础，营造融合发展新生态，充分释放“互联网+”的力量，改造提升传统动能，培育新的经济增长点，发展新经济，加快推动“中国制造”提质增效升级，实现从工业大国向工业强国迈进。

《指导意见》是贯彻落实中国制造 2025、建设制造强国和网络强国的重要举措，是推进供给侧结构性改革、实现经济提质增效的现实选择。《指导意见》的总体定位是把制造业、“互联网+”和“双创”紧密结合起来，通过优化产业结构有效改善供给，释放新的发展动能，催生一场“新工业革命”。因此，《指导意见》在总体思路上强调制造业与互联网融合要牢固树立发展新理念，要坚持问题导向、重点解决融合发展面临的突出问题，要围绕关键环节、突出融合特点，要强化融合支撑能力建设。

一是体现发展新理念。牢固树立和贯彻落实创新、协调、绿色、开放、共享的发展理念，深刻认识到制造业转型升级以及制造业与互联网深度融合在激发创新潜能、重构生产体系、引领组织变革、高效配置资源等方面的突出作用，以激发制造企业的创新活力、发展潜力和转型动力为主线，深入推进制造业与互联网融合，充分释放“互联网+”的力量，发展新经济，加快推动制造业转型升级，不断提升“中国制造”竞争新优势。

二是坚持问题导向。当前，我国互联网在消费领域的融合尤其是电子商务等走在了世界前列，但在实现价值创造的制造环节等方面，互联网的应用步伐亟待加快，迫切需要发挥互联网聚集优化各类生产要素资源的优势，构建新的生产组织体系和发展模式。《指导意见》在梳理当前制约我国制造业与互联网融合发展的问题以及问题背后形成原因的基础上，提出了下一步发展思路和工作重点。

三是突出融合重点。我国经济保持中高速增长、迈向中高端水平必须要有基本依托，这个基本依托就是形成大众创业、万众创新的新动能。制造业是“双创”的主战场，大型制造企业是“双创”的主力军。《指导意见》把支持大型制造企业“双创”平台建设作为发展重点，主要考虑是通过积极搭建支撑制造业转型升级的各类互联网平台，汇聚整合制造企业、互联网企业等“双创”力量和资源，带动技术产品、组织管理、经营机制等创新，提高供给质量和效率，激发制造业转型升级新动能。

四是强化融合支撑能力建设。通过深入研判全球新一轮科技革命和产业变革趋势，《指导意见》从抢占产业竞争制高点、打造产业发展生态系统的角度出发，强调要提升支撑制造业与互联网融合发展的三个能力，即提升基础技术、解决方案、安全保障等支撑能力。尤其强调要加快自动控制与感知关键技术（一硬）、核心工业软硬件（一软）、工业互联网（一网）、工业云与智能服务平台（一平台）这四类新型基础能力和平台设施建设，这既是加强工业 2.0、3.0“补课”的现实需要，也是支持我国实现工业 4.0 发展的客观要求。

同时，《指导意见》提出了制造业与互联网融合要以激发制造企业创新活力、发展潜力和转型动力为主线。其主要原因为当前和未来一段时间，制造业发展的重心是提高发展质量和效益，这是构建新型制造体系的基础，更是建设制造强国的基本要求。因此，制造业的发展必须以创新为基点，不断培育发展新动力，塑造更多依靠创新驱动的引领型发展。只有激发制造企业深化互联网应用的积极性、主动性、创造性，才能从根本上解决当前制造领域互联网应用步伐缓慢、制造环节创造价值偏低等突出问题，才能真正推动制造业在发展模式、组织方式、资源配置等方面进行创新，才能真正挖掘制造业的转型动力和发展潜能。

第三节　深化制造业与互联网融合发展的基本原则

【原文】坚持创新驱动，激发转型新动能。积极搭建支撑制造业转型升级的各类互联网平台，充分汇聚整合制造企业、互联网企业等“双创”力量和资源，带动技术产品、组织管理、经营机制、销售理念和模式等创新，提高供给质量和效率，激发制造业转型升级新动能。坚持融合发展，催生制造新模式。促进技术融合与理念融合相统一，推动制造企业与互联网企业在发展理念、产业体系、生产模式、业务模式等方面全面融合，发挥互联网聚集优化各类要素资源的优势，构建开放式生产组织体系，大力发展个性化定制、服务型制造等新模式。坚持分业施策，培育竞争新优势。深刻把握互联网技术在不同行业、环节的扩散规律和融合方式，针对不同行业、企业融合发展的基础和水平差异，完善融合推进机制和政策体系，培育制造业竞争新优势。坚持企业主体，构筑发展新环境。充分发挥市场机制作用，更好发挥政府引导作用，突出企业主体地位，优化政府服务，妥善处理鼓励创新与加强监管、全面推进与错位发展、加快发展与保障安全的关系，形成公平有序的融合发展新环境。

深化制造业与互联网融合的基本原则可以概括为“4 个坚持”：“坚持创新驱动，激发转型新动能；坚持融合发展，催生制造新模式；坚持分业施策，培育竞争新优势；坚持企业主体，构筑发展新环境”。

一、坚持创新驱动，激发转型新动能

创新驱动是深化制造业与互联网融合的主要途径。当前，互联网突破地域、组织、技术的界限，推动创新主体高效互动、产品快速迭代、模式深刻变革、用户深度参与，创客空间、创新工场等新载体不断涌现，大量前所未有的产业形态、商业模式被创造出来，使产业发展更加具有活力，整体结构不断升级。坚持创新驱动，就是要充分发挥互联网在激发产业创新发展、增强转型动力方面的作用，最大限度地汇聚各类“双创”资源和力量，加强互联网创新要素、创新体系和创新理念与制造业发展的对接应用，带动技术、产品、业态、模式创新，提高供给体系的质量、效率和层次。

二、坚持融合发展，催生制造新模式

融合发展是制造业与互联网向广度和深度融合的重要方向。当前，制造业与互联网融合正逐步沿微笑曲线由采购、营销端向研发、设计和制造端渗透，从单项业务、单一企业、局部环节向多业务、全产业链、产品全生命周期渗透，催生出众包众设研发、大规模个性化定制、数据化在线服务、分布式网络化资源配置、制造能力分享、社交化场景营销等新模式，加速生产方式变革和组织创新。坚持融合发展，就是要充分发挥互联网在产业转型升级中的平台作用，消除制造业企业与互联网企业之间的隔膜，破除行业间观念壁垒，推动制造企业与互联网企业在发展理念、技术产业、生产体系、业务模式等方面全面融合，形成以开放、共享为特征的生产组织体系，培育发展网络化协同制造、个性化定制、服务型制造等制造新模式。

三、坚持分业施策，培育竞争新优势

分业施策是深化制造业与互联网融合的可行路径和现实选择。从时间和程度上看，互联网技术对制造业不同行业变革的递推作用差异明显，越靠近下游及最终用户的行业越早发生变革，变革的领域和环节越多。例如，消费品行业最早与互联网融合，融合的广度和深度最大，已由营销、采购端向研发、设计和制造端融合渗透，正向全产业链、产品全生命周期渗透。装备制造业与互联网融合正由局部环节向多环节、多业务拓展。原材料行业与互联网融合正处于起步阶段。不同行业、不同地区的制造企业发展层级也明显不同，有些处于工业 2.0 阶段需补课，有些处于工业 3.0 阶段待普及，有些处于工业 4.0 阶段可示范，这在全球工业大国中是非常少见的，对于推进制造业与互联网融合提出了非常大的挑战，需要针对不同行业、不同企业、不同地区融合发展的基础和水平差异，制订发展路径和精准政策体系，培育形成制造业竞争新优势。

四、坚持企业主体，构筑发展新环境

企业是深化制造业与互联网融合的主要载体和践行者。制造业与互联网融合是一个渐次递进的发展过程，融合的深度、广度和速度在很大程度上取决于制造企业的积极性、主动性和创造性，必须充分运用市场机制，最大限度地发挥好市场在资源配置中的决定性作用，充分发挥企业在信息技术应用方面的主观能动性，突出市场需求对技术、产品、模式、业态创新的导向作用，增强企业发展的内生动力。同时，政府是制造业与互联网融合发展环境的营造者，是标准规范、法律法规的制定者，是试点示范的推动者。要注重发挥好政府的引导和推动作用，要加快制定鼓励新技术、新产品、新模式、新业态的相关政策，加强引导和监管，消除体制机制上的壁垒和障碍，进一步简政放权，提升管理服务水平，营造良好发展环境。

第四节 深化制造业与互联网融合发展的主要目标

【原文】到2018年年底，制造业重点行业骨干企业互联网“双创”平台普及率达到80%，相比2015年年底，工业云企业用户翻一番，新产品研发周期缩短12%，库存周转率提高25%，能源利用率提高5%。制造业互联网“双创”平台成为促进制造业转型升级的新动能来源，形成一批示范引领效应较强的制造新模式，初步形成跨界融合的制造业新生态，制造业数字化、网络化、智能化取得明显进展，成为巩固我国制造业大国地位、加快向制造强国迈进的核心驱动力。到2025年，制造业与互联网融合发展迈上新台阶，融合“双创”体系基本完备，融合发展新模式广泛普及，新型制造体系基本形成，制造业综合竞争实力大幅提升。

《指导意见》提出了2018年的近期目标和2025年的中长期目标，其中，到2018年是“打基础”阶段，到2025年是“上台阶”阶段。这一目标具有以下四个特点：

一是近期和中长期相结合。为贯彻落实《国务院关于积极推进“互联网+”行动的指导意见》(国发〔2015〕40号)，《指导意见》提出了2018年的近期目标和2025年的中长期目标，到2018年是“打基础”阶段，制造业数字化、网络化、智能化取得明显进展；到2025年是“上台阶”阶段，新型制造体系基本形成。

二是定性和定量相结合。在具体设置目标时，2018年的目标既有定性指标，又有定量指标，以增强《指导意见》的可考核性。2025年的发展目标只有定量目标，主要是和《中国制造2025》和“互联网+”行动2025年发展目标进行衔接。

三是水平指标和效益指标相结合。在水平指标方面，《指导意见》提出，到2018年年底，制造业重点行业骨干企业互联网“双创”平台普及率达到80%，相比2015年年底，工业云企业用户翻一番。在效益指标方面，《指导意见》提出，新产品研发周期缩短12%，库存周转率提高25%，能源利用率提高5%，进一步强调制造业与互联网融合的根本在于提高企业的效益。

四是导向性和可操作性相结合。《指导意见》在设置指标时，还兼顾发展指标的可测度，2009年以来，工业和信息化部组织开展了全国59个细分行业、55000家企业两化融合发展水平自评估、自诊断、自对标，《指导意见》以上述企业为样本测算出了2018年的具体指标。

任务篇

“双创”平台：制造业与互联网融合新依托
新生态：制造企业与互联网企业跨界融合
新模式：制造业与互联网融合发展模式
新基础：制造业与互联网融合基础
新能力：行业系统解决方案

第五章　“双创”平台：制造业与互联网融合新依托

大众创业、万众创新是实现制造业转型升级、形成发展新动能的基本依托。当前，全国制造业“双创”建设如火如荼，开放创新平台、协同创新平台、虚拟孵化器、众创空间等各类“双创”平台大量涌现。“双创”平台通过集众智、汇众力，不断挖掘企业创新发展潜力、增强创新发展动力，牵引传统行业网络化、智能化改造，带动云计算、大数据、工业互联网、3D打印等新技术创新发展，日益成为以协同化创新、网络化制造、平台化服务为特征的新型制造体系建设的重要支撑。为加快“双创”建设，《指导意见》把制造业、“互联网+”和“双创”紧密结合起来，明确提出以建设制造业与互联网融合“双创”平台为抓手，以制造企业构建基于互联网的“双创”平台和互联网企业建设制造业“双创”服务体系为主要内容。

第一节　“双创”平台是制造业与互联网融合的载体

“双创”平台牵引着企业转型，推动企业发展理念、战略、组织、流程、管理和商业模式实现创新，是制造业应对全球新一轮科技革命和产业变革的突破口。推进大型制造企业、基础电信企业、互联网企业搭建基于互联网的“双创”平台，是推动制造业提质增效升级的重要举措，是深化制造业与互联网融合发展的重要抓手。

一、“双创”平台加速资源高效整合

开放共享是互联网时代创新发展的重要方式，基于先进网络技术的开放式创新平台具有明显的开放性、虚拟性、协同性等特征，在企业生产经营中的网络效应与规模效应日益凸显。制造企业通过构建、使用基于互联网的“双创”平台，不断突破地域、组织、技术的界限，在全球范围内整合集聚、开放、共享各类创新要素和制造资源，推动制造资源实现高效对接和优化配置，有效提升了企业的设计、制造、管理和服务水平。

一是通过自建“双创”平台整合资源。不少大企业利用技术、资金等资源优势，集中力量搭建了一批开放创业创新平台，集聚企业内外部创新资源为自身发展所用。海尔集团打造了开放创新平台 HOPE（如图 5-1 所示），聚集了 10 多万家创新资源，实现与全球专家、用户、发烧友的实时互动，大幅提高了产品研发效率，如家电模块商基于 HOPE 平台的产品研发效率提高 30%，开发时间缩短 70%。中航工业的爱创客平台以企业资源和产业生态为核心，推动基于互联网的开放式创新和联合创业，实现以企业自身资源牵引各类创新创业要素聚集、开放、融合和共享。

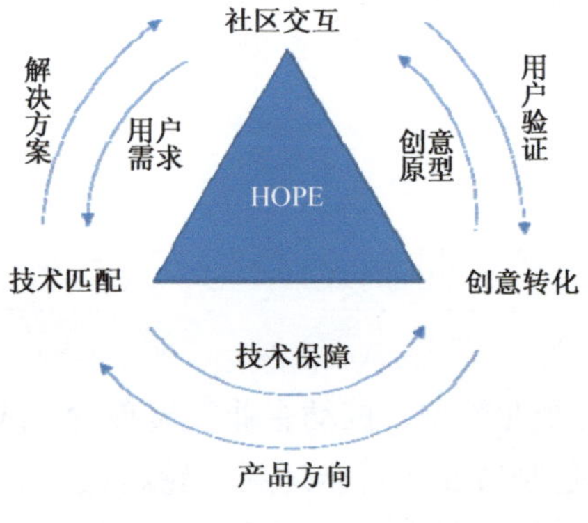

资料来源：it168 网站

图 5-1 海尔 HOPE 双创平台模式

二是通过第三方“双创”平台整合资源。与自建开放式“双创”平台的高门槛、高投入、高风险相比，利用第三方“双创”平台开展低成本、高效率的创业创新活动，也是大企业利用外部创新资源的重要方式，这既能弥补企业自身创新发展短板，也能实现企业创新能力提升。例如，由北大、清华、中科院等 13 家学术单位和商飞、潍柴等 70 多家行业领军企业共同成立的北京协同创新研究院，正在推动建设仿真与设计、智能机器人等 18 个协同创新中心，全力打造行业重大技术联合攻关与高端人才培养的新高地，为重大科技突破与转化、行业技术进步、中小企业产品创新提供强有力的技术支撑。

二、“双创”平台创新组织管理模式

大型制造企业在建设“双创”平台过程中，通过组织结构与管理机制创新，充分挖掘释放企业内部“众”部门、“众”环节、“众”员工的创业创新潜力，推动企业向网络化、平台化、扁平化创新型组织转型发展。从实践经验看，目前大企业推动的组织管理创新包括完善创新激励制度、推动管理体制微创新、向创新型组织结构转型等。

一是完善企业员工创新激励制度。激发企业内部员工创新潜力的制度安排由来已久，可以追溯到 1872 年德国克虏伯提出的合理化建议管理理念。从实践看，采用这种传统但有效的制度安排激励内部员工创新的大企业较多，也有不少大企业仅开展创业创新竞赛活动。例如，哈尔滨一机集团、中国一重、盾安集团、广汽集团等通过合理化建议制度有效激发了员工创业创新活力。其中，盾安集团在 2010—2015 年间采纳合理化建议累计达 3 万余项，产生显著效果；广汽集团十年共产生改善提案 253 万余条，参与人数超 27.5 万人次，为集团创造直接经济效益达 30.3 亿元。又如，亚宝药业、杭叉集团、中钢集团等大企业在国家“双创”政策的引导下积极开展创业创新大赛活动，也有效提升了企业创新发展活力。其中，亚宝药业全面开展“五小”（小发明、小创造、小革新、小设计、小建议）竞赛活动，在促进企业提质增效方面效果显著。

中国电科熠星大赛探索企业开放创新模式

为激发广大科技人员的创新积极性和主动性，发掘蕴藏的创新创意和技术成果并将其有效转化为创新行动，中国电科举办熠星创新创意大赛，搭建覆盖“创意→技术→产品→产业”的全链条创新孵化平台。熠星大赛专注电子信息技术领域，建立“2”级孵化模式：即“创意→技术”和“技术→产业”2级孵化模式。“创意→技术”孵化机制：针对成熟度较低的“创意”项目，中国电科投入资源，进行“创意→技术”孵化，即所谓的“零”级孵化，使好的创意通过关键技术突破，形成知识产权、样机和产品雏形等，为成果转化和产业化打下基础。“技术→产业”孵化机制：针对成熟度较高的“技术”项目，通过对接社会资本，进行“技术→产业”孵化，形成成熟产品、产业和销售收入、利润等，走向市场。对接科研、产业、技术“3”类优势资源：进入“熠星”孵化平台的项目，可获得中国电科相应资源的支持和配套，加速孵化过程。建立“4”个孵化平台：在北京、南京、成都、西安建立4个专业化“熠星”孵化平台，辐射华北、东南、西南、西北四个国内电子信息发达片区，便于创新团队就近入驻孵化。打造“百”名创意导师团队：从中国电科6万余名科技和经营管理人才中精选出100余名创意导师，对“熠星”大赛入围项目从专业技术、市场定位、商业模式等方面进行多维度、全过程辅导，帮助项目团队走向成熟。熠星创新创意大赛是中国电科探索市场化创新资源配置机制，激发创新活力与动力，促进科技创新生态构建的大胆尝试，是进一步探索科技体制创新、科技创新体系重构、科技创新业态打造的有益实践，极大完善了产、学、研协同创新平台，进一步优化提升了整个创新体系和创新效率。

二是推动管理体制微创新。国外企业发展经验表明，企业的创新发展往往依赖于稳扎稳打的微创新，而非激烈的“颠覆式”创新，不管技术还是管理均如此。我国大企业规模大、人员多，管理体制大，变革难度高，在国家“双创”政策支持与引导下，通过在企业内部设立创业创新部门、推动管理体制微创新，已经成为不少大企业创新发展的现实选择，并取得了积极成效。例如，大华股份鼓励技术骨干与公司共同组建创业团队，横店东磁在基层生产经营和管理单位组建先进会、智慧创想会等创新小组，山东临工摸索出“一全二创三结合”的全员创新管理模式，中信重工开设创客工作室、大工匠工作室等创新单元，一拖集团创建劳模创新工作室，中钢集团建立创新社群“中钢创新思享会”等。其中，中信重工通过聘请10位中国工程院院士和15位行业领军人才，牵头组建了18个技术创新团队，并建立了劳模工作室、大工匠工作室和工人创客群体，直接参与者超过500

人，带动4000多名一线工人成长成才，并且5个"大工匠"领衔的创客工作室仅在2014年就取得了创新成果46项，为企业创造价值1285万元。

中信重工组织管理创客化

中信重工利用创客空间模式，结合自身特点搭建了四个层面的创客团队。一是技术创客团队，以18名首席技术专家为引领，采取多专业、扁平化、高效率的组织形式，组建了18个技术创客团队，研发方向覆盖了矿物加工、节能环保、资源高效利用、智能控制及变频技术等18个技术装备领域。二是工人创客团队，以5名"大工匠"为引领建立了22个工人创客群，涵盖了冶炼、热处理、锻造、加工等12个主要技术工种。各创客群围绕优化工艺技术、解决生产难题、形成典型工艺规范、固化创新成果、培育高技能团队等内容开展创客活动。三是国际化创客团队，公司在"一带一路"沿线国家设立了6个海外公司、两个办事处，建立了以澳洲矿山装备研发中心和SMCC公司为核心的国际化创客团队，与总部技术创客团队形成互补，协同创新，推动中信重工与重型装备制造业的国际化发展。四是社会创客群，建立协作开发平台，参与教授、研究员、工程师、博士等行业知名学者达数百人；建立远程服务平台，上线大用户超100家，涉及提升装备、粉磨装备等项目300多个；建立标准服务平台，其中标准目录18000余项，标准文本6440项，实现标准及规范共享；建立人才培养平台，开辟App职工创客热线，开展学习培训、网上练兵、互动攻关。依托企业优势资源搭建双创平台，实现创新生态集群多方共赢。中信重工组织管理创客化推动公司技术创新和生产效益大幅提升，2015年，5个大工匠工作室创客团队取得技术创新成果98项，创效1586万元，公司新产品贡献率达到70%，成套订货占新增订单的比例达到60%，出口产品占比达到50%，利润等主要经营指标持续保持行业领先。

三是推动组织结构平台化变革。除传统的创新激励管理措施和企业管理体制微创新外，有个别大企业充分借助互联网技术力量，已经完成了企业组织结构的变革与重构，实现了从传统科层制管理到扁平化、平台化、创新型组织的转型。海尔正是其中的典型，海尔集团打散了传统的"金字塔"型多层级企业组织结构，去掉中间管理层，在8万多名企业员工中组建起2000多个自决策、自创新、自驱动、自运转、自结算的创业型“自主经营体”，集团为这些自主经营体提供完善的研发资金、试验设备、供应链资源等平台服务。在“自主经营体”内，负责人竞争上岗且时刻受到员工监督，在报酬方面则打破过去按级别、职务拿薪酬的办法，实行“超利分享”，即当创造的利润超过行业平均水平 1.2 倍以后就可以加速分享收益，这些都极大地激发了员工创业创新活力。

海尔集团组织机构平台化变革

海尔抓住第三次工业革命的机遇，积极探索实践“人单合一双赢”模式，搭建“人人创客，引爆引领”的创业生态系统，通过内部创新让员工变为创客，把顾客变成参与生产创造的用户，不断推动员工、组织和企业实现转型。海尔通过“外去中间商，内去隔热墙”，使让企业和用户直接对接，将生产制造从传统串联流程转型为可实现各方利益最大化的利益共同体。海尔内部的组织架构没有层级，只有平台主、小微主、创客三种人，这三种创业者在实施创新过程中，不需要层层审批，也不需要所谓的专家论证，唯一要面对的是在与用户的充分实时交互中，验证、修正自己的想法。在“最大限度实现用户全面深度参与”的理念下，平台主从管控者变为服务者，员工从听从上级指挥到变成创业者、创客为用户创造价值，同时，这些创客可以组成小微创业企业，创客和小微主共同创造用户、市场。小微主不是由企业任命的，而是由创客共同选举产生的。创客和小微主间可以互选，如果小微主被小微成员的创客认为不称职，可以被选掉。如果企业内部的小微无法胜任，还可以通过海尔创业平台引进外部的开放资源，进行无边界的共同打造出快速响应客户需求的创新创业生态系统。截至目前，海尔集团已支持内部创业人员成立 200 余家小微公司。创业项目涉及家电、智能可穿戴设备等产品类别，以及物流、商务、文化等服务领域。另外，在海尔创业平台上，已经诞生 470 个项目，汇聚 1328 家风险投资机构，吸引 4000 多家生态资源，孵化和孕育了 2000 多家创客小微公司。在这些小微公司中，已经涌现出如雷神游戏本、小帅影院、有住网、免清洗等具有很强活力的创客小微，2014 年雷神游戏本创造了 2.5 亿元产值，跃居京东游戏本第二大品牌、单型号销量第一，天猫游戏本销量第二，聚集了超过 120 万粉丝。

三、“双创”平台牵引制造模式深刻变革

“双创”平台推动创新要素向多业务、产业全链条、产品全生命周期渗透，牵引传统行业网络化、智能化改造，带动工业技术与信息技术融合创新，加速云制造、智能工厂、个性化定制、服务型制造、共享工厂等新型制造模式的应用与转变，加快智能化进程。

一是驱动制造方式网络化、协同化变革。“双创”平台是制造技术和信息技术深度融合的有效载体，促进了企业内部以及企业间研发设计、生产制造、营销管理各系统的无缝衔接和综合集成，催生了网络化协同制造、智能工厂、大规模个性化定制等新型制造模式。潍柴构建了全球协同研发平台和供应商协同设计平台，实现全球范围内协同研发创新，大幅缩短产品研发周期。报喜鸟服饰基于个性化智能定制平台，实现个性化的用户需求与制造体系的高效对接，形成基于个性化需求的智能生产新模式。

二是加快向个性化定制模式转型。个性化定制的关键是激发消费者的创新活力，将消费者创新与企业创新紧密结合起来，推动生产者与消费者融合，进而实现企业柔性化生产、零库存运营的创新发展。个性化定制模式对企业转型要求较高，目前在服装、家具领域较常见，报喜鸟服饰即是其中典型案例。目前，报喜鸟服饰已经利用互联网技术、大数据技术等建立了大规模个性化智能定制系统，消费者可随时通过官网、移动互联网、第三方电商平台、门店智能终端等渠道接入公司开放定制平台，进行自主DIY设计和面料、辅料、工艺、款式、领型、纱线颜色等个性化需求选择，并通过智能化数据分析和信息整合生成订单信息指令，驱动智能工厂进行大规模个性化制造。

三是推动制造业向生产服务型转变。一些大型制造企业借助“双创”平台开拓附加值更高的服务化新业态，使得服务化成为制造业价值链的主要增值点。同时，依托“双创”平台促进信息流、技术流、资金流和物流的贯通与整合，大幅降低制造企业服务化转型的成本，推动制造业与服务业加速融合，不断提升发展的质量和效益。例如，三一重工、徐工等大企业通过建立“双创”平台，创新服务模式，拓展产品全生命周期管理、在线远程监测诊断运维等服务，实现从提供单一产品向提供系统集成和整体解决方案的服务化转型。

四、“双创”平台加速提升全产业链整体效率

除挖掘企业内外部人才创新潜力外，通过模式业态创新，激发产业链上不同企业、消费者的创新优势和活力，推动产业链协同创新，也是“双创”的重要内容。资源整合能力突出的大企业具有天然优势，可以通过“双创”平台集聚产业链上的创业创新资源，面向个性化、多样化市场需求，推动产业链协同创新与生态化发展，打造“抱团”发展的综合竞争新优势。

一是利用综合优势构建产业生态。一些大型制造企业面向产业链上下游开放“双创”平台资源，并利用自身资源整合能力集聚产业链上企业间及消费者的创新优势，不断丰富创业孵化、专业咨询、人才培训、检验检测、投融资等服务，加强与中小企业的专业分工、服务外包、订单生产等多种形式协作，形成资源富集、创新活跃、高效协同的产业创新集群。报喜鸟服饰利用互联网技术、大数据技术等建立了大规模个性化智能定制系统，消费者可随时通过官网、移动互联网、第三方电商平台、门店智能终端等渠道接入公司开放定制平台，进行自主 DIY 设计和面料、辅料、工艺、款式、领型、纱线颜色等个性化需求选择，并通过智能化数据分析和信息整合生成订单信息指令，驱动智能工厂进行大规模个性化制造。

二是利用技术优势推进产业链协同创新。一些大企业通过“双创”探索出了一系列带动产业链上其他相关方协同发展的新模式新业态。例如，山东如意集团创造性地探索出“1+X+N”的家庭工厂模式，通过为农户提供设备、资金、培训等方式开办家庭工厂，挖掘广大农户闲时劳动力，激发创业活力，实现产业链生态化发展。鲜易控股打造了一个开放共享、共生共赢的智慧生鲜供应链创业创新生态圈，数万个供应商、采购商、品牌商、运营商和服务商成为生态圈在线员工，共享金融、数据、技术、标准、信息等资源要素。目前，公司已建立内部自主创新体 500 多个，3300 多名员工参与创业创新，在册员工与在线员工比例达到 1:10，生态圈带动种养（场）户 18 万户，带动农村经合组织 306 个，培训农民 12 万人次。

中航爱创客平台

中航爱创客平台是国内首个大型产业互联创业创新平台（如图 5-2 所示），依托中航工业的技术、研发、设计、制造、产业链配套等优势资源和

产业生态，利用互联网信息共享、互联互通优势以及云计算、大数据等新技术，构建“互联网+开放创新+研发协同+智能制造”的众创众包+孵化、合作与交易平台，通过在各地搭建众创空间、联合创新创业中心，以线上、线下相结合的方式实现中航工业资源牵引各类创新创业要素聚集、开放、共享和融合，为地方政府、中小微企业、传统转型升级企业、创业团队提供科技成果转化、资源对接、资源交易、众创众包、项目孵化、产业培育等服务。中航爱创客线上平台汇聚科技资讯3万多条、创新创业资源3000多项，促成线上合作咨询325项；先后与恒生科技园、中泰资本、投融界等40多家创业服务机构、创投机构等建立了合作，汇聚创业导师100多名，创业团队300多个，落实定向创投基金超过30亿元；高端航拍无人机、驾视乐车载屏显、智能外骨骼机器人、农业植保无人机等30多个优质项目已经进入孵化阶段，项目总价值预计将超10亿元。

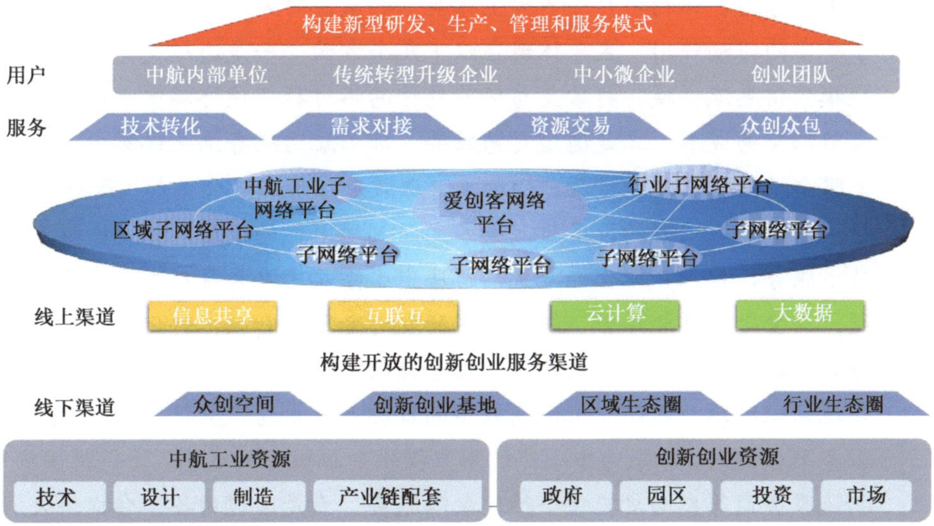

资料来源：赛迪智库

图5-2 中航爱创客“双创”平台

三是利用资金优势发展产业链金融。大企业资金实力雄厚，利用资金优势开展产业链金融服务，带动产业链上创新能力强、资金需求大的中小企业协同创新，是构建产业综合竞争新优势的重要途径。通过调研发现，不少大企业将发展产业链金融作为推动“双创”的主要手段。例如，森源电气通过融资租赁、回购承诺等“销售+金融”的模式，支持难以获得银行贷款的民营企业或弱势区域企业发展，不仅有效缓解了中小企业融资困难，而且带动相关设备制造企业稳步发展。2015年5月，中国中车、首钢、智德盛等六家大型企业发起成立了中企云链金融信息服务股份有限公司，旨在通过嫁接互联网与供应链金融创造一种新业态，降低中小企业融资成本，进而降低供应链上中小企业及核心企业的生产成本。

宝钢集团“欧冶云商”产业链创新

宝钢集团于2015年2月正式成立欧冶云商，并迅速构建欧冶电商、欧冶物流和欧冶金融等业务平台。宝钢通过欧冶云商，努力构建以物流、互联网、物联网、大数据、移动互联网作为基础设施，通过不同功能设计打通信息流、物流、资金流、信用流、技术流，以产业链金融作为核心服务，以钢铁技术服务能力作为核心竞争力，以大数据运用为远景价值目标的服务型生产体系（如图5-3所示），促进钢铁生产企业、钢铁贸易公司、物流加工服务商、钢材用户等多方主体共生共赢，对大众创业、万众创新起到了重要的推动作用。主要体现在以下几个方面：一是通过交易平台实现大规模的信息流交换，打破交易环节的信息不对称，使终端中小用户均可极大节约交易成本。二是通过交易服务、加工配送服务满足终端中小客户的无限个性化需求；通过集中的加工配送服务，形成“公共加工配送平台”，解决中小终端用户的设备投入成本高而利用率低的矛盾。三是通过专业化技术服务、技术产业化等方式，解决中小终端用户自身技术能力不足的问题；与金融服务相结合，解决技术研发资金问题和技术孵化问题。四是通过加工配送网络布局的优化，实现仓储物流网络化，降低产品物流成本，实现缩短运距、提高组批运输效率的目标。五是通过数据服务平台与金融服务平台协同，降低为中小终端用户提供金融服务的成本，为钢材供应商、物流服务商等参与者提供个性化金融服务。六是通过对各平台提供大规模的各类金融服务，在交易和供应链融资的基础上，形成多层次的金融服务结构，从而吸引各类资本（融资）并实现各类资本运作方式（投资）的联合。

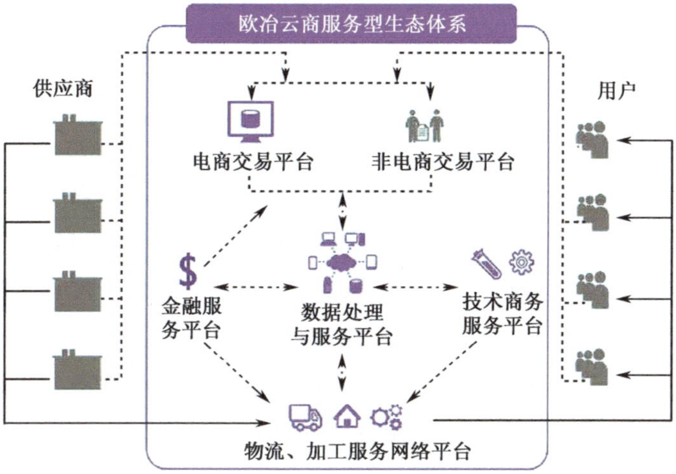

资料来源：宝钢日报

图 5-3 欧冶云商生态体系

五、“双创”平台拓展创业孵化新空间

与中小企业相比，大企业在资金、人才、技术、装备、产业化能力等方面优势突出。建立一批面向内部员工或社会创业人员的创业孵化器，加快创新技术、产品与模式的商业化进程，已经成为多数大企业开展“双创”的重要模式。创业孵化器不仅成为大企业激励内部员工创业创新的重要载体，更成为带动大批初创企业加快发展的关键平台。与传统孵化基地相比，互联网时代的大企业创业孵化器集聚了更多资源，并为创业创新团队提供“一站式”综合服务，有效降低了创业创新的外部成本。

一是建立企业内部孵化器。与企业原有的组织结构相比，企业内部孵化器是要集聚企业资源，加快推动企业内部员工创意创新产业化。例如，北汽福田工程研究总院于 2015 年 6 月正式启动创新技术孵化平台，鼓励青年员工立足于岗位创新，创建跨部门、中心乃至事业部的协作模式，通过科技创新提升企业核心竞争力，目前已有车联网、指纹识别、空气动力学、商用车抬头显示器等 6 个项目正处于研究孵化中。厦门美亚柏科公司在 2015 年推出了激发企业内外部人才创业创新活力的“A+X”众创计划，其中“A 计划”聚焦于企业内部员工的创新和创业，鼓励内部人员创业，提出“人人争做 CEO”的口号。通过为内部员工创业提供资金、技术、资源等方面的大力支持，美亚柏科成功孵化出了厦门服云信息科技有限公司，目前估值已经超过 2.3 亿元。

东方电气集团内部孵化器

为了孵化中央研究院研发的新技术、新产品，东方电气集团以建立科技产业公司的形式来搭建创新创业孵化平台。结合集团科技成果产品特点，科技产业公司根据新技术、新产品的种类进行组建。目前，已有两个科技产业公司启动并于 2015 年 9 月注册成立，分别为东方电气成都智能科技有限公司和东方电气成都清能科技有限公司。东方电气成都智能科技有限公司主要负责对东方电气集团中央研究院智能装备与控制技术研究所的研发成果进行孵化和产业化，包括数字化车间整体解决方案、核环境机器人系统、智能电网、电动汽车动力总成系统等。东方电气成都清能科技有限公司主要负责对东方电气集团中央研究院能量转换中心的研发成果进行孵化和产业化，包括燃料电池、钒液电池、测试平台等。以上两公司均为轻资产型技术孵化公司，专职人员主要负责市场经营，技术支撑均以中央研究院为主。组建初期为东方电气集团一人独资，后续对有关科技创新人员激励机制和推进实施步骤已同步进行了规划和安排。在两家公司成功运转的基础上，东方电气集团将以中央研究院的技术为基础，主要通过成立一大批小型公司的方式，积极推动新技术、新产品投放市场，让更多的科研人员走向市场。东方电气集团通过组建东方电气中央研究院作为技术创新平台，并成立两个科技产业公司进行孵化和产业化，打通了创新创业项目从创意、创新、创业到产业化的成长路径，加速了企业内部创新成果的转化。

二是建立业务关联型创业孵化器。为提升企业持续创新能力，一些大企业利用在行业细分领域的专业优势，搭建起与自身业务紧密相关的创业孵化器。目前，医药、航天等领域已建立了一批专业性创业孵化器，有效推动了产业的生态化发展。例如，先声药业“百家汇”众创空间聚焦创新药物、诊断与器械、移动医疗等生命科学领域创业创新项目，哈工大以机器人技术及相关创业项目的引进与孵化为主，大唐创新港提供 IC 产业孵化平台等。

中钢集团创业孵化器

中钢集团依托已有的国家重点实验室、工程技术（研究）中心、国家级企业技术中心等创新平台，建设“双创”实体孵化器，开展了大量科技创新工作，为集团及所属企业改革脱困转型升级做出了巨大贡献，为企业再创业提供了强大的支撑。

一是积极筹建中央企业创新创业中心。中央企业“双创”中心主要是为国有企业创新提供机制保障，成为深化国有企业改革和推动“双创”的创新结合平台，作为中央企业发布技术创新信息的新渠道，以及打造工作空间、网络空间、社交空间和资源共享空间的央企众创空间。二是创建中钢天津科技创客空间。在天津滨海新区中心商务区筹备设立中钢集团的科技成果转化平台，整合中钢集团内部“双创”资源，完善中钢“双创”平台，尤其是科技成果转化平台建设，转变管理方式，推动协同创新、成果转化。三是建设“安全环保领创空间”和“安全环保科技领创园区”。在已建成“科技部安全环保技术转移示范机构”的基础上，借力国家相关科技服务政策，引入“互联网+”思维和模式，把技术转移平台做实，通过安全环保科技成果的孵化和转化、安全环保科技企业的培育、行业信息的整合、公共平台的服务、产业助推器、平台创业基金、国际交流等内容和功能，打造中部乃至国内较有影响的技术转移基地。四是创建中钢星工场。2015年，中钢集团创建了集团首个创新型孵化器——中钢星火创新工场，旨在探索一套行之有效的内部创新创业管理制度及模式，为中钢创客提供展示的舞台和创新创意孵化平台，打造中钢创新创业生态圈，并与中央企业团工委、北京团市委沟通，共同打造中关村央企双创青年汇，建立“央企青年双创综合服务体”。目前已有中国金属制品网、乐乐停车、港港网、百职网等一批优质项目入驻该工场。

三是建立独立型创业孵化器。除建立与自身业务紧密关联的创业孵化器外，还有一些大企业选择建立面向全社会的独立创业孵化器。大企业充分利用自身的资源配置能力与优势，整合各类创新资源为社会创业创新项目孵化提供综合集成服务。例如，联想集团同中科院联合成立的“联想之星”，海尔集团的“海立方”平台，三一重工的“众智新城”平台，华录集团的“e+创客孵化中心”，首钢集团的创业公社，美的集团的美创平台等。其中，海尔集团的“海立方”平台集聚了丰富的政府园区资源、30亿元孵化基金、3万家销售渠道和6万家加工制造资源，可为创业创新提供全产业链服务，如图5-4所示。目前，“海立方”平台上的创业项目已覆盖了家居家电、智能硬件、健康、互联网、车联网等众多领域，有概念项目311项、在研项目536项、完成项目289项，并有37个项目已实现盈利。三一重工的“众智新城”平台聚焦智能制造领域，以“智能制造+互联网+国际化+金融”为发展思路，建设众创空间、创客展览中心、科技企业孵化器、智能制造产业加速器、三一创业街区、研发中心、产业交流中心、企业总部基地等项目，目前已发起成立3.5亿元创业投资基金，集聚近30家银行、证券、法律、知识产权和创投等服务机构，有60多家初创企业和创业团队入驻。

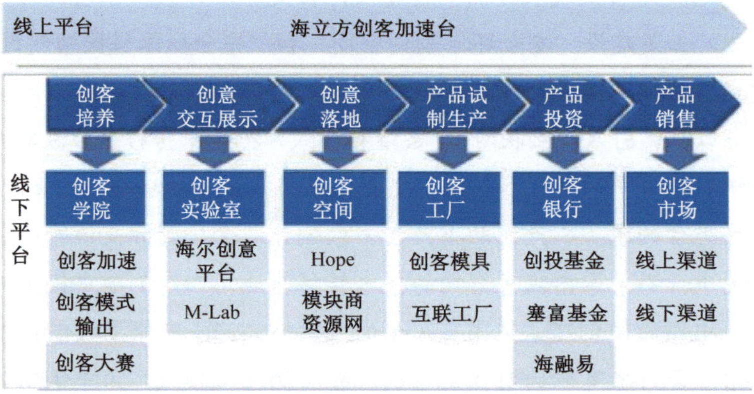

图5-4　海尔“海立方”平台

华录集团“e+创客孵化中心”

“e+创客孵化中心”是华录集团旗下北京易华录信息技术股份有限公司成立的首家央企孵化基地。相较于传统孵化器，“e+创客孵化中心”把服务聚焦于人力资源，通过发起央企创新孵化俱乐部，聚合大型企业、创业牛人智库以及产业上下游的优势资源，对接不同细分领域的大数据平台，输出品牌化的孵化器管理经验和专业指导团队。“e+创客孵化中心”是产业驱动型孵化器，聚焦智慧城市、智能交通、公共安全产业，其目标是打造面向有资产、有核心技术和专利产品的创业团队的云计算数据共享平台，为创业者提供基于交通大数据的智慧城市、智能交通、公共安全产业资源和云计算开放平台服务。作为央企创新孵化俱乐部发起者，“e+创客孵化中心”运作模式与通常的投资主导型模式不同，是基于首款导师社群 App、云计算数据共享平台、产业基金金融服务平台、央企创新孵化俱乐部，拥有全方位导师智库和扁平化的管理团队，具备较强的垂直产业在线辅导能力，既能为智慧城市、智能交通、公共安全领域的重大关键技术转化提供种子资金，又能与产业链上下游、各大高校、科研院所及其他社会中介服务机构建立广泛的强关系，通过央企机制的不断创新，帮助创业项目配置更多内外部优质资源。

六、“双创”平台支撑中小企业创业创新

中小企业是我国国民经济和社会发展的重要力量，在增加就业、促进增长、推动科技创新与保持社会和谐稳定等方面具有不可替代的作用。然而同时，中小企业发展面临着创新能力弱、管理水平低、资金不足、市场开拓难等突出困难。因此，充分发挥大型制造企业、基础电信企业、互联网企业的力量，建立面向中小企业的专业化、社会化、第三方“双创”服务平台，运用互联网和信息技术缓解中小企业发展困难，具有十分重要的意义。

大企业可以充分发挥资金、技术、人才、客户资源等优势，通过设立产业投资基金、开展供应链金融服务、搭建创业孵化平台和协同创新平台等模式，加速创意孵化和技术成果产业化，助推一批中小企业快速成长。一些大企业组建的面向行业的开放式创新平台，不但成为技术联合攻关和人才培养的新高地，也为大中小企业协同发展提供了新路径。还有一些服务全行业的第三方资源平台，有效促进了大中小企业间的资源协同与供需对接，推动形成了一批竞争优势明显的虚拟制造产业集群。

一是中小企业信息化推进工程和“互联网+”中小微企业创新创业培育行动加快实施，推动大型运营商和信息化服务企业建立了一批信息化服务平台，一批专

项计划为中小企业的研发设计、经营管理、生产控制和电子商务等提供互联网和信息技术应用服务。例如，山西省中小企业维权服务中心和北京智慧联合科技公司联合开发了依托大数据、云计算和垂直搜索引擎等技术的“山西省中小企业产业信息大数据应用服务平台”，这是全国首家为中小企业提供产业信息服务的大型专业平台。该平台主要为山西省中小企业提供产业动态、供需情报、会展情报、行业龙头、投资情报、专利情报、海关情报、招投标情报、行业研报、行业数据等基础性情报信息，还可以根据企业的不同需求提供包括消费者情报、竞争者情报、合作者情报、生产类情报、销售类情报等个性化定制信息，帮助广大中小企业从传统的“直觉+经验”决策模式，走向科学的“数据驱动决策”的智能商务模式，大大提升传统企业的核心竞争力。重庆借助中国联通核心通信能力优势，采用云计算、大数据、物联网、下一代互联网等先进技术，围绕中小企业发展实际需求打造了云服务平台，集聚各类服务和产品资源，按照“找得着、用得起、有保证”的原则，为中小企业提供信息化、管理咨询、技术创新、人才培训、市场开拓等专业服务。

中国移动助力百万青年创业就业

为促进青年特别是大学生就业创业，共青团中央和中国移动于 2010 年 8 月联合启动“百万青年创业就业计划”（以下简称“创业就业计划”），依托中国移动互联网平台为青年（重点是大学生）提供一系列免费的创业教育、培训和激励，并提供一定数量的创业和就业岗位，目标是打造一套基于移动互联网开展自主就业创业的环境和机制。创业就业计划开展五年来，在全国高校掀起了移动互联网开发创业的热潮，在帮助大学生转变就业创业观念、提升就业创业技能、解决就业见习机会、突破创业资金瓶颈等方面发挥了积极作用。截至目前，创业就业计划覆盖了全国 2000 多所院校，成功聚集了 173 万青年开发者，征集参赛作品超过 111 万件；在全国 16 个省市共建设 102 个孵化基地，其中高校就业孵化基地 90 个、社会创业孵化基地 12 个；邀请 65 位业界名企 CEO、技术专家、营销专家加入“梦想导师团”进行全国巡讲，提供创业辅导帮扶，累计为开发者提供了 800 余场落地培训；累计招募 145 支创业团队入驻办公，入孵项目涵盖移动游戏、互联网金融、O2O 与电商、在线教育等领域，共孵化精品应用 1000 余件，成功撮合 25 例 VC 投资，其中 12 个项目获得包括联想之星、创新工场、高瓴资本、SIG、蓝驰创投、中青宝、花旗基金、乐视等风投机构的投资，最大一笔融资达2200万美元。

二是互联网金融平台服务商、电子商务服务商、金融机构等通过提供供应链金融、电子商务信用、融资担保、知识产权抵押等服务，帮助小微企业解决融资难问题。例如，阿里巴巴集团通过自营小贷公司平台开展“蚂蚁小贷”业务，为数量庞大的网商、小微企业和个人创业者提供小额短期贷款，累计服务小微企业140多万户，发放贷款超过3000亿元，平均每笔贷款3.3万元，不良率在1%左右。

“网金社”探索互联网金融 助力中小企业融资

国家开发投资公司下属的中国投融资担保有限公司充分把握“互联网+”带来的发展机遇，围绕解决中小企业融资难、融资贵等问题进行积极探索和创新，与阿里巴巴、恒生电子发起成立互联网金融资产交易中心暨交易平台——“网金社”。“网金社”于2015年6月24日正式挂牌上线，成为国内第一家获政府批准的互联网金融资产交易中心。该平台依托阿里巴巴“蚂蚁金服”庞大的个人用户与资金渠道、中投保的融资担保能力与恒生电子的技术实力，致力于满足中小型创业企业多层次的金融需求，在中小企业线上服务和与各地担保机构合作的业务中提供大量中小企业融资业务。

三是“创客中国”公共服务平台上线，采取众创、众包、众扶和众筹模式，运用云设计、网络制造、3D打印等技术，支持中小企业与大企业协同研发与制造，参与产业链和创新链，推动个性化定制和柔性化生产。

“创客中国”公共服务平台

2015年，“创客中国”公共服务平台正式上线。这一立足于服务产业、企业、创客和政府的平台现已汇集北京、上海、南京等地的9家创客空间和15家企业创客，吸引美的、英特尔、海尔等多家知名企业入驻，发布多项创新需求，对接创客创新资源，发布3D打印、智能家居、机器人等领域产品百余件。

“创客中国”采用O2O模式，同时开展线上、线下两类服务：一是通过“创客中国”线上公共服务平台，将分散在全国乃至全球的拥有创意、设计、研发、生产、销售等方面优势的企业和创客资源汇聚在一起，形成线上国家级入口；二是通过建立示范基地，整合相关资源，在物理空间上聚集相关产业（如 3D 打印、智能家居、机器人等）的上下游企业，最终形成线上定制、线下生产、线上销售的全产业链 O2O 闭环。

在运营模式方面，“创客中国”也有其创新之处，即建立以大企业、中小企业、创客为主体，政府、产业集聚区、第三方服务机构为支撑的多方参与产业协同的市场化运营模式。大企业是推动平台运行的重要引领者，通过众包模式发布需求来吸引全社会的创新资源向平台集聚，同时为创客创新提供资金和技术支持。中小微企业和创客是平台的重要参与者，一方面通过对接大企业需求，参与大企业设计和研发过程，获得更多市场资源和发展机会，同时也可利用创客的创意和开源技术来提升产品附加值；另一方面，小微企业和创客利用平台可以获得政府或企业的资金支持，或通过“众筹”模式获得发展资金。政府和产业集聚区是平台的重要支撑者，政府为平台建设和运行提供政策、机制和资金上的保障；产业集聚区为创新产品落地提供各种政策支持，同时通过承接专业领域创新产品的落地，带动本地区产业发展，提升集聚区竞争力。

四是众创空间为小微创新企业成长和个人创新创业提供低成本、便利化、全要素的开放式综合服务。2015 年，我国对商事登记制度、科研经费使用制度、创新产业的税收减免制度等进行了一系列重大改革，极大地鼓励了大众创业创新的热情，公司注册、兴办的门槛大为降低，形成了对众创空间的巨大需求。全国各地已涌现出一批有亮点、有潜力、有特色的众创空间，成为大众创业、万众创新的重要阵地和创新创业者的聚集地。以优客工场、无界空间、36 氪、洪泰创新空间、SOHO3Q 等为代表的一批众创空间涌现，形成了中关村创业大街等一批众创空间聚集地，为梦想创业的人们提供了交流的空间，也为资本和创意的结合提供了平台。截至目前，全国各类众创空间已超过 2300 家，与现有 2500 多家科技企业孵化器、加速器，11 个国家自主创新示范区和 146 个国家高新区，共同构成完整的创业服务链条和良好的创新生态。目前在孵企业已超过 10 万家，培育上市和挂牌企业 600 多家，吸纳就业人数超过 180 万人。

第二节 制造业“双创”平台建设存在的问题

总体来看，制造业“双创”平台建设尚处于起步阶段，仍然面临着一些亟待解决的困难与问题，在汇聚、整合创业创新资源以及带动技术产品、组织管理、经营机制、商业模式创新等方面的潜力远没有发挥出来。

一、“双创”支持政策落实不到位

2015年以来，国家“双创”相关政策密集出台，但是各级政府部门落实成效尚不明显。一是政策密度虽大但针对性不足。部分地方和企业反映当前出台的“双创”政策仍是以指导性为主，实施性和操作性不够强。一些企业反映尽管政策较多，但缺少实施细则和具体支持措施。二是政策落实难度大。政策密集出台导致地方理解不足，难以制定实施细则。同时，一些地方因资源有限、手段不足，存在疲于应对、无暇消化的情况，于是以直接转发文件的形式落实中央文件，一定程度上打击了地方创业者的创业创新热情。三是政策宣传推广力度不够。一些企业反映希望政府加强政策宣传讲解。

二、大企业体制机制障碍突出

大企业一般具有严格的科层组织结构，传统的管理体制机制对创业创新的束缚较大。一是在人才选拔机制上，大企业论资排辈的用人观念较重，人才上升和流通的通道不畅。二是在研发机制方面，研发项目“行政式命令”较多，基于市场需求、用户意愿、员工自主创新开展的研发项目较少。三是在薪酬制度方面，员工的工资多数按级别、职务发放，科研人员的收入没有与技术创新效益挂钩，无法体现“多劳多得”的原则，对员工的激励不够。

三、社会信用体系建设不完善

基于互联网的大企业“双创”平台实现了个体与企业、企业与企业、个体与个体创新资源及服务的直接对接，其健康发展与个人和企业信用评价体系紧密相关，但是目前我国社会信用体系的完善程度还有待提高。一方面，覆盖全社会的征信系统尚未形成，社会成员信用记录严重缺失，现有信用评价体系难以对创业创新参与者的能力水平、信誉情况进行有效的评判和标识，影响用户对“双创”平台及创新类平台服务的接受度和信任度；另一方面，针对海量创业创新主体的监管乏力，无法有效响应各类突发问题，对恶意违约、危害安全等失信行为缺乏有效的惩治手段。

四、知识产权保护力度亟待加强

知识产权保护是保护创业创新成果的重要手段，是激发创业创新热情的有效支撑。当前，开放式的大企业“双创”平台使得创业创新成本大大降低，同时在知识产权保护内容和方式上出现的很多新特点、新问题也亟待解决。调研显示，知识产权保护环境较差是大企业建设“双创”平台意愿不强的重要原因之一，创新成果保护困难是大企业创业创新面临的最突出问题。投入巨大的创新成果轻易被一些企业仿制、仿冒，造成“劣币驱逐良币”，严重打击企业创新热情。同时，企业、个人通过“双创”平台开发出来的技术、产品越来越多，开发周期越来越短，现有的知识产权保护保护法律体系难以快速、准确地认定，导致很多产品上线后很快就会被侵权。互联网时代，技术创新与技术挟持界限模糊，模式创新方面的模仿与抄袭难以准确定义，导致技术创新和模式创新的知识产权侵权认定难，维权更难。

第三节　制造业“双创”平台建设重点方向

《指导意见》明确提出要从两个方面加快推动“双创”：一是充分发挥大型制造企业规模大、制造资源丰富、信息化水平高、技术基础扎实等方面的优势，加快建设基于互联网的“双创”平台；二是充分发挥互联网企业、基础电信企业创新活跃、资源整合能力强等优势，加快建设面向制造业的“双创”服务体系。

一、支持大型制造企业建设基于互联网的“双创”平台

【原文】打造制造企业互联网“双创”平台。组织实施制造企业互联网“双创”

平台建设工程，支持制造企业建设基于互联网的“双创”平台，深化工业云、大数据等技术的集成应用，汇聚众智，加快构建新型研发、生产、管理和服务模式，促进技术产品创新和经营管理优化，提升企业整体创新能力和水平。鼓励大型制造企业开放“双创”平台聚集的各类资源，加强与各类创业创新基地、众创空间合作，为全社会提供专业化服务，建立资源富集、创新活跃、高效协同的“双创”新生态。深化国有企业改革和科技体制改革，推动产学研“双创”资源的深度整合和开放共享，支持制造企业联合科研院所、高等院校及各类创新平台，加快构建支持协同研发和技术扩散的“双创”体系。

我国工业基础雄厚，大企业汇聚了大量创新人才和创新资源。要想把大规模隐性、沉睡的资源显性化、数字化、在线化，并转化为企业创新优势，需要依托互联网，加快建设“双创”平台。同时，为发挥大企业在“双创”平台建设中的主力军作用，《指导意见》提出推进以大企业“双创”平台建设为重点的试点示范行动，支持大型制造企业建立基于互联网的“双创”平台，加快培育企业新型研发、生产、管理和服务模式；鼓励大企业“双创”平台资源开放共享和提供社会化服务，如图 5-5 所示。

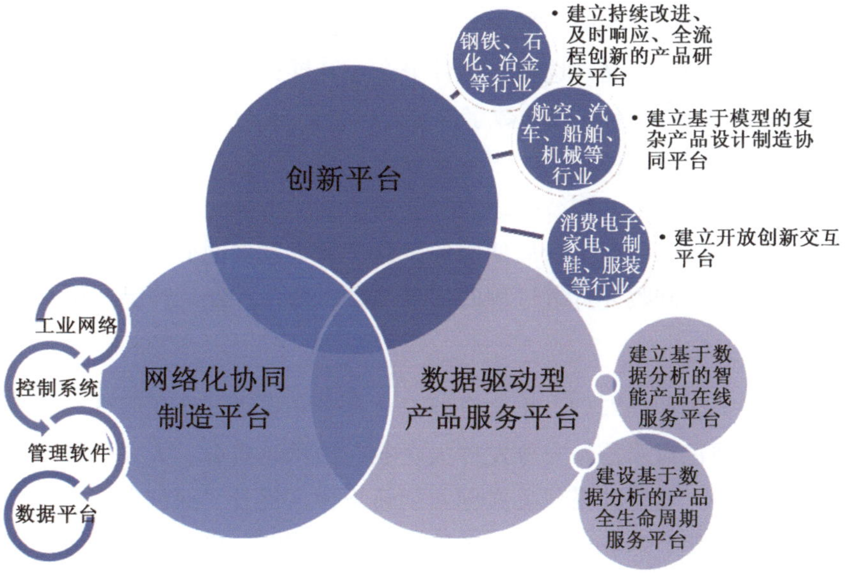

资料来源：赛迪智库

图 5-5 大型制造企业基于互联网的“双创”平台模式

一是开展大企业研发创新平台试点示范。在钢铁、石化、冶金等行业，选择系统集成能力强的行业骨干企业，建立持续改进、及时响应、全流程创新的产品研发平台，探索构建基于智能感知、知识挖掘、工艺分析、系统仿真等技术集成应用的研发新体系。在航空、汽车、船舶、机械等行业，选择行业带动性强的骨干企业，建立基于模型的复杂产品设计制造协同平台，探索产业链协同研发新模式。在消费电子、家电、制鞋、服装等行业，选择创新能力强、用户规模大的行业骨干企业建立开放创新交互平台，探索用户深度参与、需求动态感知的研发设计新模式。

二是开展大企业网络化协同制造平台试点示范。选择一批重点行业骨干企业开展试点示范，围绕工业网络、控制系统、管理软件和数据平台的纵向集成，以及研发设计、智能装备、生产制造、检验检测、营销服务、经营管理等环节的无缝衔接和综合集成，构建生产管理运营平台，探索全流程信息共享和业务协同新模式。选择一批重点行业骨干企业开展试点示范，以提升产业链整合能力为重点，构建企业间设计仿真、客户关系管理、供应链管理和营销服务等协同制造平台，推动企业间设计、制造、商务和资源的高效利用。

三是开展大企业数据驱动型产品服务平台试点示范。面向智慧家庭、智慧家电、智能穿戴等智能产品，选择一批骨干企业开展试点示范，建立基于数据分析的智能产品在线服务平台，推动数字内容、电子商务、应用服务等业务资源整合，培育个性化、在线化、便捷化的服务新业态。在工程机械、汽车等行业选择一批骨干企业开展试点示范，围绕推进大型装备产品的智能化、高端化、服务化，建设基于数据分析的产品全生命周期服务平台，探索发展面向产品设计制造、检测诊断、远程维护、回收处置等过程的信息共享、质量控制、产品追溯和精准服务新模式。

四是鼓励大企业“双创”平台资源开放共享和提供社会化服务。选择一批大型制造企业开展试点示范，充分发挥大企业在技术、资金、人才、管理、客户等资源方面的优势，支持其搭建各类创业创新平台，提升“双创”服务平台支撑能力，提供创业孵化、专业咨询、人才培训、检验检测、投融资等服务；通过设立产业投资基金、开展供应链金融服务、搭建创业孵化平台和协同创新平台等模式，加速创意孵化和技术成果产业化，助推一批中小企业快速成长；与配套的中小企业通过专业分工、服务外包、订单生产等多种形式，建立协同创新、合作共赢的产业生态，加快从企业单打独斗向产业链协同竞争的转变，为大中小企业协同发展提供新路径，形成资源富集、创新活跃、高效协同的“双创”新生态。

二、构建制造业“双创”服务体系

【原文】组织实施“双创”服务平台支撑能力提升工程，支持大型互联网企业、基础电信企业建设面向制造企业特别是中小企业的“双创”服务平台，鼓励基础电信企业加大对“双创”基地宽带网络基础设施建设的支持力度，进一步提速降费，完善制造业“双创”服务体系，营造大中小企业合作共赢的“双创”新环境，开创大中小企业联合创新创业的新局面。鼓励地方依托国家新型工业化产业示范基地、国家级经济技术开发区、国家高新技术产业开发区等产业集聚区，加快完善人才、资本等政策环境，充分运用互联网，积极发展创客空间、创新工场、开源社区等新型众创空间，结合“双创”示范基地建设，培育一批支持制造业发展的“双创”示范基地。组织实施企业管理能力提升工程，加快信息化和工业化融合管理体系标准制定和应用推广，推动业务流程再造和组织方式变革，建立组织管理新模式。

当前，互联网推动创新要素和创业资源聚集、开放和共享，不断催生新供给、释放新需求、绽放新活力，成为激发创业创新动力的有力抓手。应借融合发展大势，立足企业创业创新难点，完善中小企业“双创”服务体系建设，发展服务于实体经济的新型众创空间，持续提升企业管理能力，从多个层面为企业创业创新保驾护航。

一是完善面向中小企业的“双创”服务体系。发挥基础电信企业和大型互联网企业的优势，打造开放共享的信息化综合服务平台，为小微企业发展财务管理、生产过程、采购与营销、质量检验、人力资源管理、客户服务和物流等核心业务提供信息化应用服务。鼓励互联网企业进一步开放平台资源，为小微企业和创业企业提供低成本甚至免费的资源支持，加强工业云平台对小微企业的服务能力建设，提供面向小微企业的在线研发设计、安全监控、设备管理等软件应用服务。推动以互联网金融、供应链金融、电子商务信用等服务缓解小微企业融资困难的新模式和新渠道。开展国家小微企业创业示范基地建设工作，推动创业基地智慧化，为创业者提供快速和精准的服务。支持开展“创客中国”活动，为小微企业提供众创、众包和众筹等线上、线下服务。以国家中小企业公共服务示范平台和中小企业公共服务平台网络建设为重点，进一步完善中小企业服务体系。发挥示范平台服务质量好、带动作用强、公信力高和平台网络覆盖广、触角长，以及贴近企业、了解需求的优势，带动社会服务资源，创新服务模式，拓宽服务领域，提高服务效率，为中小企业提供找得着、用得起、有保障的创业创新服务。依托各类中小企业信息化辅导站、培训基地、体验中心等服务机构，为中小企业创业创新提供政策咨询、创业辅导、技术创新、人才培训、市场开拓、应用推广等线上线下相结合的服务。

二是建设发展新型众创空间。集聚整合创新创业政策，大力发展众创空间等新型创业服务机构。支持发展创客空间、开源社区、创新工厂等新型孵化模式，发挥行业领军企业、创业投资机构、社会组织等社会力量的主力军作用，构建一批低成本、便利化、全要素、开放式的众创空间，形成线上线下结合、孵化投资结合的创业创新新途径。同时，最大限度地盘活利用国家新型工业化产业示范基地、国家自主创新示范区、国家高新区、大学科技园、科技企业孵化器，以及高校、院所已有的有利条件，优化和完善现有创业服务机构的服务业态和运营机制，重点支持其进行互联网化改造，在登记注册、房租水电、宽带接入费用、创业服务的公共软件、平台使用费等方面给予政策支持，为创业者提供低成本、便利化、全要素的创业服务平台。同时，要发挥传统孵化器在基础设施方面和新型创业服务机构在专业服务方面的互补优势，促进传统孵化器与新型创业服务机构的深层合作，联合建立“创业苗圃—孵化器—加速器”孵化链条，为初创企业提供全流程服务。

三是完善两化融合管理体系普及推广服务体系。健全两化融合管理体系标准研制、贯标咨询、评定服务、培训等的市场化服务体系和监督体系，不断丰富两化融合管理体系工作平台的服务内容，完善线上线下协同工作平台和服务平台，创新服务方式，加快形成评定结果的政策及市场化采信机制，形成两化融合管理体系普及推广和深化应用的良好生态环境，帮助企业积极探索互联网时代业务流程、组织结构、数据和技术融合发展的新型管理模式，系统提升现代化管理水平，实现企业战略调整、业务转型、组织变革。

第六章　新生态：制造企业与互联网企业跨界融合

生态体系建设是深化制造业与互联网融合的核心内容，是实现制造业与互联网全方位融合的具体体现。当前，支撑融合发展的技术、网络、产品、管理、服务等快速发展，为制造业与互联网融合奠定了良好基础。越来越多的制造企业积极探索融合发展路径，在技术研发、商业模式、资本运作等领域与互联网企业开展合作。但是，受经营方式、经营理念、思维惯性等多种因素的影响，仍有相当一部分制造企业对互联网持有怀疑和抵触的心态，主观上还不能够积极主动地与互联网融合。要想解决这些问题，必须以多种举措激发制造企业深化互联网应用的积极性、主动性和创造性，打通互联网与制造业之间的行业壁垒，使双方形成合作共同体，建立与融合发展相适应的技术体系、标准规范、商业模式、竞争规则，形成优势互补、合作共赢的新生态体系。

第一节　两种融合发展路径

制造业与互联网融合发展过程中，有两股力量相向而行，一股力量是以制造业为主体，积极利用互联网拓展价值链发展空间；另一股力量是互联网企业从消费互联网进入制造业互联网。这两股力量的汇合，不断激发制造业的创新活力，催生出大量新模式、新业态、新产品。

一、“以 M 主导 I”的融合发展路径

在制造业与互联网融合过程中，一批竞争实力较强、信息化水平较高的制造企业主动拥抱互联网，通过实施“以 M 主导 I”（制造业主导互联网）的策略，扬

M之长，补I之短。

以装备制造企业为主导的融合发展路径。当前在制造业与互联网融合实践中，涌现出了装备制造企业主动与互联网企业联合的典型案例。这些装备制造企业充分利用互联网、大数据和工业软件、云计算、物联网等技术，积极探索众包设计研发和网络化制造等新模式，发展服务型制造。例如，中国商飞通过建设大型客机产品数据管理与协同研制平台，使26家国外一级供应商、18家国内一级供应商单位共约4500名工程师和管理人员在一个统一的数字化平台上开展工作。徐工集团通过构建工程机械互联网，对机械设备开展在线实时监测、远程故障诊断等智能服务。三一集团自主研发的ECC（企业控制中心）系统，通过安装在设备上的传感器、控制器，实时收集设备运行状况、保养等数据，为设备运行维护和新设备研发提供决策支持。湖南深拓智能设备股份有限公司利用自主研发的“装备制造产业云监控远程管理平台”，实现对设备的远程在线监控、远程维护、运行预警、技术升级等功能。例如，南车戚墅堰在国内利用GPRS网络实现机车远程运维服务的基础上，正在探索利用北斗卫星实现海外机车的远程运维服务。

徐工集团——工程机械智能服务

徐工集团作为代表中国“走出去”的工程机械领军企业，依托大数据、云计算、物联网等信息技术的运用，围绕工程机械全生命周期提供服务，不断优化设备的生产制造、安装调试、智能物流、风险预警等业务流程，逐步实现以产品制造为核心向依托产品提供综合服务的方向转型。

2012年，徐工集团推出覆盖徐工集团、呼叫中心、企业、备件中心、经销商、供应商、工程师、车辆、客户的全球物联网智能云服务平台，为客户提供了产品从生产到消亡的全生命周期的档案信息。在产品制造、调试环节，平台可自动获取相关数据，通过调试过程监控、运行参数实时分析等功能，确保每一台出厂产品均质量过关。同时，针对大吨位、新产品、重大改进升级等需要重点关注的产品，技术研发人员在物联网平台上进行一对一跟踪，以客户施工数据作为产品市场表现样本，通过对关键指标阈值的分析，建立产品优化升级模型，推动重点产品的持续优化升级。在营销服务环节，通过该平台实现全球工程机械设备智能化识别、定位、跟踪、监控等功能，对工程机械设备进行全天候远程监控、动态管理，保证工程机械产品健康运行。远在千里之外的工地，当设备工况参数超出正常范围时，物联网系统自动发出警报，技术专家通过远程诊断和数据分析，快速判断原因，提供解决方案，及时向客户反馈。同时，徐工物联网系统还为客户量身打造自助服务平台，客户通过电脑或手机登录该系统，借助无线网络，随时随地都能看到产品的地理位置、工作时间、历史轨迹、健康状况等信息，一切情况尽在“掌”中。

二、“以 I 主导 M”的融合发展路径

在制造业与互联网融合过程中，一些成功进入消费领域的互联网企业开始向生产领域拓展业务，逐步形成了“I 主导 M”（互联网主导制造业）的发展模式。

消费品制造企业的“I 主导 M”融合发展路径。服装、家具等距离消费者较近的行业，正在形成由互联网企业主导和带动转型发展的模式。这些企业通过充分利用互联网实时感知消费需求的优势，推进设计研发、生产制造和供应链管理等关键环节的柔性化改造，发展大规模个性化定制。例如，青岛红领通过构建线上、线下个性化定制平台，逆向整合服装设计和生产要素，形成了数据驱动、全球协同、全员在线、实时同步的服装智能定制模式，实现了从 C 到 M（客户和制造）的全产业链协同设计制造和从 M 到 C 的一站直式营销，设计成本下降了 99%，原材料库存减少了 80%，生产周期缩短了 40%，2014 年产值、利润同比增长 150%。尚品宅配依托电子商务平台，线上展示设计、收集用户需求，打造全新的家装服务模式，在家具行业大幅下滑的背景下，年平均增长超过 50%。吉利汽车通过建设云集企业协作社区，使消费者参与到产品开发过程中，探索汽车车身、内饰、汽车电子等方面的个性化定制。

红领集团——大规模个性化定制

青岛红领集团全面顺应“互联网+”的趋势，充分围绕客户需求，利用大数据、物联网等信息技术建立大规模个性化定制新模式，快速响应全球消费者的多元化需求。红领集团的制造模式主要有以下特点：一是运用大数据技术，可以满足客户的差异化需求。红领用 10 多年时间，积累了海量的包含流行元素的版型、款式、工艺等数据库，客户既可以在平台上进行 DIY 设计，又可以利用红领版型数据库进行自由搭配组合。二是运用物联网技术准确传递生产信息，实现生产与管理集成。服装网络设计、下单、

定制的数据传输全部实现数字化。每一件定制产品都有其专属芯片，各工序员工根据芯片指令完成制作；芯片准确地将个性化定制工艺传递给工位上的电脑，确保每件定制产品都能高质高效完成；同时，生产管理部门可实现对每一道工序、每一个环节在线实时监控。三是以生产流程的模块化、标准化布局，实现个性产品规模化生产。红领 RCMTM 平台后台的智能系统将客户在定制平台上填写的数据与数据库中存储的模型进行比对，将个性化数据处理为标准化数据；然后将服装订单分拆成若干模块，并自动分配给生产线上的工人进行制作。这一模式能够在所有细节上既实现个性化定制，又做到规模化生产。四是客户需求数据驱动柔性定制模式。通过红领的 C2M 平台，可实现制造体系与用户需求数据无缝对接，于是制造环节能够根据用户的个性化需求快速调整生产要素和柔性布局。其智能制造流程如图 6-1 所示。

红领集团的大规模个性化定制模式颠覆了个性服装、单件制作，以及型号服装大规模生产、分级组织市场营销的服装行业经营传统，大幅提升了企业运营的经济效益，生产成本下降了 30%，设计成本下降了 40%，原材料库存减少了 60%，生产周期缩短了 40%，产品储备周期缩短了 30%。2014 年定制业务年均销售收入、利润增长均超过 150%，年营收超过 10 亿元。

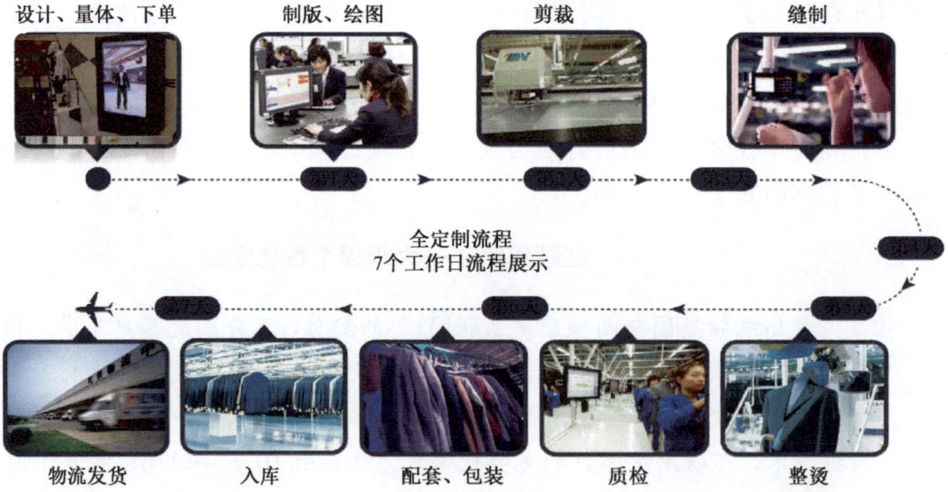

资料来源：红领集团

图 6-1　红领智能制造流程

第二节 融合发展生态体系现状

在上述两种融合路径形成过程中，新的经营主体开始出现，制造企业对互联网新技术新模式的应用更加积极，互联网企业向传统产业渗透的程度更加深入，软件服务企业参与融合创新的意愿更加迫切，适应融合发展的生态体系正在形成。同时，面向制造环节的分享经济快速发展，涌现出了以生产装备、生产车间、系统解决方案、制造能力的在线发布、协同、交易为主要内容的共享工厂模式，逐步形成制造能力供给与需求动态精准匹配的生态体系。越来越多的制造企业与电子商务企业开展合作，制造、营销、物流的协同能力日益提升，高效的生产、流通一体化生态开始形成。

一、新的经营主体推动形成融合发展生态

当前，一些领先的制造企业、互联网企业、集成服务企业充分发挥各自优势，积极推动制造业与互联网融合发展，已成为融合发展生态体系中的引领者和践行者。

传统制造企业利用互联网加速智能化服务化。近年来，许多企业积极利用互联网，探索智能制造、柔性制造、网络制造、绿色制造、服务型制造等新型制造模式，构建平台化、生态化、扁平化的组织方式，加快从以产品为核心到以消费者为核心、从以生产为本到以“生产+服务”或服务为本的转变，不断拓展延伸价值链。传统企业互联网化的途径主要包括以下两方面。

一是以互联网改造传统产业生产经营方式。互联网思维、互联网+、O2O 互联网对传统产业生产经营方式的改造早已不再是口号，而是成为越来越广阔范围内的事实。在消费品制造领域，既有的互联网化设计生产模式正在向更多细分领域延伸，如个性化定制正在由服装、家具等技术较为简单的行业向组件更多、工艺更复杂的领域拓展。此外，消费品制造在市场挖掘、产品研发、供应链管理、生产服务创新等环节均实现了与互联网的融合，如海尔集团的家电众包设计、贝因美的奶粉全生命周期追溯等。在装备和原材料制造领域，过去互联网融合渗透波澜不惊的局面已经转变，在这些与大众消费相对较远的中上游企业中，基于互

联网的云计算和大数据的布局与应用正在加快。原材料行业多属于流程制造，自动化水平相对较高，企业更加关注产品的产需对接。宝钢集团于 2015 年 2 月合资成立欧冶云商公司，借鉴“自营+第三方”的“京东模式”为钢铁在线交易、钢企物流仓储、钢贸商融资提供服务。

二是以互联网变革、创新经营管理模式。近年来，制造企业纷纷以“电商拓市”。兴乐集团坚持“纵向一体化、横向关联化”的“电商换市”发展战略，创办了“兴乐易购”家装电器网上购物平台、“山海之味”网上商城和“融易购电器材料网”，从而创新了企业的商业模式，开拓了新的商业机会，为企业发展带来了新的蓝海。吉利集团、盾安控股等国内大型企业建立了开放性网络采购平台，以提高集中采购水平。还有的企业尝试新型“管理换脑”模式，通过在企业内部大力推广应用管理、决策信息系统，优化企业生产、管理流程，实现数据驱动型智能管控，以信息决策系统来替代和补充传统管理者决策的模式。台州、温州等地的制造企业围绕主制造商发展订单驱动的制造模式，带动产业链上下游企业实现协同联动，降低平均库存水平。此外，越来越多的企业开始探索“商务换型”的大数据应用模式，通过“云网端”三位一体的形式，把大数据应用渗透至企业的运营、管理乃至整个生命周期，为企业创造巨大的商业价值。杭州泰格医药公司建立的临床试验大数据平台，以每年 50%以上的增长率参与完成了近 1000 个数据统计项目，为新药研发提供了大量准确而全面的决策依据。

互联网企业发挥技术和平台优势加速向制造业渗透。互联网企业基于其开放性、共享性、便捷性等优势，通过与制造业合作，创造出大量融合性新产品、新模式、新业态。阿里巴巴集团将自身领先的云计算和大数据技术应用向传统企业的营销、研发、管理等领域推广，近期与上海汽车共同探索互联网汽车的研发和运营。百度、华为、乐视等一大批互联网企业也纷纷角逐制造业领域。一些细分领域的垂直电商也加速拓展价值增值空间。找钢网通过互联网平台，实现了下游小微客户与上游钢厂的对接，同时为近百家钢厂提供物流仓库，解决了钢贸交易中的物流和信息流的透明问题。

无人驾驶——百度汽车大脑

百度无人驾驶车项目于 2013 年起步，由百度研究院主导研发，其技术核心是“百度汽车大脑”，这也是“百度大脑”在汽车领域的垂直应用，它包括高精度地图、定位、感知、智能决策与控制四大模块。其中，百度自主采集和制作的高精度地图记录完整的三维道路信息，能在厘米级精度实现车辆定位。同时，百度无人驾驶车依托国际领先的交通场景物体识别技术和环境感知技术，实现高精度车辆探测识别、跟踪、距离和速度估计、路面分割、车道线检测，为自动驾驶的智能决策提供依据。百度无人车系统如图 6-2 所示。

2015 年年底，百度无人驾驶车从中关村软件园的百度大厦附近出发，驶入 G7 京新高速，经五环路抵达奥林匹克森林公园后按原路线返回。百度无人驾驶车往返全程均实现自动驾驶，并实现了多次跟车减速、变道、超车、上下匝道、调头等复杂驾驶动作，完成了进入高速（汇入车流）到驶出高速（离开车流）的不同道路场景的切换。测试时最高速度达到 100km/h。

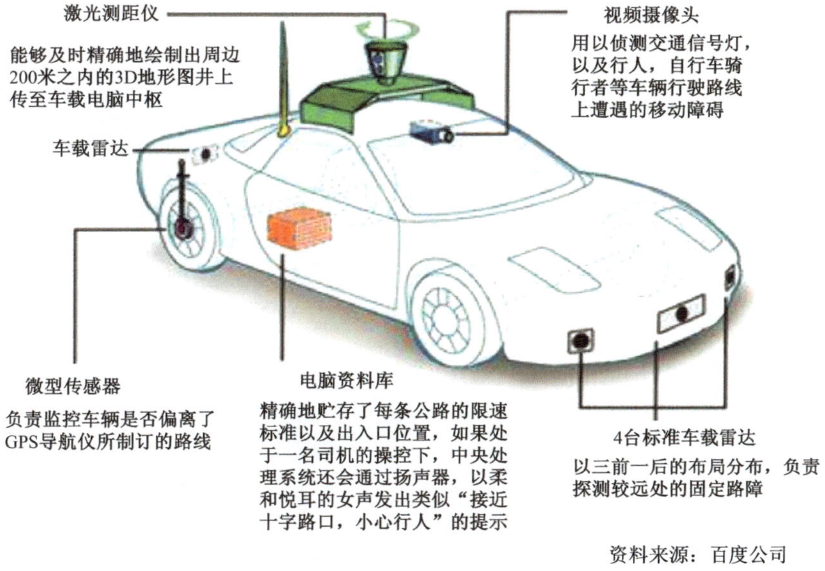

图 6-2 百度无人车系统

乐视智能终端产品制造

乐视作为享有国家级高新技术企业资质的互联网企业，一直致力打造基于视频产业、内容产业和智能终端的“平台+内容+终端+应用”完整生态系统，如图 6-3 所示。乐视垂直产业链整合业务涵盖互联网视频、影视制作与发行、智能终端、应用市场、电子商务、互联网智能电动汽车等。

以手机生产为例，乐视推出的乐 2、乐 2 Pro 和乐 Max 等产品，首次提出的 CDLA 标准提升了用户的听觉体验，全新 EUI 视频化的交互语言优化了人机交互方式，还采用高通骁龙 820 处理器升级产品性能。服务和内容是乐视核心优势之一。基于“平台+内容+终端+应用”的垂直整合，乐视将体育、影视、周边等大量资源打包提供给用户，为用户提供的不再是智能手机，而是一个完整的收发内容的窗口。乐视拥有四重盈利模式，分别是硬件收入、内容收入、广告收入和应用分成收入。多重收入反哺硬件，最终实现定价低于量产成本，也实现了 1000 万台的销量。

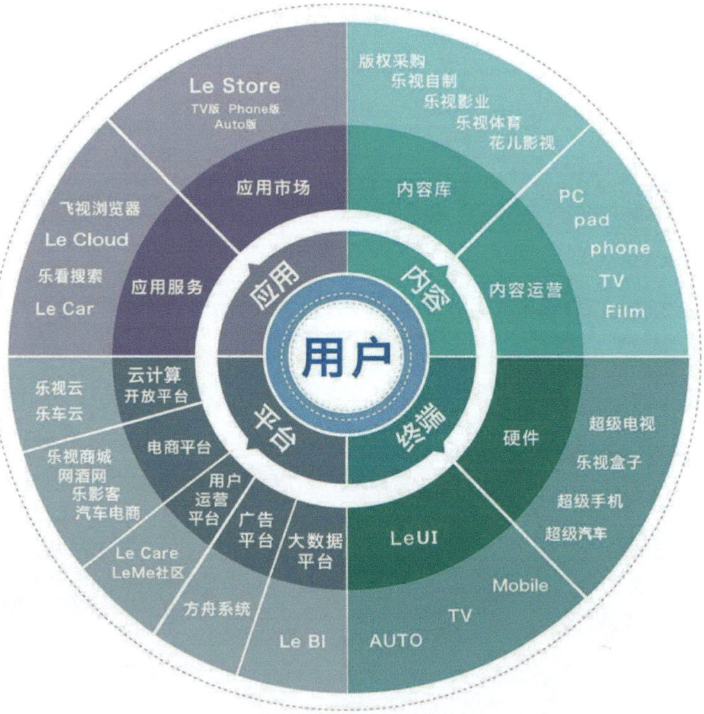

资料来源：乐视网

图 6-3 乐视生态系统

制造企业与互联网企业开展多种合作。当前，产品推陈出新速度不断加快，对产品外观、功能定要求越来越高，仅仅依靠制造企业封闭的、孤立的研发部门已无法满足产品更新迭代的创新要求。越来越多的制造企业意识到互联网在未来发展中的重要作用和方向。同时，互联网企业也认识到，互联网必须融入制造业基因，才能获得优势互补、合作共赢的发展格局。因此，近年来越来越多的制造企业和互联网企业从两端各自启程逐步走向互惠互利的战略合作。例如，美的和小米在产品层面发力研发智能家居，格力和京东在销售渠道层面深度整合资源，伊利和腾讯在品牌营销层面合作共赢。随着战略合作的不断深化，制造企业与互联网企业合资合作经营，成立经营主体，成为经营共同体、利益共同体和命运共同体。双方将各自在产品、渠道、创新等方面的资源整合到一个合作团队，共同致力于研发设计、产品提升、渠道拓展和品牌延伸等。例如，沈阳机床厂和神州数码通过两个 IT 融合研发智能机床。

美的与小米——加速推进智能家居进程

中国三大家电巨头之一美的集团加快互联网转型步伐，确立了“智慧家居+智能制造”的“双智”战略。智能家居产品方面，空调、洗衣机和冰箱是家电智能化的主推方向，2015 年，美的上市智能产品型号 80 余款，推动智慧家居互联平台建设。在渠道方面，完成 M-SMART 系统与阿里巴巴、京东、苏宁三大电商平台及小米系统的对接。美的集团以每股 23.01 元的价格向小米科技定向增发 5500 万股，募资不超过 12.66 亿元，发行完成后，小米科技将持有美的 1.29%股份，并提名一名核心高管成为美的集团董事，双方将在智能家居及其生态链、移动互联网业务领域深度合作。与小米联姻为美的植入了互联网基因，将加速推进美的智能家居进程，大大提升其在智能家居链条上的软实力，包括用户营销、用户互动等方面，这些都是小米的强项。而美的集团的家电产品覆盖面，除了电视之外，还拥有空调、洗衣机、冰箱，厨房电器、小家电等，这为小米渗透智能家居市场提供机会。同时，小米可借助美的集团在家电制造、线下渠道等传统领域的资源，弥补其短板。

格力与京东——为先进装备制造业插上互联网翅膀

2015 年 12 月格力电器和京东商城签订框架合作协议，双方约定将在互联网领域展开深度合作。未来，双方将主要在互联网技术、平台和渠道方面展开合作，格力会有更多品牌入驻京东，包括晶弘冰箱、TOSOT 净化器等。同时，借助京东的互联网渠道，格力也能为消费者提供包括上门安装在内的更多优质服务。

格力拥有世人瞩目的制造实力与技术专利，并且在中国制造领域也有着卓越的品牌和产品竞争实力，但作为传统企业的代表，格力的优势和特长均在于实力制造，而对于互联网营销模式却并不擅长。但京东商城作为全国最大的家电营销与分发平台，具有口碑、用户规模和知名度、品牌信任度等优势，一定程度上代表了互联网企业在营销、市场推广和品牌传播方面的强劲实力。

伊利与腾讯——微信牛奶和透明供应链管理

2014 年 4 月，伊利与腾讯达成战略合作，在大数据及健康产业、核心营销资源深度运用等领域开展战略合作，建立了微信官方旗舰店，成功上线“微信牛奶”。伊利通过物联网、大数据应用，建立起质量全程可追溯系统，实现从原材料、生产到成品的全过程质量安全可追溯、透明化管理；同时，基于公司 500 多万个销售终端、10 亿级消费者和众多合作伙伴提供信息的大数据分析，了解消费者需求，改善消费体验，实现精准营销和供应链运营优化。2014 年，伊利股份营业总收入达到 544.36 亿元，利润总额 41.67 亿元，稳居行业第一。

伊利把握互联网时代的奶制品市场发展趋势，利用大数据、物联网等信息技术建立透明供应链，保障产品质量安全，挖掘产品价值，不断抢占产业发展先机。在伊利牧场，每头刚出生小牛的耳朵上都有一对“电子耳环”，会自动完整地记录伊利奶牛每一天的身体健康状况、膳食比例、每日挤奶量，从而能够随时了解奶牛的健康问题，并通过定制化的科学配餐确保奶牛能够有更好的产奶量。在原奶运输环节，伊利配有 GPS 奶车跟踪系统，可以全程锁定车辆行驶线路，实时查看奶车的运行情况，包括位置、速度、行驶路线等。在生产环节，伊利建立起产品质量可追溯体系，每件奶产品都有唯一码，除了奶车运输实现透明化监管外，奶牛饲养、奶牛档案管理等均纳入追溯范围。2014 年 6 月伊利全程质量可追溯体系顺利对接国家平台后，消费者除了能获取伊利婴幼儿配方奶粉的生产日期、批次、生产者、生产许可证、配料表等信息外，还能查看奶粉诚信评价、消费者指南信息、质检报告等与选购息息相关的信息。在营销环节，伊利通过基于互联网的信息流、资金流、服务流的数据分析，了解消费者的诉求、感受和习惯等，打造精准营销和销售。2014 年 9 月，伊利携手百度，开通了国内食品行业第一个官方直达号，更加方便消费者了解企业和产品情况、就近参观伊利工厂。同时，伊利也借此平台了解消费者的真实需求，确定研发新品的方向。

沈阳机床和神州数码——两个 IT 融合研发 i5

沈阳机床联合神州数码成立智能云科信息科技有限公司，开展“制造业+IT 业”跨界合作，共同研发基于按需使用的 C2M2C（Customer-to-Manufactory-to-Customer）i5 智能数控机床，构建了融合消费者、设计师、制造商、解决方案提供商、硬件供应商的 SESOL 平台，提供消费者定制需求和空闲生产力的供求撮合服务。当一次供需交易完成后，平台生态各参与者都能够从消费者消费支付中进行分成。

“i5”是指智能化、网络化、信息化、工业化和集成化管理 5 个英文单词的第一个字母。i5 智能机床采用了基于 PC 的开放式平台，集成了数字伺服驱动技术、实时数字总线技术等运动控制领域的核心底层技术，以及移动互联、大数据等技术，实现了特征编程、加工仿真、实时监控、智能诊断、远程控制等功能，同时机床加工准备时间从 70 分钟压缩到 5 分钟，并能通过手机实现远程管理，为实现网络化智能制造提供了现实工具。i5 智能机床更为突出的特点是和基于云制造概念的 i 平台的全面对接，使数控系统不仅是一台机床的控制器，而成为工厂信息化网络的一个节点。i 平台是沈阳机床集团为全面转型为服务型制造企业构建的信息化平台（如图 6-4 所示），而 i5 数控系统就是这个平台的智能化节点。依托 i5 数控系统提供的丰富接口，可以实现异地工厂车间和设备之间的双向数据交互，为用户提供不同层次和规模的应用。

搭载i5数控系统的智能机床作为基于互联网的智能终端，实现了智能补偿、智能诊断、智能控制、智能管理，使得工业机床“能说话、能思考”，满足了用户的个性化需求，工业效率提升20%；通过手机或电脑，可以对千里之外的i5智能机床下达各项指令，实现了“指尖上的工厂”。在生产效率方面，相比一般进口机床，i5智能机床实现生产效率提升20%~30%；在销售规模方面，目前i5智能机床已经销售到全国26个行业，终端用户超过700家，销售4800多台，实现营业收入10~15亿元。

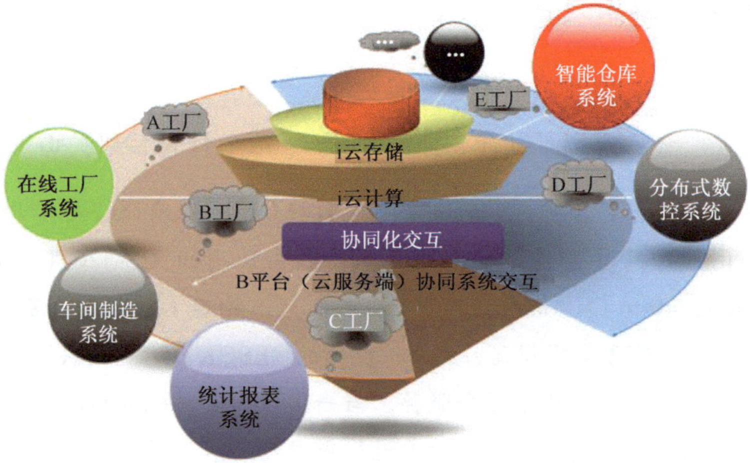

资料来源：马可波罗网站

图6-4 沈阳机床i平台

海尔与阿里巴巴联手大件物流配送

海尔集团和阿里巴巴集团通过合资成立日日顺物流合资公司，共同建立行业领先的端到端大件物流服务标准，打造覆盖各级市场的行业领先的家电及大件物品的物流及服务网络，共同开发、提供创新的供应链管理解决方案及产品，提升物流环节的效率和服务质量。双方基于海尔集团在供应链管理、物流仓储、配送安装服务领域的优势，以及阿里巴巴集团在电子商务生态体系方面的优势，联手打造全新的家电及大件商品的物流配送、安装服务等整套体系及标准。阿里巴巴集团对海尔集团子公司海尔电器集团有限公司进行总额为 28.22 亿元港币的投资。其中阿里巴巴集团对海尔电器旗下日日顺物流投资 18.57 亿元港币，设立合资公司，包括：认购日日顺物流 9.9%的股权，金额为 5.41 亿元港币；认购海尔电器发行的金额为 13.16 亿元港币的可转换债券，该可转换债券未来可转换成日日顺物流 24.1%的股份。此外，阿里巴巴集团以认购新股的方式对海尔电器投资 9.65 亿元港币，获得投资后海尔电器 2%的股份。

海尔电器在家电及大件商品配送安装服务领域有着深度的布局——海尔电器旗下的日日顺物流在全国拥有 9 个发运基地、90 个物流配送中心，仓储面积达 200 万平方米以上；同时，已建立 7600 多家县级专卖店、约 26000 个乡镇专卖店、19 万个村级联络站。并在全国 2800 多个县建立了物流配送站和 17000 多家服务商网点，已在全国串成一张家电及大件商品的仓储、物流、配送、安装一体的服务网络。阿里巴巴在互联网电子商务、数据及信息领域具有领先优势，旗下 B2C 平台天猫已有 7 万个品牌商家进驻，近年来包括家具在内的大件商品交易额增长迅猛。

系统集成、软件开发等 IT 企业通过互联网向行业解决方案商转型。制造业与互联网及工业融合对云计算、大数据等技术的需求，为 IT 企业带来新的增长点。上海宝信大力投资工业云建设，除了打造上海单体规模最大的云计算数据中心宝之云，还为工业企业提供业务开发、咨询建议等一站式增值服务。数码大方与南车集团合作，为南车数控加工装备的联网和数据交互提供支撑。用友加快互联网化转型，将 ERP 等传统信息化软件搬上云端，提供多样化的增值服务；还将公司名由“用友软件”变更为“用友网络”。此外，还有一些尚未涉足工业领域的软件企业纷纷与制造企业开展合作与对接，为工业大数据分析、企业信息化集成等方面提供支持。

二、面向制造环节的分享经济推动形成供需精准对接的生态系统

共享经济的本质是以闲置资源为条件、以产权清晰为前提、以信息技术为支撑，以大众参与为特征的资源优化配置模式。共享经济主要集中在交通、住房、教育、医疗、家政等消费领域，当前正加快向生产制造领域延伸。机械、电子、

航空航天等行业纷纷涉足分享经济，涌现出了以生产装备、生产车间、系统解决方案、制造能力的在线发布、协同、交易为主要内容的共享工厂模式。共享工厂的出现，在很大程度上促进了制造、技术、物流、人才、资本等资源的配置优化，为提升传统生产要素的生产率、实现碎片化市场需求与集聚化生产供给的精准对接提供了新途径。

从我国制造业共享经济的实践来看，共享工厂主要有以下四种类型：

一是共享智能互联的生产装备。据统计，当前我国部分行业数控机床利用率不超过 50%，有的还不到 30%。与此同时，大量中小企业因资金、人才缺乏，无力购买智能装备、数控机床、机器人、柔性生产装备、生产系统等设备。一方面大型企业设备闲置，另一方面中小企业有需求却无法使用。为缓解这一矛盾，沈阳机床研制出了融合工业化、信息化、网络化、智能化、集成化特点的 i5 智能机床，通过大数据平台分析其运行状态和使用时间，采用融资性租赁、经营性租赁、生产力租赁等手段，以计时付费方式，即用户按照机床加工零部件的品种、数量、加工时间进行付费。对于用户而言，购买的是 i5 机床的加工能力；对于沈阳机床而言，出售的是 i5 机床的使用权。在这一过程中，沈阳机床基于大数据平台，构建了融合消费者、设计师、制造商、解决方案提供商、硬件供应商的分工协作、价值共享的产业生态利益分成模式。

二是共享行业系统解决方案。当前，智能制造热度高企，但是如何改造现有生产单元和生产线，建立智能车间、智能工厂，很多企业苦于搜寻不到可行的系统解决方案。为解决这一难题，上海名匠智能系统有限公司通过对生产车间不同设备之间的系统整合，以制造设备数据采集、集成、处理为重点，集自动化设备改造、工业网络架构设计、关键智能设备生产为一体，形成了智能工厂设计、规划、改造、实施等行业系统解决方案。在此基础上，上海名匠推行为用户建设智能车间和智能工厂，用户租赁工厂或使用车间加工产品并按数量付费的新型制造模式。对于用户而言，不再需要投资建设生产线、车间、厂房等硬件设施；对于上海名匠而言，出售的是一整套行业系统解决方案。这彻底改变了制造业占有土地、设备、劳动力等生产要素才能生产的传统方式。

三是共享海量分散的生产能力。围绕解决制造资源分散、供需不能有效对接带来的产业链运转效率不高、产能过剩等问题，阿里巴巴、航天二院等企业借鉴分享经济的理念，以生产能力的精准供需对接为突破口，通过构建网络化的生产能力配置平台，实现产能资源的实时在线监测、需求精确匹配。航天二院通过实施云制造，对下属 600 余家企业的制造资源、生产能力进行集成整合、在线分享和优化配置，可实现上下游多用户、多任务并行协同，有效解决了有的生产单元闲置、有的超负荷运转等问题，提升了集团整体生产效率。阿里巴巴构建的淘工厂平台，两年多时间聚集了上万家淘工厂企业，通过整合利用各工厂的空闲档期，为淘宝卖家快速找到生产厂家提供定制化的生产能力供给服务，可以实现一个订单多家工厂加工能力的在线协同，有效地满足了淘宝卖家对生产小批量多批次产品的需求。这种将工厂产能在线化、商品化的模式为传统的生产外包转型提供了借鉴。

四是共享开放协同的“双创”资源。当前，越来越多的大型制造企业将分享经济与“双创”平台建设相结合，有效促进了创新资源的汇聚、整合、共享和再利用，为牵引、挖掘技术产品、组织管理、经营机制的创新潜力提供新手段。海尔集团构建了全球性、跨行业的开放式平台“海立方”，向全社会分享企业的技术、设备、资金、供应链等创新资源，同时又利用各类社会资源创新企业管理模式，加快向研发设计、增值服务等价值链高端环节延伸。目前该平台已集聚 50 多亿创业孵化资金、1300 多家风险投资机构、3 万多家销售渠道资源、6 万多家加工制造资源和 98 家孵化器资源。中航工业集团以中航工业的资源和产业生态为核心，构建了线上共享、线下合作的“双创”平台“爱创客”。该平台既是支撑中航工业开展业务的技术平台，同时也将航空领域工业设计、增材制造等专业资源，以及政府、科研院所、供应链企业、第三方平台等资源进行汇聚、整合、共享。平台上线 9 个多月就聚集了 18000 多项技术，调动了 140 余家成员单位的创新活力。

从上述四类共享工厂模式看，共享工厂模式能够打破企业界限，将规模庞大的制造资源数字化、在线化，促进线上、线下资源互动整合，并借助互联网平台，充分挖掘“云（云计算）+网（互联网）+端（智能终端）”信息传导模式下数据和信息的价值，大幅提升边际效率，促进形成具有更高生产率的产业体系。

第一，共享工厂推动制造业从“硬件式”向“软硬件”结合方式发展。长期以来制造业遵循的都是“硬件式”发展模式，即通过对生产资源的占有和不断扩大对土地、设备、厂房、技术、劳动力等传统生产要素的投入，来提升制造能力，扩大市场规模和品牌影响力。然而，当前市场需求日益个性化、多元化、碎片化，市场竞争已从单一企业间的竞争向产业链竞争转变，制造业亟须放弃传统的“硬件式”思维模式，向拥有生产装备、系统解决方案、生产能力的企业借力，通过共享、集成、重组资源，快速响应市场。

其次，共享工厂推动形成按需产业组织方式。共享工厂模式以研发、生产、管理等环节的制造资源供需撮合为突破口，以构建大规模一体化生产能力分享平台为依托，实现对产业链上下游产能、生产装备等资源的实时在线监测、统一调度和需求匹配。同时，共享工厂模式最大限度发挥了互联网对于资源的统筹整合能力，使生产活动能够突破市场半径和企业边界的约束，沿信息网络的极限，按照接近消费者的方式组织生产，实现价值传递再造。

第三，共享工厂推动制造范式从规模经济向范围经济转变。共享工厂模式将平台经济与分享经济有机结合，促使原来横向分工占主导地位的经济范式加速向纵向分工为核心的新经济范式发展。一方面，制造业的制造能力通过共享工厂转化为面向全社会的制造基础设施；另一方面，共享工厂将消费者、设计师、制造商、解决方案提供商、硬件供应商、供应链，以及越来越多的社会参与者连接在一起，形成了超大规模分工协作、价值共享、利益分成的产业生态系统，过去大规模、单一中心的规模经济正转向以价值网和挖掘平台共享能力为核心的范围经济。

三、制造企业与电商企业合作推动形成生产流通一体化生态

在制造业与互联网融合过程中，越来越多的制造企业与电子商务企业开展合作，使制造、营销、物流的协同能力日益提升，为构建形成融合发展的生态系统提供坚实基础。

一是大型制造企业利用电子商务整合优化供应链。近年来，以提高集成水平和供应链协同为重点，大型企业纷纷开展电子商务供应链协同应用，通过开展以销售、采购、物流、客户服务为主要内容的电子商务服务，推进电子商务与企业内部系统衔接，支撑企业与上下游建立供应链联盟，在销售、采购和物流等领域形成了网络化的营销体系，促进了上下游企业之间的供应链协同。以钢铁行业为例，目前我国钢铁行业电子商务服务已经涵盖了从原材料采购商到钢铁企业生产商，再到钢铁销售商、流通企业及用户的全产业链，已从基础在线交易向全程业务协同延伸，为供应链企业提供生产计划协同、订货业务协同、物流仓储协同、

加工配送协同、财务结算协同等协同服务，推动钢铁企业与上下游企业的战略协同。例如，宝钢通过构建电子商务平台，在采购环节实现了采购全过程集中统一管理，能够对客户订单全程跟踪，提升订单的网上协同率；在在销售环节，通过经营管理、制造单元和分销渠道信息系统的集成，实现了从客户到客户的全过程服务，提高客户要求响应速度；在物流环节，实现了物流资源统一管理，制订并执行全程物流计划，进行全程物流跟踪，并与外部物流资源紧密协同。

二是行业电子商务平台快速发展。近年来，我国涌现出了一批行业电子商务平台。在钢铁领域，如东方钢铁在线、中国联合钢铁网、武钢电子商务、今日钢铁网等，在推动钢铁行业供应链协同方面发挥了不可替代的作用。其中，欧浦钢铁网、龙文钢材网等通过自身的信息化建设，从传统的商贸企业转变为区域性提供交易、仓储、物流、融资功能的第三方行业服务平台。我的钢铁网、我的不锈钢网、我的钢管网等在提供电子商务服务的同时，还成功搭建了行业信息化服务平台。北京市海淀区以中关村电子城为核心，围绕研发设计、金融、信息技术服务、电子认证形成了一条工业电子商务服务产业链。广东揭阳市形成了纺织服装、食品饮料、医药等工业领域行业性电子商务平台。上海市宝山区围绕宝钢培育形成近 10 个重点工业电子商务平台。这些平台的快速发展，为提升制造、营销、物流的协同能力奠定了良好基础。

第三节 制造企业与互联网企业跨界融合存在的问题

总体来看，制造企业与互联网企业融合创新刚开始起步，还存在一些亟待克服的困难与问题，亟须改变当前大多数制造企业与互联网企业仍各自为战、相互割裂的局面。

一、制造企业与互联网企业相互认识、对接不足

在制造业与互联网双向融合的过程中，由于行业差异和专业壁垒等客观因素，互联网企业与制造企业相互认识难免存在差异。一方面，大部分互联网企业难以把握制造业的行业特性；另一方面，很多制造企业对信息技术的商业价值认识有限，并未意识到互联网化是对行业原有思维和运营模式的颠覆。另外，双方衔接

机制缺失，没有一个良好沟通媒介和平台进行交流合作，这在某种程度上也阻碍了工业与互联网行业的融合发展。

一是认识深度不足。主要体现在对互联网促进工业转型升级的机制的理解不够深入。多数企业已经认识到互联网有助于打破各种信息不对称，通过数据的流动加强工业各流程环节的信息和资源的共享，提升运作效率；但是没有认识到要真正实现数据驱动还必须实现业务模型的重构和企业流程的重组。对于工业企业来说，拥抱互联网不仅仅是在信息化系统的建设方面重视互联互通，更要从企业发展战略的高度谋划对业务流程的重塑，设计强有力的制度，打破部门、企业、行业之间的壁垒，从利己主义思维转向利他主义思维，把被动协同变成主动协同。

二是认识广度不足。主要体现在对互联网作用于工业转型升级的路径的认识不够全面。多数企业已经认识到利用互联网能够改善协同效率、创新商业模式、拓展市场机会，但是没有认识上述积极作用其实都是来自于互联网直接改善了信息的流动性这一路径。工业转型升级的作用路径除了信息的流动性，还有资本、原料和产品的流动性，以及人才的流动性。工业云不仅可以承载工业软件服务和行业电商服务，还可以承载物联网信息集成服务、物流信息服务、供应链金融信息服务和知识库云服务等。

三是衔接机制缺失。为解决上述互联网与制造业在理念、制度、技术和市场方面的不同和隔阂，需要打通行业壁垒，使双方形成合作共同体。但是目前，常态化的交流互动机制尚未形成，导致制造业与互联网无法在多个层面对接，无法有效实现资源共享与互补。同时，支持融合发展的相关政策缺失，也在一定程度上影响了制造业与互联网企业在技术、资本等多个层面合作的主动性和积极性。

二、缺乏互联互通相关标准规范

互联互通包含了两层意思，其中互联是技术体系标准，互通是数据体系标准。实现互联可以要求系统使用标准化接口，而实现互通则需要围绕产业链建立跨行业的数据标准结构。当前，由于我国各行业的发展长期各施其政，行业间存在较高的壁垒，具体表现为标准壁垒、专业壁垒和数据资源壁垒等，信息化技术能实现互联却不能解决互通的问题，这是我国互联网与工业融合发展的突出障碍之一。互联网作为新兴事物，其天然具有面向产业链提供服务的属性，而不是面向某一个行业的，这是一个重大的变革，也是建立产业链上跨行业统一标准的契机。

三、安全问题掣肘制造业与互联网融合发展

制造业与互联网融合，在使企业生产经营更智慧、更便捷、更高效的同时，也将更多潜在的风险引入制造领域。不管是工业企业还是集成服务类企业，均认为阻碍制造业与互联网融合发展的重要因素之一是企业不愿意把自己的核心数据放到网上，担心数据泄露造成损失。在实际中，很多企业认为自建私有云和专网，能够提高信息安防和灾备能力，因此不愿意使用专业的公有云和第三方服务，这也反映了企业对信息服务市场诚信程度低、对第三方服务商不信任的客观事实。这造成了两难境地：一方面工业企业确实在数据分析方面能力不足，需要得到外部支持；另一方面，企业对开放自身数据的安全顾虑重重。

四、面向制造环节的分享经济发展模式不清晰

总体来看，我国面向制造环节的共享经济刚刚起步，大多由企业自发组织，较为零碎，尚未形成整合各方生产能力的分享平台，发展模式、盈利模式等尚不清晰。因各自基础和优势不同，不同行业的共享经济发展模式、路径、方向和重点有所差异，需要根据各领域发展特点，根据技术能力、生产工具、生产能力、产品服务等资源进行分类，制订具体可行的推进路径，但是目前，我国尚未按照分业施策的理念制定行业发展重点。同时，亟须调整、完善现有准入制度、交易规则、质量与安全保障、风险控制、信用评价机制，为推动中小企业制造资源与互联网平台全面对接，实现制造能力的在线发布、协同和交易营造良好环境。

第四节　制造企业与互联网企业跨界融合发展重点

《指导意见》明确提出要支持制造企业与互联网企业跨界融合：一是鼓励通过制造企业与互联网企业合资合作，培育新的经营主体，建立适应融合发展的生态体系；二是积极发展面向制造环节的分享经济，推动中小企业制造资源与互联网平台全面对接，形成制造能力供给与需求动态精准匹配的生态体系；三是支持制造企业与电子商务企业开展多种合作，整合线上、线下资源，形成高效协同的生产流通一体化新生态。

一、鼓励制造企业与互联网企业合资合作培育新的经营主体

【原文】鼓励制造企业与互联网企业合资合作培育新的经营主体，建立适应融合发展的技术体系、标准规范、商业模式和竞争规则，形成优势互补、合作共赢的融合发展格局。

单从制造业或互联网行业来看，各自都有一定优势，要想充分发挥两类行业的优势，形成乘数效应，使制造业适应当前技术革命引发产业转型的形势，把重心转移到以互联网为代表的新的基础设施上来，形成经济发展新动能，需要鼓励制造企业与互联网企业开展多种形式的合资合作，推动发展理念、技术产业、生产体系、业务模式等方面的全面融合，创新发展思路、模式、业态，培育产业发展新生态。

一是鼓励制造企业与互联网企业开展多种形式的合资合作。以解决制造业与互联网融合发展面临的迫切问题为主线，推动制造企业与互联网企业开展多种合作。一是以技术跨界融合创新为重点，围绕智能汽车、智能家电、智能机器人等领域，支持互联网与制造企业开展跨领域技术攻关和产业化合作，打造新的技术产业生态和竞争规则。二是建立、完善、促进制造业与互联网融合发展的政策环境，打破各种行业性、地区性、经营性壁垒，为制造企业与互联网企业间品牌、渠道、供应链合作营造良好环境。例如，2016 年 6 月，沈阳市政府办公厅发布了《关于支持沈阳机床 i5 战略的实施意见》，为沈阳机床与神州数码开展合作提供了良好基础。三是推动各类园区、基地内制造企业与互联网企业“牵手”，扶持一批异地协同企业，高效对接双方的制造资源和信息，探索协同发展、互补互利的合作机制，带动区域产业转型与升级。

上汽集团与阿里巴巴集团合作打造“互联网汽车”

2014 年 7 月上汽集团与阿里巴巴集团在上海签署“互联网汽车”战略合作协议，成立合资公司，设立 10 亿元的“互联网汽车基金”。双方将积极开展在“互联网汽车”和相关应用服务领域的合作，共同打造面向未来的“互联网汽车”及其生态圈。随着融合趋势的发展，消费者对于汽车的要求将不再是单纯的交通工具，而是希望获得整体出行解决方案，享受一站式服务。此次双方的战略合作，旨在联合双方优势资源，进一步打通汽车全生命周期用车需求和互联网生活圈，让用户体验到一个基于互联网的、

更加便捷的移动智能化生态圈，打造全新的“互联网汽车”。上汽方面表示，此次双方的战略合作将以最终用户体验为导向，充分集成阿里巴巴集团的“Yun OS”操作系统、大数据、阿里通信、高德导航、阿里云计算、虾米音乐等资源和上汽集团的整车与零部件开发、汽车服务贸易等资源，开放融合互联网和大数据，围绕用户的车生活，整合双方线上线下资源，为用户提供智慧出行服务，如图 6-5 所示。

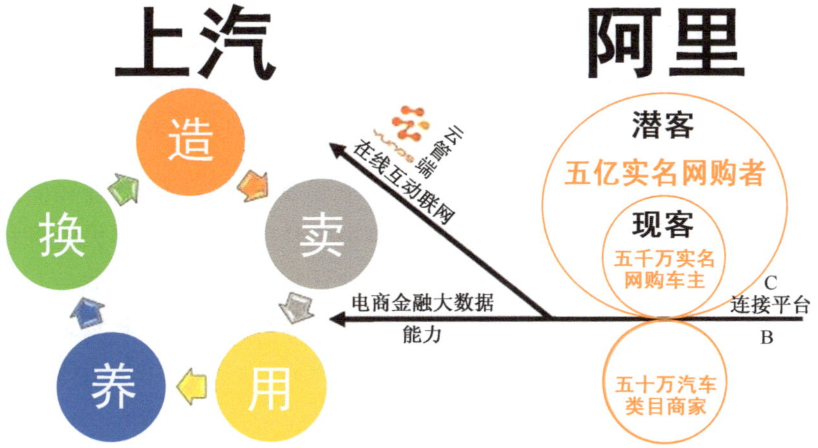

资料来源：柳州新报 总第 878 期

图 6-5　上汽集团与阿里巴巴集团合作互联网汽车

二是鼓励培育新的经营主体。在制造企业与互联网企业、IT 企业开展多种形式的合资合作过程中，鼓励培育新的企业，作为推动融合发展的重要力量。例如，沈阳机床联合神州数码、光大金控分别成立了云科信息科技有限公司和创慧投资管理有限公司，开展“制造业+IT 业+金融业”跨界合作，建立了按需使用的 C2M2C（Customer-to-Manufactory–to-Customer）共享经济商业模式。海尔集团和阿里巴巴集团通过合资，设立了日日顺物流合资公司，研发供应链管理解决方案，构建覆盖各级市场的家电及大件物品物流服务网络。

三是建立适应融合发展的技术体系、标准规范、商业模式和竞争规则。在制造企业与互联网企业开展合资合作的过程中，要加快制定融合标准和竞争规则，探索可行的技术体系和商业模式，为构建形成优势互补、合作共赢的融合发展格局提供坚实基础。可借鉴发达国家相关标准，围绕制造业与互联网融合的关键环节，建立跨部门、跨行业管理机制，以行业领军企业为龙头，联合高校院所、科研单位、行业协会、企业代表等多方力量，协同开展工业互联网、工控系统、智能专用装备、智能仪表、智能家居、车联网等标准制定，建立健全我国融合性标准体系。

二、推动中小企业制造资源与互联网平台全面对接

【原文】推动中小企业制造资源与互联网平台全面对接，实现制造能力的在线发布、协同和交易，积极发展面向制造环节的分享经济，打破企业界限，共享技术、设备和服务，提升中小企业快速响应和柔性高效的供给能力。

中小企业是实施大众创业、万众创新的重要载体，在增加就业和促进经济增长、科技创新与社会和谐稳定等方面具有不可替代的作用，对国民经济和社会发展具有重要的战略意义。当前，许多中小企业认识到了推动制造业与互联网融合的重要性，看到了发展趋势和发展方向，但在具体实施时面临缺资金、缺技术、缺人才、缺理念、缺解决方案等一系列问题和挑战。面向制造环节的分享经济，通过在线发布、协同、交易生产装备、系统解决方案、制造能力，在一定程度上缓解了中小企业面临的上述困难，为加快中小企业与互联网企业融合提供了新的发展理念。

一是加快普及推广面向制造环节的分享经济。鼓励制造企业围绕基础设施、生产设备、综合生产能力、行业系统解决方案等方面，基于“双创”平台发展共享经济模式。推进研发设计、数据管理、工程服务等制造资源的开放共享，推进制造需求和社会化制造资源的无缝对接。支持大型企业构建大规模一体化生产能力共享平台，开展制造能力在线监测、统一调度、需求匹配、在线协同、交易等服务。推动中小企业积极应用制造资源与互联网平台全面对接。探索基于所有权和使用权分离的生产组织模式创新。

二是构建面向制造环节的分享经济产业生态。鼓励行业龙头企业搭建各类资源开放共享平台，整合产业链上下游各环节资源，提升企业需求链、产业链、供应链、创新链的快速响应与传导能力。以提高供给能力、生产效率为突破口，引导制造企业建立按需产业组织方式，加快建立大规模分工协作、规则共制、利益共享、价值普惠的生态系统。围绕共享工厂的普及推广，探索建立产学研金商用联盟。

三是加强政策引导。加快研究共享工厂在知识产权、权益保护、税收优惠、信息安全等方面的重点问题，制定完善相关政策和标准规范。调整完善使用权短期租赁、制造资源高频次交易等相关配套制度。创新监管方式，探索差异化监管、适度性监管，鼓励企业发展共享工厂模式。支持金融机构创新符合共享工厂发展特点的金融产品和业务。

阿里巴巴淘工厂

淘工厂是阿里巴巴集团作为第三方媒介实现供需信息对接的分享平台，目的是为淘宝卖家提供生产服务，利用各工厂的空闲档期实现整合协作生产，如图6-6所示。2013年10月淘工厂开始试运营，同年12月正式上线，目前全国已有8000多家淘工厂企业。淘工厂具有以下特点：一是开放最近30天空闲档期，让工厂将产能商品化。淘宝卖家在平台上可以快速搜索到与档期相匹配的工厂。二是柔性化程度高的工厂将被优先推荐。柔性化包括最低起订量、打样周期、生产周期等方面。三是按照淘宝卖家的需求定制。入驻的淘工厂为淘宝卖家免费打样，提供报价和档期，并且接受30件起订、7天内生产、信用凭证担保交易等协定。淘宝卖家可以尝试小批量试单，并快速翻单。四是平台负责交易安全保障、工厂生产能力分层。平台通过金融授信加担保交易的方式解决交易的资金缺乏和资金安全的问题；同时通过数据分析，多维度地将工厂生产能力分层，促进供需双方信息精准对接。淘工厂将众多中小企业制造资源与互联网平台对接，实现工厂制造能力在线发布、协同和交易，将企业闲置生产能力商品化，推动制造业分享经济发展。

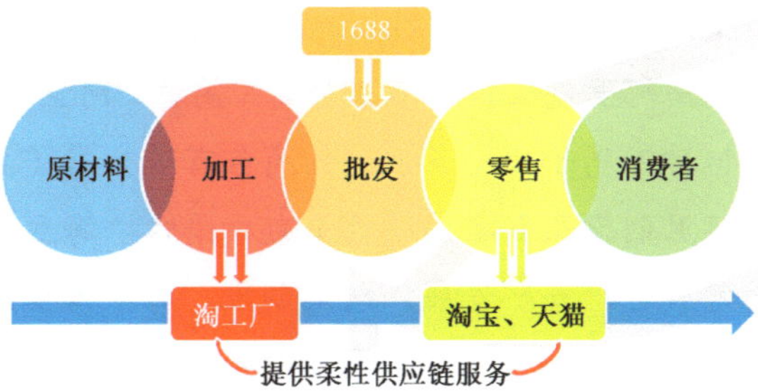

资料来源：阿里巴巴

图6-6　阿里巴巴淘工厂定位

三、支持制造企业与电子商务企业合作

【原文】支持制造企业与电子商务企业开展战略投资、品牌培育、网上销售、物流配送等领域合作，整合线上、线下交易资源，拓展销售渠道，打造制造、营销、物流等高效协同的生产流通一体化新生态。

电子商务等生产性服务业对深化制造业与互联网融合发展的作用越来越明显。2015 年我国 B2B 交易额达 13 万亿元，钢铁、石化、冶金等行业形成的年交易额超过千亿元、百亿元的电子商务平台分别达到 20 个以上、50 个以上。但与消费领域电子商务相比，生产领域电子商务发展滞后，与国际相比差距较大，亟需通过多种举措，加快推进制造企业与电子商务企业开展多层次合作，整合线上、线下资源，实现制造、营销、物流的高效协同，形成生产流通一体化新生态。

一是深化工业电子商务应用。支持石化、冶金、汽车、电子等重点行业的骨干企业建立在线采购、销售和服务平台，引导企业平台向行业电子商务交易平台转型，推动供需精准对接，创新去产能、去库存、降成本的手段和模式。

二是鼓励信息通信企业建立工业电子商务服务平台，完善大宗商品在线交易的支付、物流、税收等基础设施和政策环境，形成一批集网上交易、加工配送、大数据分析等于一体的第三方工业电子商务综合服务平台。

三是支持跨区域、跨行业的物流信息平台建设，加强工业电子商务与物流集成发展，推动制造业采购、生产、仓储、配送的数字化、可视化和智能化。

五矿和阿里巴巴联合打造钢铁垂直电商

中国五矿集团旗下五矿发展股份有限公司（简称“五矿发展”）与阿里巴巴集团旗下杭州阿里创业投资有限公司（简称“阿里创投”）签订合作协议。五矿发展拟对下属子公司五矿电子商务有限公司（简称五矿电商）增资，同时引入阿里创投及五矿电商员工激励平台“海立云垂”共同参与本次增资。增资完成后，五矿发展、阿里创投、海立云垂分别持有五矿电商 46%、44%、10%的股权。双方将通过组建的合资公司，为所有在金属供应链上开展价值创造业务的企业，包括个人提供服务，打造金属交易生态圈。

阿里巴巴在大数据、电商平台和互联网产品技术方面拥有巨大优势，在下游终端买家资源积累上，有目前B2B领域独有的市场基础。五矿发展拥有遍布全球的200多个营销和物流网点，以及符合钢铁行业特色的金融、物流、加工体系，是中国最大的综合性钢铁流通服务商，旗下五矿电商“鑫益联”平台的年交易量超过1200万吨。双方通过共建钢铁B2B垂直电商平台，为供应链上下游企业提供仓储、加工、金融、货运在内的交易相关服务，为行业上下游不同角色及周边服务企业，提供包括在线交易、物流、金融等各种电商服务，切实提高大宗商品供应链整体运行效率，推动钢铁行业转型升级。

第七章　新模式：制造业与互联网融合发展模式

模式创新是企业转型发展的重要驱动力，是企业应对复杂经济环境、培育新增长点、打造竞争优势的出发点，也是落脚点。经过不断探索、实践，我国企业在制造业与互联网融合模式创新上取得了明显进展，部分领域亮点突出；同时，在创新意识、创新手段、创新能力等方面还存在一些不足与瓶颈。培育制造业与互联网融合发展新模式，强调依托互联网跨时空、无边界、促共享的特性，促进企业内外部纵向集成、企业间横向协作以及跨环节、跨产业链的融合创新，重点发展网络化协同制造、个性化定制、服务型制造等新模式，为制造业新旧动能转换、新旧体系迭代更替提供内在动力。

第一节　新模式是制造业与互联网融合发展的具体体现

模式创新是企业适应制造业与互联网融合发展新环境，通过应用新技术优化配置资源，实现从被动到主动、局部到整体、垂直到扁平、有界到无界的业务流程变革，形成新的价值创造和传递机制的过程。这一过程，既是企业以技术为驱动、推动转型发展、挖掘长尾价值的重要手段，也是提高行业"排他性"、促进良性竞争的有效途径。

一、模式创新是推动传统行业转型发展的重要驱动力

模式创新是传统行业转型发展的必由之路。传统行业企业通过新一代信息技术在制造全过程、产品全生命周期、全产业链的应用，以技术流、信息流带动物

质流、资金流、人才流，深刻影响资源配置方式、研发设计手段、生产方式、组织形态、服务模式等，从而实现变革升级。研发模式的创新，拉近了研发端与制造端、消费端的距离，激发更多创新主体活力，大幅提高了技术和产品的研发能力。生产模式的创新，推动了企业生产要素的网络化共享、集约化整合、协作化开发和高效化利用，显著提高了生产效率，增强了虚拟设计、精准制造、数据制造等新型制造能力。组织模式的创新，使得企业更加适应网络化协同制造特点，基于专业分工与上下游开展实时协作，逐渐演变成网络制造生态系统中不可或缺的重要一环。

二、模式创新是塑造新兴领域核心竞争力的重要途径

模式创新能够有效破解技术创新难题，不断催生新业态，促进培育新的增长点，正在成为新兴领域促进业务创新增值、提升企业核心价值的重要途径。对新兴领域来说，技术创新是其他各类创新的源泉，但发展受限于高昂的成本、稀缺的配套资源和需要时间验证的市场认同度。充分利用众筹、众创等新模式，通过融资成本低、融资方式灵活的互联网平台直连大众投资者和消费者，既能快速积累创新资本，又能凭借与大众的交流互动对技术和产品进行正向研发，有利于推动新技术转化利用、新产品快速走进市场。模式创新的核心在于最大限度地满足客户需求，许多模式创新都是通过细分、挖掘、定位不同客户不同需求而产生的，这有利于丰富产品的内涵，增强产品的创新特性，推动具有创新理念的新产品、新服务的发展，从而提高企业的竞争能力，创造价值新蓝海。

三、模式创新是建立行业有序竞争新规则的重要措施

随着模式创新与其他各类创新的不断结合，以低价倾销、价格联盟等为主要内容的行业传统竞争方式正在被颠覆，以为客户提供更新体验和更优服务为目标的模式创新成为新的竞争规则。在新的竞争模式下，产业链核心环节企业通过互联网平台集聚产业链上下游企业、利益相关者，突破零和博弈，实现各方在同一平台最大限度达到价值共赢。美国通用电气公司正在构建的工业互联网服务平台Prefix，是一个全球通用的标准化、可扩展、开放式平台，能实时采集机器数据，并通过云端实时转化为有价值的信息与平台所有企业分享，从而服务于多领域工

业互联网应用场景，由此改变了设备制造企业竞争规则，促进形成基于平台的设备服务生态体系的新型竞争。

第二节　制造业与互联网融合三类新模式

随着制造业与互联网融合发展态势的不断演进，以往发生在个别行业与环节的融合模式创新开始向更广范围、更深程度拓展，如图 7-1 所示。一些企业加强自身新陈代谢，积极推进以新一代信息技术为驱动的新型制造模式升级，深度挖掘工业生产价值潜力；一些企业向外延伸补给，利用互联网企业向制造业深度渗透的迫切意愿，与互联网企业强强联合，打造以智能产品为核心的生态圈。

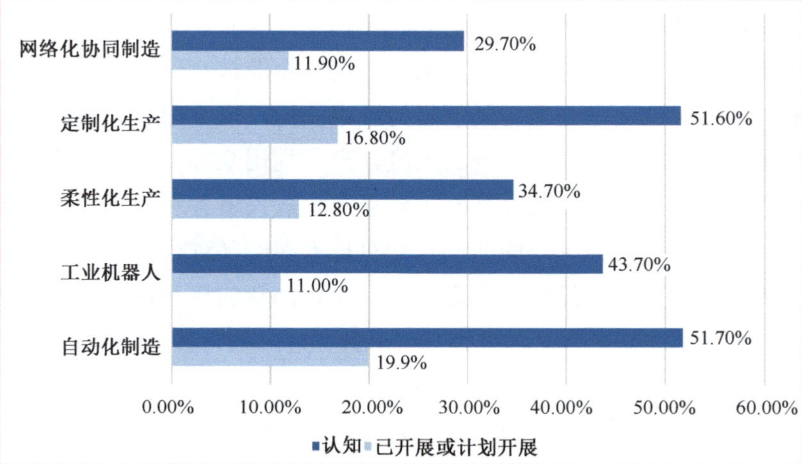

数据来源：CNNIC，2016 年 1 月

图 7-1　2015 年制造业对制造业与互联网融合发展的认知与应用

一、网络化协同在多环节初步展开

借助互联网的力量，制造业生产逐步由集中式控制向分散式控制转变，网络化协同制造由此产生。一些企业利用互联网平台跨时空、无边界、促共享的特性，实现企业内部与企业之间各类资源的集聚整合，推动制造活动从单打独斗向产业协同转变。当前，网络化协同制造模式主要呈现出协同研发、供应链协同、协同

云制造等类型。

协同研发提升异地协作设计能力。研发设计是创造性极强的活动，对企业集聚资源、集成创新提出了较高要求。互联网平台为企业集聚、对接各类社会创新资源提供了有效载体，帮助企业提高研发效率、降低创新成本、快速提升市场核心竞争力。家电、服装等与消费端衔接紧密的行业搭建开放网络平台，畅通与用户交互的渠道，广泛采集用户需求，发展按需定制业务。海尔等大型企业进一步探索发展众包模式，在掌握消费者实际需求的基础上，通过构建交互创新社区（HOPE）吸引企业内部员工、社会研发机构开展有针对性的产品创意设计，发布了雷神笔记本等一系列互联网创新产品。机械、航空等离消费端较远的行业注重集聚共享生产要素与资源，实现产业链上下游协同设计。例如，中国商飞基于网络协同设计平台，高效协调了全球数十家设计商、几千名工程师，完成 C919 型飞机的在线协同设计，大大缩短研发周期。

吉利汽车的全球研发创新体系

吉利控股集团在杭州建立吉利汽车研究院，重点研发整车、发动机、变速器和汽车电子电器等；在西班牙的巴塞罗那、瑞典的哥德堡和我国的上海分别建立设计造型中心，构建形成覆盖全球的造型设计体系。吉利自主开发的吉利熊猫、帝豪 EC7/EC8、英伦 SC515 等产品先后获得 C-NCAP 五星安全评价，全球鹰 GX7 获得 C-NCAP“超五星”安全评价；自主开发的 4G18CVVT 发动机处于“世界先进、中国领先”水平，达到 57.2kW 的高升功率；自主研发并产业化的 Z 系列自动变速器，填补了国内汽车领域的空白。

供应链协同促进高效精准管理。供应链协同是指企业以快速响应市场动态变化为核心，通过互联网平台整合制造商、供应商、销售商、物流服务提供商和客户资源，以信息流、技术流、资金流、物资流引导带动供应链资源优化配置，提高供应链竞争力和创新力。例如，一汽集团建立了 TEEMS 系统平台，并通过与电子商务系统的集成，与供应商、客户、合作伙伴建立产品信息共享，甚至已经尝试将概念车设计方案以三维数据形式传递给供应商，吸引供应商主动参与产品设计和生产。美特斯邦威服饰公司建立了供应链信息整合管理平台，加强了对服装设计、试装、定稿、样衣制作、货量统计、大货生产、物流配送等供应链环节的控制能力，将平均库存周转期降至 70 天左右，远远领先于国内同行平均水平。

红豆集团智能供应链体系

红豆集团在生产制造、营销、企业管理、资金管理、交易平台等方面充分利用了互联网模式和资源进行管理运营，分别建立了纺织材料交易中心、面料馆、红豆商城三个交易平台，通过线上、线下两种渠道提供信息、交易、交割等服务，极大提高了材料采购的透明度，并使交易变得快捷简单，如图 7-2 所示。在资金管理方面，红豆集团充分利用互联网资源的优势，小额贷款公司、财务公司利用互联网收集资金管理信息、贴息、票据、信贷等业务资源，并利用网络资源加强了门店的自身归集，从而强化了资金的集中管理，取得了较好的经济效益；在企业管理过程中，集团利用互联网对分散在各地的分公司进行集中管理，包括人力资源、OA、门店销售及监控、出差人员的外勤管理等各个方面的集中化，并在原有应用的基础上成立了红豆电信，抢占移动端入口的用户资源。红豆集团目前正在建设 B2B2C+O2O 模式的融合营销管理平台，按照产融结合的新模式，充分利用现有资源挖掘互联网的巨大潜力，加大软件和硬件的结合程度，打造平台经济。

图片来源：中国服饰加工网，2015 年 5 月

图 7-2　红豆智能门店系统

随着食品安全的重视度日益提升，大众对食品生产企业的供应链追溯能力也提出了较高的要求。保障食品的新鲜安全不仅关系到消费者的切身利益，而且也关系到食品生产企业的品牌信誉和市场竞争力。随着网络带宽能力、连接方式、计算能力的日益进步，许多食品制造企业也开始利用互联网计算构建覆盖供应链全环节的追溯体系，以保障食品生产、经营、流通的可视化、透明化。

协同云制造生态体系初步形成。云制造是一种特殊的网络化协同制造形态，即借助云计算的理念，将技术、工艺、模型、知识、软硬件等各类制造资源虚拟化，以系统解决方案的形式为各类制造主体提供各类制造服务，帮助企业降低运行成本、提高敏捷生产和协同生产能力。其运作模式是：企业用户向云制造平台提出使用请求，通过平台对请求进行分解、调度、优化和组合，形成最优匹配的整体解决方案提供给用户，实现制造资源和制造业软件、研发设计等服务按需供给、即买即得。

随着云服务平台陆续建立、大数据中心资源整合逐步开展、制造企业私有云稳步推进、投融资体系持续跟进，以云设计、云生产、云管理、云试验、云分析、云服务等为核心的云端制造生态体系加速形成，云制造将进一步提升规模、形成集群并创新发展。在公共云制造服务平台方面，佛山市家居行业正式推出云制造公共服务平台。该平台利用云计算、大数据等新一代信息技术，深度整合与配置线上线下资源，打造家居产业链条上下游企业内外部生产、设计、销售、物流等环节的云协同体系。目前，已有 130 多家龙头企业入驻平台，并带动 2 万多家企业集聚。航天科工集团以丰富的制造资源和能力云池为依托，推出集产业互联网平台、开放创业平台和生产性服务业平台为一体的综合性服务平台——航天云网。该平台以云制造为核心，通过内生和外延两种方式覆盖生产制造全过程和全要素，形成创意云、设计云、制造云、检测云、物流云、采购云、租赁云、投资云、商务云、贸易云、专家云和咨询云等多种云端形态，打造线上企业资源充分共享、制造能力高度智能、产业链环节紧密协同的云端制服务体系。东莞市与中国科学院合作共建智能制造云服务平台，利用互联网、云计算等新一代信息技术，推进研发设计、数据管理、工程服务等制造资源的开放共享。在专业云制造服务平台方面，国内首个制造业 SaaS 云——北京“云链”制造业 SaaS 云平台正式上线。该平台集成了多款国内外制造业设计、仿真软件，为制造企业产品研发设计和实验仿真提供在线工具应用。远大集团通过全年全天候不间断对空调产品循环扫描，将用户数据汇聚进产品云检测池，利用大数据技术对采集来的数据进行建模分析，可获得机组的运行状况并预测未来走势。

2015 年企业对互联网生产制造能力的预期如图 7-3 所示。

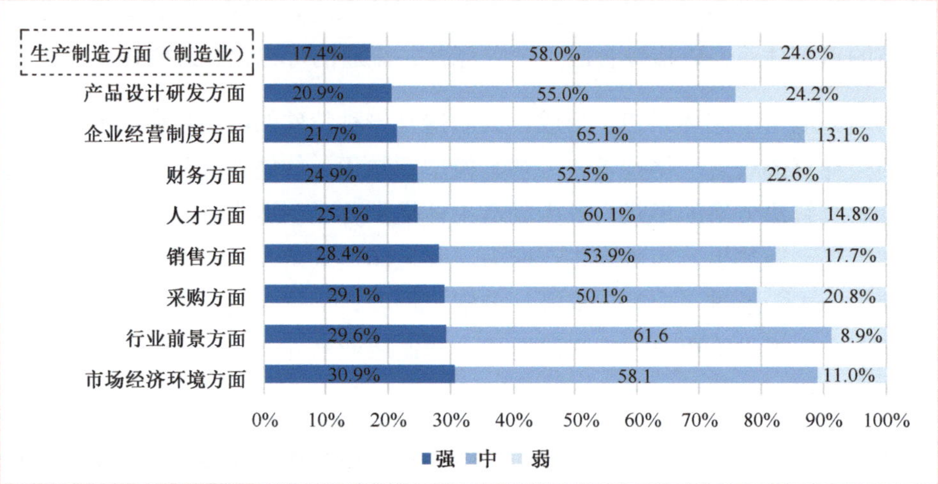

资料来源：CNNIC，2016 年 1 月

图 7-3　2015 年企业对互联网生产制造能力的预期

二、个性化定制形成热潮

大批量的规模化生产是传统制造业生产的基本模式，企业通过单一产品大批量生产实现规模经济，降低生产成本，并进一步带来了市场规模的扩张，这一传统的“福特制”成为工业生产方式最基本的特征。随着市场、产品同质化竞争的加剧和消费文化的变革，传统制造企业不断寻求新的价值增长点，逐渐把打造满足消费者个性需求的产品作为塑造企业竞争力的核心，传统的基于规模经济的大批量生产模式向小批量、多品种、个性化定制模式演进。互联网应用环境下，企业一方面利用用户交互平台将碎片化、个性化需求汇聚成批量订单；另一方面通过信息物理系统，促进制造工艺和流程的数字化管理与产品个性化消费需求的柔性匹配，从而实现个性化定制生产。当前，在服装、家电、家具、电子、汽车等领域，以消费者深度参与为特征的个性化定制生产模式已经成为企业发展的重要方向，企业将消费者个性化需求融入产品设计中，让消费者成为“合作生产者”，在价值链各环节为消费者提供满足其个性化需要的“产品系统”，实现顾客的价值。

其中，主要呈现出需求聚合定制、线上线下交互（O2O）定制、众创定制和私人定制等类型。

需求聚合定制实现“以销定产”。需求聚合定制是电商平台上衍生形成的一种订单拉动式生产模式，即企业采用预售方式发布产品样板，利用平台采集消费者购买订单数据，以此决定批量生产的规模。严格来说，这还算不上完全意义的个性化定制，但由于制造活动与消费者需求存在纽带关系，较早地实践了以需定产的有效途径，所以可以看作个性化定制的雏形。淘品牌茵曼服饰是采用聚定制方式的首批服装企业之一，先基于电商数据设计服装款式并开放预售通道，再根据订购数据安排生产和销售，同时还根据退换货和消费者反馈情况对下一批服饰生产进行动态调整，既顾及了服装款式多样化需求，又避免了过剩产能市场无法消化的矛盾。

线上、线下交互（O2O）定制拓展与用户交互的渠道。O2O 定制是企业通过线上、线下相结合的方式与消费者就产品设计、制造进行实时互动交流，并根据需求进行排产，利用柔性生产线的低成本、高质量、高效率特点，为消费者提供定制产品和服务。尚品宅配是该模式家具行业的最佳实践者，其依托自身的 O2O 电子商务平台，线上展示设计、收集用户需求，线下用户体验、免费测量尺寸，从用户个性化需求中提取共性需求，打造全新的家装服务模式，实现收入增长率和板材利用率远高于全国平均水平。青橙定制手机 N1 是全球第一款从外观到硬件、服务、软件、配件、签名都能进行自由定制的手机，开创了手机定制的先河，其运作模式就是支持消费者提出需求，通过自由组合、优化排产，为消费者打造独一无二的手机。

尚品宅配的 O2O 定制

尚品宅配积极打造以线上预约、线下设计体验为核心的家具行业 O2O 闭环生态。消费者可以通过尚品宅配新居网免费线上预约设计师，设计师在线下上门量尺寸后，根据消费者需求绘制家具设计装修草图。双方在线下实体店互动讨论并修改形成最终方案图纸后，交由工厂进行定制生产，并由尚品宅配配送安装。

报喜鸟的个性化定制系统建设

报喜鸟个性化私人定制商业模式已然改变制造产品和提供服务的方式，从“规模经济”走向“定制经济”。通过引入国际先进的 Hybris 全渠道电子商务平台，并应用虚拟现实仿真技术与 3D 渲染技术，使消费者可以随时随地通过官网、第三方电商平台、门店智能终端等渠道，接入报喜鸟公司开放的定制平台，进行便携自主的 DIY 设计，利用智能模型构建精确需求模型并生成定制订单，并可预约专业量体师、搭配师在 72 小时内上门服务。2014 年下半年，报喜鸟结合公司全品类私人定制业务的大力推广，创造性地建立了大规模个性化智能定制系统，即按照消费者的个性化订单，通过智能化数据分析和信息整合，生成订单信息指令，驱动智能工厂进行大规模的个性化制造。经过近一年的规划、实施、试运行，现已完成第一条智能化生产线的建设。通过 PLM 产品生命周期管理系统、智能 CAD 版型系统、并发智能排产系统和 CAM 自动裁床系统等有机协作，实现了智能化生产。

众创定制集聚众智提升品牌影响力。众创定制依托平台和消费圈的交互，吸引消费者广泛、深入地参与产品的研发设计，并在此基础上开展批量化生产，不仅引领了需求，更创造了需求。以海尔天铂空调为例，这款特殊的形似“鸟巢”的圆形空调彻底颠覆了传统空调的固化形态，是基于海尔 HOPE 众创开放平台，在 30 多名发烧友的交互设计、1700 多名用户的支持建议、海尔供应链合作伙伴的参与配合下完成的。在集众智、汇众力的过程中该产品同时也获得了消费者的普遍青睐，还未上市就收获上万张预约订单，上市后更是深受追捧。其与众包设计的区别在于，设计过程同时也成为消费者订单形成的过程，消费者能自主选择产品颜色、款式和功能，实时传递到工厂，系统自动排产、批量化生产，实现了设计制造一体化，以及“个性化”和“批量化”的兼容并包。

海尔“人人自造”最佳体验

海尔集团深耕互联网定制，实现从大规模制造向大规模定制转型，快速满足用户个性化需求。目前，海尔已建成 7 个互联工厂样板，包括郑州空调、青岛热水器、沈阳冰箱、胶州空调、佛山滚筒洗衣机 5 个整机工厂，以及青岛 FPA 电机和青岛模具 2 个模块化工厂，主要呈现五大特点：一是注重用户参与，用户通过线上定制方案，将个性化需求第一时间传递到生产线，随后可参与制造、交付的全流程；二是互联互通，基于互联网将机器设备、产品及用户联系起来，实现用户与设计、生产部门的沟通与协同；三是智能化，通过智能制造执行系统进行监控，实时采集、分析生产数据，开展智能化管理；四是模块化，在接到订单后，定制所需模块，按照客户的需求进行组合。五是定制全流程可视化，用户通过手机等终端设备不仅可以随时随地获取订单状态，还可以观看从采购、装配到安装的整个过程。2016 年，海尔发布了 COSMO 互联工厂云平台，进一步连接用户与内外部资源，让用户真正参与到设计、制造、物流、服务等各个环节中，并为互联工厂提供用户的体验反馈，实现各利益相关方的共创共赢，如图 7-4 所示。海尔定制产品呈现爆发式增长，数据显示，2015 年海尔定制产品订单量为 15 万台，2016 年第一季度就达到 13.3 万台。

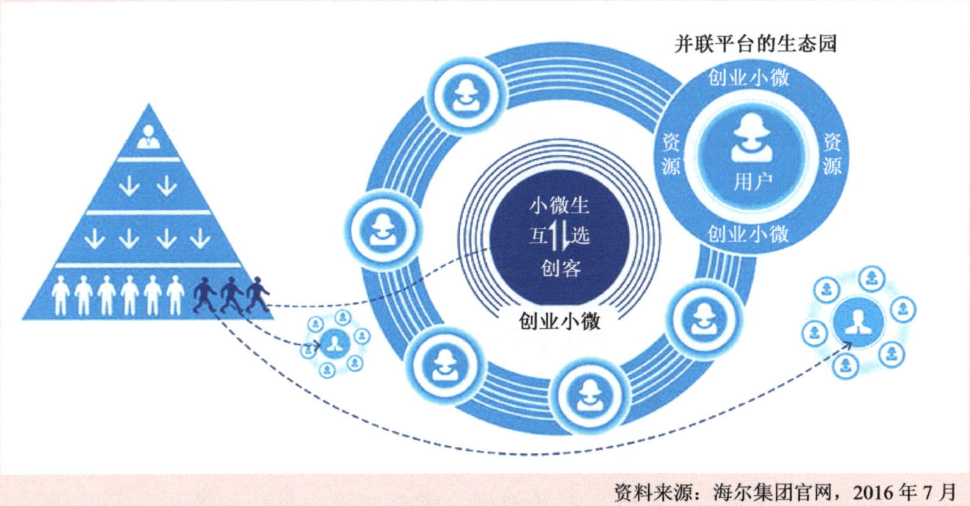

资料来源：海尔集团官网，2016 年 7 月

图 7-4 海尔“创客化”组织变革

私人定制引领创客新风尚。私人定制是指用户自己设计产品，利用开放的 3D 打印平台自主制造，目前还仅处于起步阶段。叁迪网是国内布局较早的 3D 打印商之一，对企业或个人提供从三维建模到工具分享再到 3D 打印的服务。随着 3D 打印技术的日益成熟和设备材料价格的不断下降，这一模式可能大有发展前景。

金运激光公司正致力于打造3D打印O2O云服务平台，将线上云平台与线下体验店有机结合，通过云工厂加工为客户生产创意产品。客户可以在线下到实体店提交创意产品打印数据，或者在线上将数据提交给云平台设计师完成模型数据设计，然后由云端工厂制作、物流系统配送，完成订单流程。光韵达公司与大型医院合作，布局生物医学3D打印云服务平台。该平台汇聚大量医院的CT数据，通过先进建模软件把CT数据建成一个精准的三维模型，然后运用3D打印技术为医院制作医疗导板并植入体内。

三、服务型制造正在兴起

服务型制造既包括制造企业基于互联网平台推动服务模式、业态模式创新，也包括生产性服务业平台化、专业化发展。主要包括数据化在线化服务、生产性服务等两种类型。

基于智能产品数据化、在线化服务持续拓展价值空间。数据化、在线化服务是指制造企业利用互联网、物联网、云计算、大数据等技术，基于被植入通信和智能模块的产品，开展远程诊断、在线运维和产品全生命周期管理等服务，推动生产型制造向服务型制造转变，促进制造业价值链持续提升。例如，青岛特锐德电气通过构建充电网、互联网、车联网“三网融合”体系，打造智能充电服务云平台，推行设备免费、建设免费的运营方式，同时积极发展O2O电商、互联网金融、汽车后服务及增值服务等多样化业务，实现从卖产品到卖服务的跨越。

徐工集团实现工程机械智能服务

徐工作为代表中国“走出去”的工程机械领军企业，依托大数据、云计算、物联网等信息技术的运用，围绕工程机械全生命周期提供服务，不断优化设备的生产制造、安装调试、智能物流、风险预警等业务流程，逐步实现以产品制造为核心向依托产品提供综合服务的方向转型。

2012年，徐工集团推出覆盖徐工集团、呼叫中心、企业、备件中心、经销商、供应商、工程师、车辆、客户的全球物联网智能云服务平台，为客户提供了产品从生产到消亡的全生命周期的档案信息。在产品制造、调试环节，平台可自动获取相关数据，通过调试过程监控、运行参数实时分析等功能，确保每一台出厂产品质量过关，如图 7-5 所示。同时，针对大吨位、新产品、重大改进升级等需要重点关注的产品，技术研发人员在物联网平台上进行一对一跟踪，以客户施工数据作为产品市场表现样本，通过对关键指标阈值的分析，建立产品优化升级模型，推动重点产品的持续优化升级。在营销服务环节，通过该平台实现全球工程机械设备智能化识别、定位、跟踪、监控等功能，对工程机械设备进行全天候远程监控、动态管理，保证工程机械产品健康运行。远在千里之外的工地，当设备工况参数超出正常范围时，物联网系统自动发出警报，技术专家通过远程诊断和数据分析，快速判断原因，提供解决方案，及时向客户反馈。同时，徐工物联网系统还为客户量身打造自助服务平台，客户通过电脑或手机登录该系统，借助无线网络，随时随地都能看到产品的地理位置、工作时间、历史轨迹、健康状况等信息，一切情况尽在“掌”中。

资料来源：中国电子报，2015 年 8 月

图 7-5　徐工铲运事业部配置的业内最大最先进的焊接机器人群

企业电子商务不断开创精准营销新方式。随着电子商务在制造企业营销服务中的应用日益深入，直销电商、社交电商、跨境电商等网络营销新模式不断涌现。一些传统制造企业通过自建电商平台，实现“从工厂直达顾客（F2C）”，既能减少渠道推广费用，又与顾客建立了直接联系，基于客户细分特征精准开发差异化、

个性化产品。同时，通过进一步分析用户社交和偏好信息，企业广泛开展基于具体场景的社交式营销。例如，苏宁云商提出了移动互联网社交营销解决方案，打造“云信”等社交平台，满足用户社交购物需求。

“一带一路”、国际产能合作等国家战略实施为跨境电子商务带来了发展契机，一批 B2C 平台跨境电子商务迅速成长，为扩大制造业产品消费市场、实现“中国制造”优进优出、推动开放型经济发展升级提供了有效途径。制造业企业主要采用两种方式开展跨境电商电子商务应用，即利用国内电商平台和对接海外电商平台。在对接海外电商平台方面，广东鹰牌陶瓷集团在全球最大的 B2B 跨境电商平台 TradeKey 上开展在线销售活动，实现公司陶瓷产品对全球 182 个国家全面覆盖。此外，鹰牌陶瓷还与俄罗斯 B2B 平台 TIU、日本最大的制造业交易平台 iPROS 株式会社等跨境电商平台开展合作，企图借助海外电商平台进一步加大市场开拓力度。广东易事特电源股份有限公司正计划与拉美地区知名 B2B 电商平台 Mercantile 合作，开拓面向海外企业客户的跨境电商贸易新通路，实现电源和新能源产品对智利、墨西哥等拉美国家的业务拓展。在利用国内电商平台方面，一些沈阳装备制造企业利用国内最大的跨境电商平台大龙网，实现在线发布产品信息和洽谈业务，享受通关、退税等一体化的海关申报服务，以及供应链金融、退税金融等综合性增值服务。秦皇岛骊骅淀粉股份有限公司依托世界工厂网国际站网上商铺开展跨境电商业务，实现淀粉销售网络的国际化延伸和覆盖。

宝钢集团拓展 B2B 电子商务服务

上海宝钢集团是我国目前现代化程度最高、最具竞争力的钢铁联合企业。2000 年，宝钢集团开始“试水”电子商务，成立了以服务宝钢集团内部为主的东方钢铁电子商务有限公司。2013 年，宝钢集团与上海市宝山区政府联合上线推出 “上海钢铁交易中心”，共同打造区域性的第三方 B2B 钢铁产业电子商务平台，成为国内第一个集交易、第三方支付、金融、动产权属质押、电子单据等为一体的钢铁电商平台体系，实现年成交量超过 200 万吨，交易金额逾 90 亿元，吸引客户近 3 万家，入驻供应商 500 余家，形成了覆盖交易、支付、融资、配送等关键环节的钢铁电商“闭环”。

为加快从钢铁制造商到集成服务商的转型， 2015 年 2 月，宝钢股份宣布与上海宝钢集团国际经济贸易有限公司、控股股东宝钢集团有限责任公司共同出资20亿元，组建钢铁服务平台公司（欧冶云商股份有限公司，以下简称“欧冶云商”），目标是建成一个整合电商、物流、信息服务、技术服务、金融服务等多项功能的钢铁云制造综合化服务平台，引领构建全国钢铁业生产流通新秩序。欧冶云商将全面整合宝钢集团旗下东方钢铁、东方付通、宝信软件等服务资源，基于旗下的欧冶电商、欧冶物流、欧冶数据、欧冶材料、欧冶金服等多个子公司，构建开放、合作的钢铁服务生态体系，全面拓展钢铁交易、加工配送、智能制造、支付结算、金融投资、大数据分析六大服务，通过提供基于钢铁产品的增值服务和基于技术创新的专业服务，实现基于互联网云制造平台的智慧钢铁制造和现代钢铁服务，如图 7-6 所示。

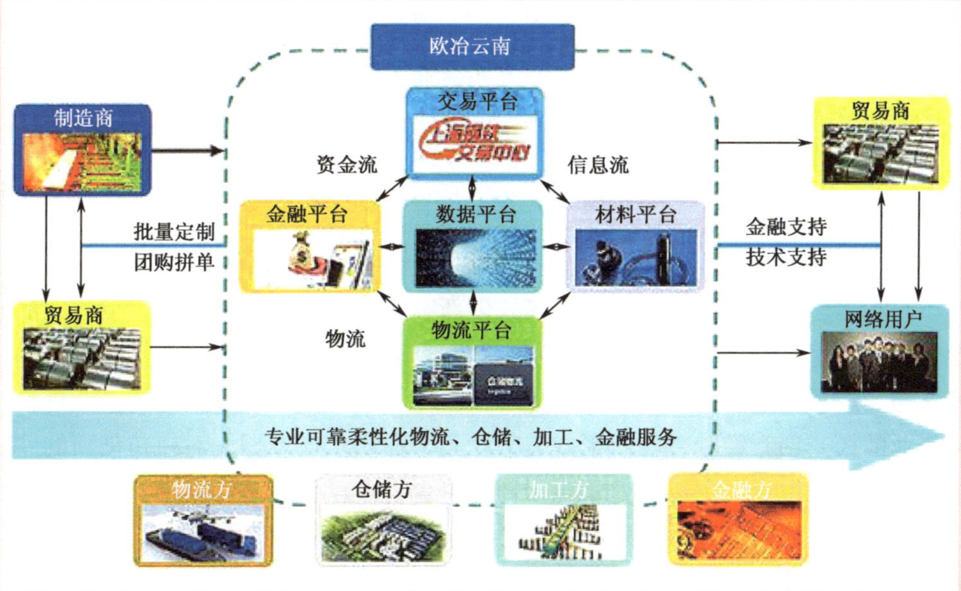

资料来源：齐鲁晚报，2015 年 7 月

图 7-6　欧冶云商全产业链的开放式平台

第三节　新模式培育过程中面临的问题

制造业企业最早从最接近消费者的销售环节入手，推动基于互联网平台的交易模式、营销模式创新，但在向生产环节延伸，带动技术产品、生产制造、组织

管理等环节创新的过程中，对模式创新的系统性、复杂性、规律性认识不足，导致模式创新始终浮于表面，融合发展的潜力尚未充分发挥。具体表现在以下几个方面。

一、对模式创新的本质认识不足

从深度和广度上来讲，企业对制造业与互联网融合模式创新的本质认识还不够全面和清晰。模式创新是一个系统工程，建立在业务流程重构的基础之上，是由表及里、由浅入深的根本性转变，不能仅仅围绕信息流建设，而是要以信息流促进技术流、资金流、物资流、人才流的优化配置，实现真正的转型升级。但是，大多数企业的模式创新还集中在技术端如何更多地引入先进的信息系统、在设计制造端如何更好地实现与消费者的交互、在销售端如何更快地拓展推广渠道，没有从企业发展战略的高度谋划对生产方式、业务流程、组织形态等全方位的重新塑造，缺乏强有力的制度设计，无法真正实现从被动创新到主动创新的转变。

二、开展模式创新的手段不足

与技术创新相比，一些环节的模式创新存在低门槛、同质化的特点，大部分企业往往采用复制模仿的手段，如购买企业管理信息系统、搭建电子商务平台等，就认为实现了模式创新。尽管通过模仿创新，一些领域形成了一定的产业规模，但企业的模式创新经验并没有形成有效积累，在未来很难摆脱对模仿创新的路径依赖。例如，很多企业都自建了电子商务平台，但仅仅是基于平台开展简单的展示交易活动，而并不重视商务数据的挖掘，及其对企业生产经营的反向指导作用，因此在初期阶段可能会享受到销售额提升带来的收益，但长久下来反受日渐上升的平台运营成本拖累。

三、推动模式创新的能力不足

国有企业拥有相对集中的科技创新资源和高端人才资源，承担着国内技术突破和技术创新的重任。但由于国有企业大多处于相对垄断的行业，缺乏市场开拓能力和敏感度，对市场需求的反应也不够及时，模式创新能力相对较弱。在电子信息、互联网等市场化程度较高的行业，民营企业拥有很强的模式创新活力，但由于自身制度和客观条件限制，缺乏实实在在的技术创新支撑，模式创新能力总体不强。

第四节　培育制造业与互联网融合新模式的重点方向

《中国制造 2025》与“互联网+”并行推进，制造业与互联网融合发展成为重要的焊接点，更加突出互联网对制造业研发手段、生产方式、组织形式、管理方式和商业模式创新变革的作用。因此，《指导意见》围绕网络化、个性化、服务化三个方面提出了重点任务。

一、大力发展网络化协同制造

【原文】面向生产制造全过程、全产业链、产品全生命周期，实施智能制造等重大工程，支持企业深化质量管理与互联网的融合，推动在线计量、在线检测等全产业链质量控制，大力发展网络化协同制造等新生产模式。

网络化制造这里指制造企业聚焦于核心技术和品牌，通过整合制造资源，外包生产加工环节，形成生产制造网络，而自身发展成为轻资产的产品和综合服务提供商。网络化制造不是“去制造业”或单纯地转向服务，而是制造企业强化核心技术优势和品牌影响力，最大限度实现价值增值的重要途径。应大力支持有条件的制造企业通过灵活高效的供应链信息系统、物流配送体系等，构建包括供应商、加盟商、分销商与企业自身的产业链联盟，快速响应客户需求，形成引领行业发展的服务型制造生态体系。支持企业探索网络化协同制造模式，要求企业不仅基于网络平台促进设计、制造资源的共享协同和优化配置，更要注重进一步改造企业组织结构，通过内部组织扁平化和资源配置全球化培育竞争新优势。中小企业借助互联网构建虚拟产业集群，以小批量、低成本的个性化定制产品优势发展壮大，形成与大企业分庭抗礼的市场竞争新格局。

西麦斯（CEMEX）的精准供应链

CEMEX 是一家位于墨西哥的建筑材料跨国公司，主要从事水泥、混凝土、混凝材料和水泥溶渣的生产、配送、市场开发和销售业务。CEMEX 开发了一系列平台，将线下各地分公司、新收购公司、供应链、传感器、机器和运输车等信息全部整合到平台上进行统一管理，并与分公司、新收购公司和供应商之间建立了知识共享和灵活合作机制，使企业高层管理者可以及时、准确地访问供应链信息，从而快速做出决策。CEMEX 还在混凝土运输车上装配 GPS（全球定位系统），随时掌控每辆车的位置、速度和运行方向。一旦客户发出订单，平台的线上远程调控系统就能帮助调度管理人员迅速选择车辆和客户目的地的最佳组合，确保在任何时候都能及时完成订单，将标准的三小时混凝土供应时间缩短到 20 分钟以内。这不仅为 CEMEX 公司带来大量稳定的订单，形成了稳定且忠诚的客户群，也为其增加了巨额的收益。

二、支持开展个性化定制

【原文】支持企业利用互联网采集并对接用户个性化需求，开展基于个性化产品的研发、生产、服务和商业模式创新，促进供给与需求精准匹配。

以手工作业为核心的个性化定制始终存在，但基于互联网的个性化定制，核心是要建立能够进行小批量、多品种、个性化生产的机器制造体系，这对制造业传统的标准化、规模化流水作业方式来说是一个巨大的转型挑战。支持企业开展个性化定制生产，要求企业更加注重以客户为中心，以互联网和大数据平台为基础，以柔性化生产线为依托，吸纳客户产品创意和技术解决方案，增强客户体验，将客户的个性需求融入产品设计和制造过程中，开展个性化产品设计和定制服务，提升产品附加值和品牌竞争力。

Zazzle 的个性化定制

Zazzle 是一个为消费者和品牌提供在线定制零售服务的网站，如图 7-7 所示，它通过融合线上设计平台及线下的集中定制，在短时间内便成长为一家拥有一流品牌知名度的“即需即有”的消费产品工厂。Zazzle 的在线商店采用了网上集中定制的概念，它能够让消费者成为生产商，对将要购买的商品加入自己的想法，并为自己量身定做。消费者能够自己创作或选择一幅现成的图像，使用在线设计工具再加工，将其制作为邮票、明信片、T 恤衫、画布或其他项目进行订购。商品完成之后，Zazzle 会直接帮你送到家门口，如果不喜欢则无条件全额退款。消费者还能够进行产品委托代理，将自己的创意产品通过这个网站进行销售，产生盈利。同时，Zazzle 还会付给艺术家或内容提供商一定的使用费作为回报。甚至连 MySpace 都与其签约，为人们创造并出售个性化的音乐提供服务。

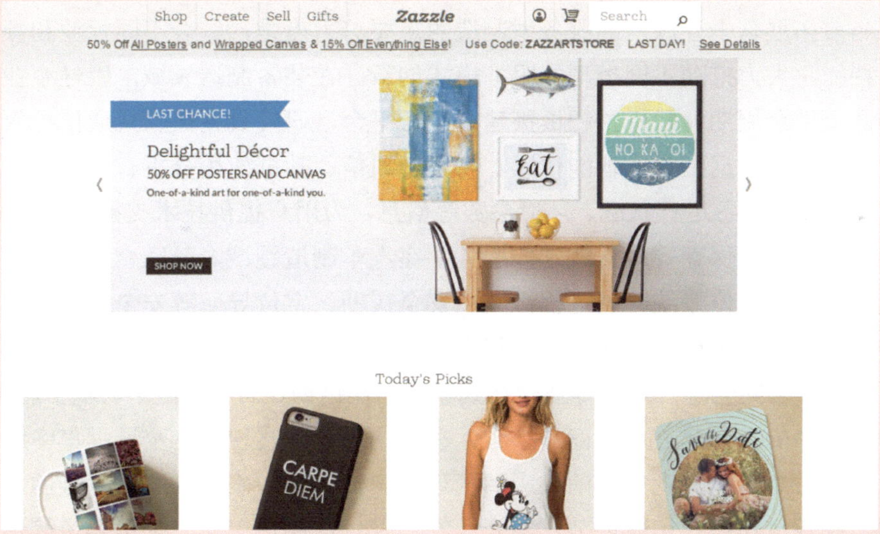

资料来源：Zazzle 官网，2016 年 8 月

图 7-7　Zazzle 个性化定制官方网站界面

三、积极拓展服务型制造

【原文】推动企业运用互联网开展在线增值服务，鼓励发展面向智能产品和智能装备的产品全生命周期管理和服务，拓展产品价值空间，实现从制造向“制造+服务”转型升级。积极培育制造业电子商务等新业态，支持重点行业骨干企业建立行业在线采购、销售、服务平台，推动建设一批第三方电子商务服务平台。

随着生产过程自动化、智能化程度的提高以及大型装备复杂化程度的加深，制造环节在整个价值链中的比重日趋下降，产品的研发设计、交付、安装、维护和服务等各环节需求及所占价值愈加提升。相关资料表明，在发达的制造业市场上，产品生产所创造的价值仅占总价值的 1/3 左右，而基于产品的服务所创造的价值占到了 2 / 3。与之相比，我国制造企业服务化水平较低，调查数据显示，在装备制造领域，78%的企业服务收入占总营业收入的比重不足 10%，81%的企业服务净利润贡献率不足 10%。支持企业以服务模式创新带动管理创新、业态创新，推动价值链“微笑曲线”向两端延伸，有利于培育和打造企业新的盈利点，实现我国制造业的高端转型。

当前拓展基于互联网的服务型制造的重要着力点是，结合不同行业和领域的产品特征，大力推动不同类型的服务模式创新。在装备制造领域，引导企业以服务产品全生命周期为目标，积极搭建智能云平台，研发具备嵌入式通信模块的智能产品，通过数据采集、智能传感、物联网通信、数据建模分析、专家诊断等技术，集成机器设备运行状况、环境参数等信息，为用户提供技术支持、故障诊断、监测维护、主动保养等产业链延伸服务。在汽车制造领域，鼓励企业依托无线通信技术和卫星定位系统开展远程诊断、安全援助、定位导航等安全信息服务。在仪器仪表、电气机械等领域，鼓励和引导企业立足产品功能，发展测试、检验、计量，以及合同能源管理等专业化在线服务。在钢铁、石化、汽车、电子等领域，支持有条件的企业建立电子商务平台，在采购环节，实现采购全过程集中统一管理，建立稳定而又有竞争力的供应商管理和评估体系，确保采购供应链的规范、透明、高效运作；在销售环节，与企业经营管理、制造单元、分销渠道等形成对接，确保客户订单全程跟踪，强化全过程服务。同时，支持行业大型骨干企业开放电子商务平台，整合产业链各种资源，面向行业提供采购、销售、交易、客户服务、物流等专业化服务，提升产业集群竞争力。

通用电气基于电商平台开展社交化营销

通用电气建立了帮助客户制订采购决策、维修设备和解决问题的电子商务平台，采用社交化、场景化的营销模式及在线化服务模式，与客户开展直接交互，提高了客户的“意识占有率”，并为企业带来了可观的便利与利润。该平台网站可以帮助客户获得所有产品系列的详细信息，并且通过 Live Product 在线模拟技术，以互动的方式展示新推出的产品特点，允许客户自主选择颜色、款式和个性化功能，还能基于位置服务技术向客户提供距离最近的经销商地址和导航信息，帮助客户预约到店使用。同时，平台提供了一系列互动式自服务工具，帮助客户自行诊断使用通用电器时遇到的问题，找出解决办法，或者安排线下维护服务。客户还可以利用网站提供的“维修和更换”计算器，决定是应该维修电器还是应当购买一个新的电器。当客户需要购买新电器时，网站会根据用户以往的购物习惯，推荐合适的替代产品。

第八章　新基础：制造业与互联网融合基础

制造业与互联网加速融合引发工业基础设施持续变革，生产制造环节传感器大量部署，工业大数据、工业 App、工业软件的集成应用不断激发对工业云平台的迫切需求，工业网络宽带化、IP 化、无线化稳步推进，“云”“网”“端”正逐步成为制造业发展的新型基础设施。自动控制与感知技术（一硬）、核心工业软硬件（一软）、工业云与智能服务平台（一平台）、工业互联网（一网）等“新四基”已贯穿制造业研发、生产、管理、营销、物流、服务等全流程，成为制造业“双创”、智能制造、服务型制造等新业态新模式、发展的重要支撑，成为与工业“四基”同等重要的新基础。

第一节　“新四基”的内涵及构成

工业有“四基”，包括关键基础材料、核心基础零部件元器件、先进的基础工艺和产业技术基础。我国在上述领域的发展是相对薄弱的，这已成为制约我国制造业发展的“卡脖子”问题。因此《中国制造 2025》中专门提出要实施“工业强基工程”，强化工业基础能力。在制造业与互联网融合发展的新阶段，制造业基础的内涵更加丰富，除了需要补足工业基础能力，还需要突破“新四基”，即加快自动控制与感知（一硬）、核心软硬件（一软）、工业云与智能服务平台（一平台）、工业互联网（一网）等新型基础能力和平台设施建设，这既是加强工业 2.0 补课、3.0 普及的现实需要，也是支持我国实现工业 4.0 示范发展的客观要求，如图 8-1 所示。

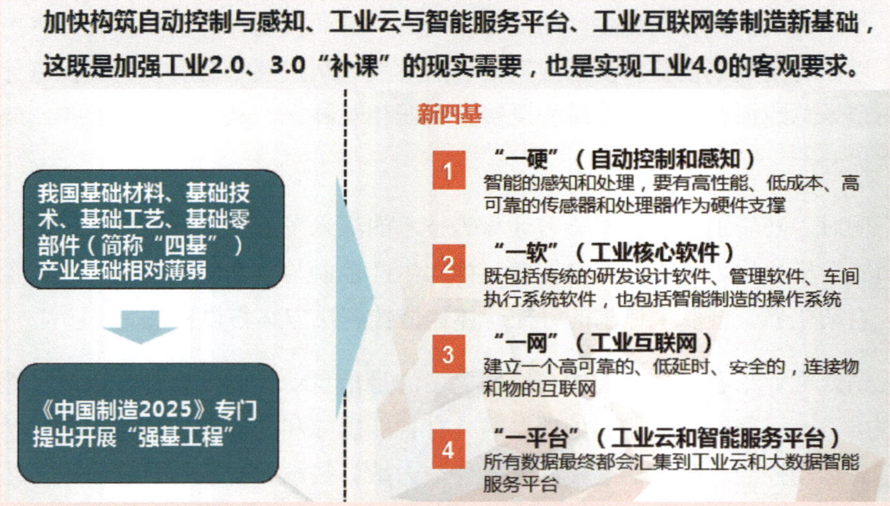

图 8-1 “新四基”内涵及构成

一、自动控制与感知

自动控制是第三次工业革命的产物，主要指通过机械、电气等动力集成，驱动机器、设备按照生产的要求和目的进行自动化生产；人只需要作为操作员，确定控制的要求和程序，不直接参与生产过程。石油炼制、化工等流程工业的自动控制一般采用由检测仪表、调节器和计算机等组成的过程控制系统，对加热炉、精馏塔等设备或整个工厂进行最优控制。装备制造等离散工业的自动控制最早采用机械或电气部件的单机自动化或简单的自动生产线，在工业控制计算机出现后，逐步产生了计算机集成制造系统，以及数控机床、自动加工中心、自动化仓库、工业机器人等自动控制装备。随着更多更高精度传感器的面世，在更远距离内更快地通信得以实现，使得工业控制系统对生产环境的感知变得更加敏锐精确，从而确保数据远距离传输的及时性和可靠性。当前，工业控制技术已经有了长足进步，如生产线上的实时感测及回应、不正确放置感测及校正性回应等，并且逐步向新型现场总线控制系统、工业控制计算机应用及管控一体化系统集成等方向变革。具体来讲，有如下几个方面。

一方面，新型现场总线控制系统更多地结合了集散控制系统（DCS）、工业以太网、先进控制等新技术，实现更为灵活、方便、可靠的数据传输，从而在生产现场得到越来越多的应用，并将在控制领域中占据更加重要的地位。

另一方面，在自动化生产的高端应用上，工业控制计算机应用优势将更加突出，以面对高集成设备和复杂数据处理的挑战。从发展趋势看，工业控制计算机将与现场总线控制系统、可编程逻辑控制器相互补充，从而推动工业控制向更高层次提升。

同时，随着工业以太网、云计算等技术的深入发展，工业控制系统进一步向分布式、模块化、可重构方向转变，推动生产控制与企业管理信息化逐步走向集成，自动化界一直以来追求的管控一体化最佳解决方案得以实现。

结合文件来看，自动控制与感知更多的是指自动控制元器件，以及高性能、低成本、高可靠的传感器和处理器等具有智能感知和处理能力的硬件，包括处理芯片、运动控制、存储器等核心元器件，力敏、热敏、光敏等传感器敏感芯片，通信处理芯片、存储器等传感器外围元件，流量/压力/温度传感器、流量计、液体/温度分析仪等仪器仪表。

二、核心工业软件

工业软件是指专用于或主要用于工业领域，为提高工业企业研发、制造、生产管理水平和工业装备性能的软件。它可以提高产品价值，降低企业成本，提高企业的核心竞争力，是现代工业装备的大脑。一类是植入到硬件产品或生产设备之中的嵌入式软件，它可以细分为操作系统、嵌入式数据库和开发工具、应用软件等，它们被植入硬件产品或生产设备的嵌入式系统之中，达到自动化、智能化地控制、监测、管理各种设备和系统运行的目的，对应于工业 4.0 中生产设备中的应用。另一类则是对生产制造进行业务管理的、各种工业领域专用的工程软件。例如，产品生命周期管理系统（PLM），从产品研发、产品设计、产品生产、流通等各个环节对产品全生命周期进行管理；各种计算机辅助设计（CAD）、辅助制造（CAM）、辅助分析（CAE）、辅助工艺（CAPP）、产品数据管理（PDM）、车间执行系统软件（MES）、企业管理信息系统（如 ERP、CRM、SCM、MIS、DSS）等，实现生产和管理过程的智能化、网络化管理和控制，对应于工业 4.0 中生产管理中的应用。

三、工业云与智能服务平台

工业云和智能服务平台是高度集成开放和共享的服务平台，是制造资源集聚、信息技术能力按需供给、基于数据分析提供智能化服务的新型工业基础设施。基于工业云和智能服务平台，用户一方面可以获得云化的工业设计、加工工艺分析、装配工艺分析、模具设计、机械零部件设计与性能分析、电磁场模拟等服务，从而大幅缩短产品升级换代周期、降低设计与制造成本、提高产品性能；另一方面，工业企业的订单管理、主生产计划、备料等诸多环节均可依托工业云平台的 ERP（企业资源计划）、DMS（经销商管理系统）、PLM 等企业管理工具来提升管理效能；同时，用户也可基于工业云服务平台对生产设计、企业经营管理及用户交互中各种数据进行充分挖掘，利用大数据为企业研发、生产、营销、交易、服务等活动提供服务。

在制造业与互联网融合发展阶段，数据成为核心，通过工业数据全周期的应用，支撑工业系统的科学决策，实现机器弹性控制、运营管理优化、生产协同组织与商业模式创新，推动制造业智能化发展。在此过程中，数据都会流向工业云和智能服务平台，任何企业和个人都可以向平台提供自己拥有的资源，也可以在平台上获取需要的资源，从而实现一对一、一对多、多对多等多种制造服务模式。

四、工业互联网

广义地讲，工业互联网是互联网和新一代信息技术在工业全领域、全产业链、全价值链中的融合集成应用，是一个巨型复杂的网络制造生态系统，通过机器、零部件、控制系统、信息系统、产品及人之间的互联互通，基于对工业大数据的全面深度感知、实时传输交换、快速计算处理和高级建模分析，驱动企业在技术研发、开发制造、组织管理、生产经营、市场营销等方面开展全向度创新，促进产业链上下游的融合与产业生态的协同发展。狭义地讲，工业互联网就是应用于工业生产环境的高可靠、低延时、安全泛在的互联网，实现生产机器、工业产品、控制系统、信息系统和人之间的泛在连接，具体包括以下几大关键技术。

一是工业异构异质网络的融合技术。现代工业环境中包括多种异构异质网络，从网络拓扑来分，既有各种智能设备组成的专用协议局域网，也有基于通用 TCP/IP

协议的公共互联网；从网络传输介质来分，既有各类无线传输网络（如 Zigbee、WiFi 等），也有有线 IP 网。工业互联网要实现这些网络间的互通协作，异构异质网络的融合是首先要考虑的问题。由于异构异质网络的融合具有高度的复杂性，不同的网络在通信协议、数据格式、传输速率等方面存在差异性，一些设备将作为通信节点发挥智能路由器的作用，同时还需要一个统一的通信机制，将数据融合在 IP 网络中传输和控制，实现设备间的良性沟通、资源的合理配置以及生产效率的极大提高。

二是工业大数据的采集、存取和利用技术。工业互联网识别制造要素和资源，采集信息，一方面，是通过分布于各种待监测生产场所的 RFID 标签、传感器、摄像头、二维条码、遥测遥感等感知终端来完成的，主要是对各类生产设施的状态参数进行感知和采集，如对光、图像、交通流量、环境污染、温度等进行实时感应，并依据信号强弱形成相应模拟信号或数字信号；另一方面，是通过智能设备之间、智能设备与智能产品之间的近距离通信交互来完成的，智能设备和智能产品具有感知、通信、计算、远程控制、自我管理的功能，产品能够告诉生产设备自身信息和制造细节以协助生产，生产设备之间能够相互交流来合理安排时间和动作；同时，随着制造业各环节信息系统应用的普及，设计、研发、物流、供应链、销售、服务等各个环节也在源源不断地产生数据。对各个层面产生的巨量数据进行消化处理，是未来制造企业竞争的关键。首先，智能设备间频繁的数据交互，对数据传输的实时性和可靠性要求很高，将大大促进海量数据存取技术的进步以满足生产需求。其次，利用数据挖掘等技术从海量数据中提取有价值的信息，并用于优化生产流程、完善服务体系，是实现制造业智能化的关键。

三是多系统集成技术。工业互联网是多个系统的集成，就像很多人体器官组合在一起构成健康的人体系统，各个系统不是简单的堆砌而是高度耦合。工业互联网的集成包括横向集成和纵向集成。纵向集成是指制造企业内部、智能工厂内部的集成，包含从需求制订、设计、生产研发、物流、运营等各环节内部的集成，也包括跨环节的集成。横向集成是指企业间的集成、产业链的集成，通过企业间信息的共享、资源的整合，实现产供销全流程的业务无缝对接。工业互联网集成化的实现，不仅需要标准的系统间接口，还需要一个统一的体系架构，为各个系统的集成化运作建立规范，就像冯·诺依曼体系架构之于计算机系统的作用一样。

第二节　发展“新四基”的重要意义

一、“新四基”是制造业与互联网融合的“黏合剂”

“新四基”贯穿制造业与互联网融合全过程。自动控制和传感实现生产过程的数字化和自动化，以及制造与研发、销售、服务等环节的一体化管控。工业互联网是在数字化的基础上，通过物联网实现物理设备的信息感知、网络通信、精确控制和远程协作，通过互联网重塑制造企业的供应链关系和商业模式，使消费者对产品的需求向上游设计和制造环节渗透，推动制造业服务化、个性化定制和云制造的发展。工业软件、工业云和智能服务平台是在数字化和网络化的基础上，通过对贯通制造业全流程环节的数据集成、分析和挖掘，实现基于动态数据驱动并具备一定预测能力的生产组织、企业管理和市场销售，达到资源利用效能最大化。以工业云和智能服务平台为基础，通过生产自动控制与业务管理系统的融合，能够串联企业生产、采购、销售、管理、人力资源、安全等各个环节，整合企业生产数据、财务数据、管理数据、采购数据、销售数据和消费者行为数据等资源，使企业通过数据挖掘分析，找到生产要素的最佳投入比例，实现研产供销、经营管理、生产控制、业务与财务全流程无缝衔接和业务协同，促进企业组织扁平化、决策科学化和管理精益化。企业利用生产、管理、服务等环节的无缝衔接与业务协同，可开展故障预警、远程监控、远程运维、质量诊断等在线增值服务，不断扩展产品的价值空间，实现以产品为核心的经营模式向“制造+服务”的模式转变，最终向制造业服务化转型。制造业与互联网融合新基础间的关系如图 8-2 所示。

灵魂	工业软件	功能定义、能务赋予
心脏	工业云平台	一站式服务 数据价值服务化、
血液	工业大数据	汇聚数据、分析数据
骨干	工业互联网	打能环节、传输数据
神经	自动控制与感知	感知环境、采集数据

资料来源：赛迪智库整理，2016 年 7 月

图 8-2　制造业与互联网融合新基础间的关系

二、“新四基”是提升制造业供给能力的重要基础

我国是制造大国，但不是制造强国，制造业供给质量和效率亟待提升。当前，在新一轮科技革命和产业变革的推动下，全球制造业正在加速向智能制造发展，其本质是以感知、软件、云计算、大数据、互联网为代表的新一代信息技术与自动化等工业技术的深度融合、全面渗透，“新四基”由此成为支撑智能制造发展的重要基础设施。但是，我国“新四基”产业发展基础薄弱：工业传感器主要依赖进口，传感器核心材料和器件基本被跨国公司垄断；研发设计工具、制造执行系统、大型管理软件等通用产品对外依存度大，面向航空航天、冶金化工、消费电子等特定行业研发、工艺、测试、验证环节的专业软件严重缺失；工业云和智能服务产品和商业模式发展不成熟；工业控制网络技术呈现“诸侯割据，各自封闭”的状况，现场总线技术标准被国际巨头垄断，网络、数据、软件集成面临协议标准缺失的制约。加强我国制造业供给能力建设必须深入把握制造业发展趋势和本质，切实解决自动控制与感知核心技术薄弱、软硬适配能力不强、工业云和智能服务平台支撑不足、工业互联网技术水平和应用水平不高等问题，也就是要加快发展具有自主知识产权的“新四基”产业体系，夯实制造业发展根基，促进制造业供给结构优化和供给能力提升。

三、“新四基”为信息产业发展提供新的空间

“新四基”的本质是新一代信息技术在制造业中的融合应用而形成的新产品和新业态，是新一代信息技术产业的重要组成部分，也是IT产业发展重要的方向和制高点。从历史发展来看，任何一个重要的转型和发展时期，都是借助于新的技术、产业、形态的发展，带动整个地区、社会和国家的持久发展。特别是当前，信息技术产业对于拉动一国GDP增长和经济发展的作用日益凸显。“新四基”作为信息产业的未来方向，在一国经济发展中也将扮演举足轻重的角色。美国、日本、韩国、欧洲等围绕“新四基”纷纷出台了一系列国家发展战略和规划，确保各自在“新四基”领域的未来竞争优势。其中，美国大力布局工业互联网、未来计算平台、虚拟制造等领域以培育新优势，日本进一步强化其在核心电子材料、关键电子元器件和专用设备方面的优势地位；印度、越南等东南亚国家则积极参与全球产业再分工，依托知识要素、生产要素成本优势加速拓展“新四基”产业

链中的核心硬件组装加工、软件外包服务等内容，围绕“新四基”未来竞争优势的争夺日趋激烈。

第三节 我国发展“新四基”的重要方向

【原文】强化融合发展基础支撑。推动实施国家重点研发计划，强化制造业自动化、数字化、智能化基础技术和产业支撑能力，加快构筑自动控制与感知、工业云与智能服务平台、工业互联网等制造新基础。组织实施“芯火”计划和传感器产业提升工程，加快传感器、过程控制芯片、可编程逻辑控制器等产业化。加快计算机辅助设计仿真、制造执行系统、产品全生命周期管理等工业软件产业化，强化软件支撑和定义制造业的基础性作用。构建信息物理系统参考模型和综合技术标准体系，建设测试验证平台和综合验证试验床，支持开展兼容适配、互联互通和互操作测试验证。

《指导意见》深刻把握全球智能制造演变新趋势，从抢占产业竞争制高点、打造产业发展支撑平台的角度出发，提出了支撑制造业与互联网融合发展的“新四基”。

一、夯实自动控制与感知技术基础

研究制定传感器产业发展路线图，重点突破微机电系统、生物智能、无线传感、自动化测量仪器仪表等关键技术和设备，提升传感器智能化、微型化和集成化水平。突破工业控制系统中核心芯片、伺服电机、驱动器、现场总线、工业以太网等关键器件和技术的发展瓶颈，加快推动可编程逻辑控制器、分布式控制系统、数据采集与监控系统等的研发和产业化。组织实施“芯火”计划，加快工艺过程控制、特殊控制模块等核心芯片产业化，推进国产嵌入式处理器的研发和规模应用。

二、发展核心工业软件

（一）面向工业领域的基础软件

工业基础软件平台。面向工业企业在实现制造过程智能化过程中，对制造资源数据、企业数据、行业数据和互联网数据等信息要素的整合分析需求，重点突破行业垂直应用软件构件及开发和构件信息整合平台关键技术，衔接“核高基”重大专项形成的操作系统成果，构建可裁剪的工业基础软件平台，发展面向细分工业行业应用需求的操作系统、中间件和数据库产品。

实时工业操作系统。面向数字化产品与智能成套装备的发展需求，重点研制高安全、高可信的嵌入式实时工业操作系统，掌握对底层异构、复杂装备及其现场总线协议的体系化集成适配技术、综合仿真试验技术，研制嵌入式软件接口、组态语言与集成开发环境，形成嵌入式操作系统的安全性、可信性以及性能的测评标准和规范。在航天、军工、船舶、能源、化工等安全关键领域，形成嵌入式操作系统以及应用软件自主产品体系并大规模推广应用。

设备端工业数据管理与处理平台。面向终端与云端数据的交换融合与智能协同需求，重点突破小容量嵌入式数据库系统、数据缓存与数据同步、交换技术，掌握终端环境语义建模技术、实时数据动态采集、变频传输、视觉理解、单机智能分析与控制、区域协同等终端智能化新技术，构建设备端的嵌入式数据管理平台与实时数据智能处理系统。

云端可信工业数据集成处理平台。面向工业企业利用云计算集成工业数据，提升企业内部和外部产业链协同合作的需求，重点突破工业云调度及虚拟化等运行监控技术，掌握从设备端到云端的控制系统安全、硬件安全、网络通信安全、系统安全、数据安全等技术，构建具有海量处理能力的工业数据采集、存储、查询、分析与应用的云处理平台，形成安全、高可信工业软件系统的安全标准、验证技术与认证体系。

（二）面向工业领域的应用软件

复杂装备三维设计、分析、测试一体化软件。面向制造业企业打通设计、仿真分析和测试环节，改善设计研发测试各环节间的协同协作，提升创新效率的需求，重点发展基于复杂装备三维设计、分析、测试一体化技术的自主集成化产品设计创新平台软件，提高计算机辅助设计（CAD）、辅助分析（CAE）、辅助制造

（CAM）、辅助工艺规划（CAPP）等工具软件的功能和性能，并通过功能集成实现数据共享和整合。

智能工厂解决方案。面向智能工厂从设备自动化到企业信息化实现数据流纵向贯穿的具体要求，在设备层面，重点发展智能仪表、现场仪表、调试工具、各类控制阀门、工业机器人、数控机床设备等基本功能组件；在车间层面，重点发展安全仪表系统（SIS）、分散式控制系统（DCS）、组态监控系统（SCADA）、各类 PLC 控制系统等监控信息集成和自动实时控制系统；在工厂层面，重点发展实现生产任务的调度和执行功能的生产执行系统（MES）；在企业层面，重点发展 OA、ERP、业务管理应用平台等集成应用软件。

图 8-3 所示为 2015—2021 年全球物联网终端市场规模及预测。

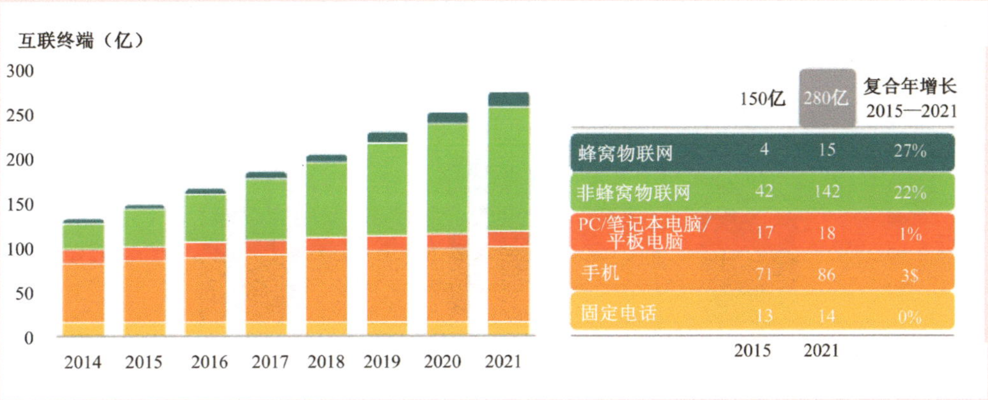

数据来源：爱立信，2016 年 6 月

图 8-3 2015—2021 年全球物联网终端市场规模及预测

三、建设工业云与智能服务平台

面向工业企业利用工业数据分析、模型计算和行业知识解决工业领域实际问题的迫切需求，重点突破工业数据的实时采集、高吞吐量存储、数据压缩、并行分析处理、机理模型、知识推理与仿真模型等关键技术，构建覆盖产品全生命周期和制造全业务活动、支持企业实现“数据驱动”的工业云和智能服务平台。围绕智能装备接入工业云和智能服务平台的数据采集、网络连接和调度管理等重点环节，突破通信协议、数据接口、数据分析等关键技术，提升基于平台的系统解决方案供给能力。开展工业云服务试点示范，支持装备、航天、钢铁等行业骨干企业工业云服务平台建设，推动工业设计模型、数字化模具、产品和装备维护知识库等制造资源向全社会开放共享，鼓励培育基于工业云的新型生产组织模式。面向工业企业加快互联网化，利用云计算实现社会资源共享化的需求，重点突破工业云服务体系架构与标准化技术，构建包括知识库、模型库、零件库、工艺库和标准库等在内的工业资源库，重构产品开发、人机交互、试验与仿真、智能工厂、智慧企业、集成与协同、产品服务和经营决策等工业构件，形成工业云应用服务体系，推动形成跨行业的工业云服务应用生态系统。

图 8-4 所示为 2016—2018 年我国云计算市场规模预测。

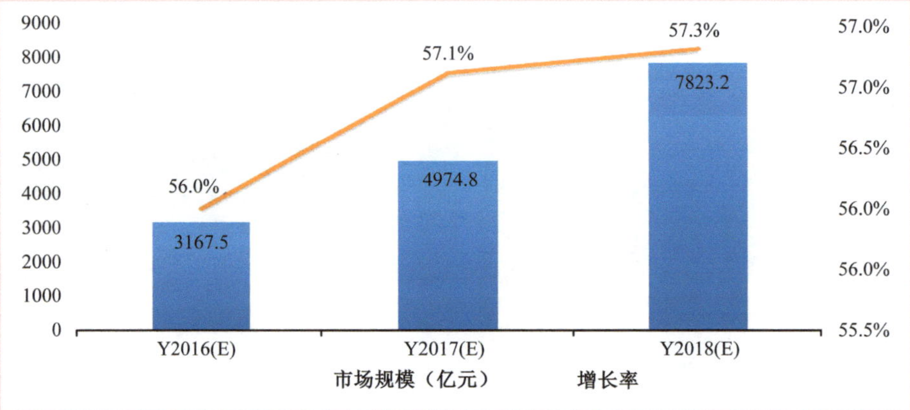

数据来源：IDC，2016 年 2 月

图 8-4　2016—2018 年我国云计算市场规模预测

四、推动工业互联网研发应用

制订工业互联网总体体系架构方案，明确关键技术路径，加快 IPv6、泛在无线等技术在工厂内部网络的部署，推动软件定义网络、5G 等技术在网络基础设施中的应用。组织实施工业互联网示范，开展无线工厂、标识解析、IPv6 等应用示范，支持企业探索工业互联网应用创新。发挥工业互联网联盟等行业组织作用，促进龙头企业跨界合作，加快形成工业互联网健康发展新生态。

图 8-5 所示为工业互联网参考架构。图 8-6 所示为工业互联网的网络整体架构。

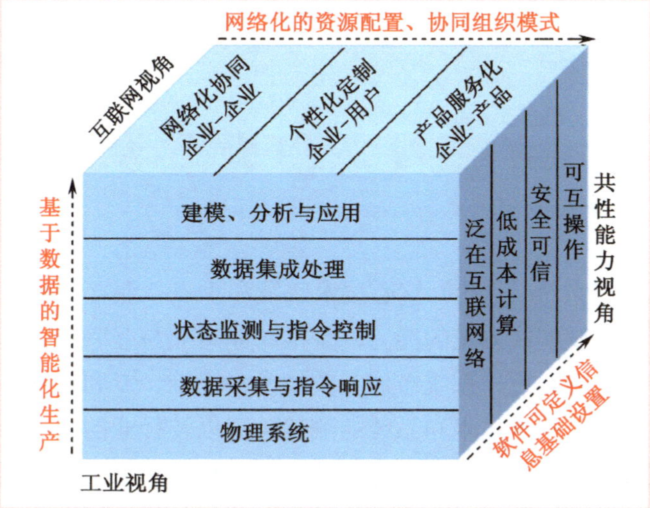

资料来源：中国信息通信研究院，2015 年 7 月

图 8-5　工业互联网参考架构

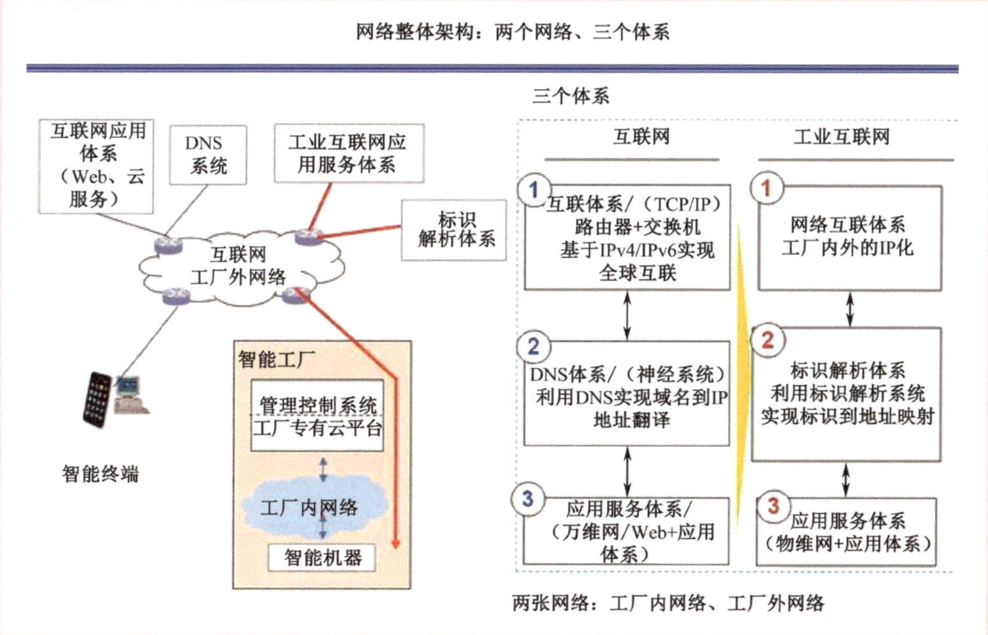

资料来源：中国信息通信研究院，2015 年 7 月

图 8-6　工业互联网的网络整体架构

第九章　新能力：行业系统解决方案

推动信息物理系统（CPS）核心技术研发和重点行业普及应用，提升工业基础软实力和行业系统解决方案的能力，是推动制造业与互联网深度融合的核心和着力点。我国须及时跟进、系统布局相关技术、标准、专利和应用，实现关键技术的突破和产业化，推进技术和系统的测试验证以及行业的应用示范，以全面提升工业基础软实力和行业系统解决方案能力为目标，在保障工业系统安全的前提下，形成一批可应用于重点行业的基于信息物理系统的智能制造系统解决方案。

第一节　行业系统解决方案是制造业与互联网融合的突破口

基于信息物理系统的系统解决方案对制造企业而言是一种集成应用能力，对信息服务企业而言是一种综合性服务。坚持前瞻视野，加快基于信息物理系统的行业系统解决方案部署，深化应用，提升服务供给能力，是促进融合发展的内在需要和必然选择。

一、发展基于信息物理系统的行业系统解决方案是促进融合发展的战略需要

在全球制造业与互联网快速融合发展的大背景下，CPS 已经成为构建制造业信息物联网、服务互联网的基础性、战略性系统，它是以敏捷网络和信息系统为依托，以人机交互为手段，通过数据的采集存储、分析挖掘、仿真建模等关键环节促进物理空间与信息空间的实时交互和深度融合，进而实现“信息深度自感知、智慧优化自决策、精准控制自执行”等功能。大力发展基于 CPS 的行业系统解决方案，为制造企业开展智能制造单元、智能车间、智能工厂提供核心支撑，促进其发展基于 CPS 的产品和服务，将对打造我国自主可控、安全可用的智能制造生态体系产生决定性作用。德国、美国都把 CPS 体系架构标准化建设提升至战略层

面并率先取得突破：德国发布的RAMI4.0架构模型定义了横向、纵向、端到端三大集成的基本构成，明确了价值流、水平和行业应用三大层面的执行标准规范。美国工业互联网参考框架分别从物理层、传感与控制层、设备管理层、数据管理层、分析服务层、应用与协同层和智能商务层阐述了各层级的主要功能和相互间的关联性，并表明框架具有不断演进的开放性特征。

二、提升行业系统解决方案能力是实现融合发展的必由之路

系统解决方案能力是制造企业充分利用物联网、云计算、大数据、移动互联网等新一代信息技术，引导物理制造与信息世界的深度融合，促进制造资源要素的网络化共享、集约化整合、协作化生产和高效化利用，改变传统的生产方式和组织架构，发展网络化协同、个性化定制和服务型制造的一种不可或缺的综合能力。有的企业通过系统解决方案的应用实现软硬件产品及系统的集成，实现人、设备、材料等生产要素和资源的相互识别、实时交互、信息集成，大幅提升生产效率，缩短产品周期，节约资源成本。有的企业发展一体化、柔性化解决方案，深度挖掘用户需求，促进从产品到“产品+服务”的柔性化集成，为用户提供涵盖产品全生命周期的定制化服务。提升行业系统解决方案能力，实现全行业从劳动密集型向知识密集型的转变，将对未来产业格局、甚至催生新的产业生态产生重要影响。

三、增强行业系统解决方案提供能力是提升融合发展服务价值链的重要手段

面对当前传统工业智能化转型的广阔市场，面对企业提升核心竞争力的迫切需求，面对尚未被大公司垄断的新兴市场，许多企业纷纷拓展业务进入行业系统解决方案市场，在实践中不断提升服务能力，为开辟新市场、寻求新的增长空间提供突破方向，这将大大有利于融合发展的服务价值链实现跃升。制造企业方面，通用电气将原有的自动化控制业务与阿尔斯通的电力与电网业务整合，设立新的业务平台Automation & Controls，以实现机器、数据和人的互联，为用户提供工业软件、分布式控制系统、流程安全系统和技术支持服务等电力自动化系统解决方案。沈阳新松机器人公司在做强传统的装配型搬运机器人基础上，积极拓展智能装

备和智能仓库系统解决方案等新业务。

第二节 行业系统解决方案发展现状

当前，工业领域发展智能制造的需求大量释放，装备制造、自动化控制、工业软件、互联网等不同领域的企业纷纷凭借自身的优势特点拓展业务范围和领域，积极抢占行业系统解决方案服务市场主导权，逐步探索出一些值得借鉴的模式和路径。

一、从提供装备向提供基于智能装备互联互通的解决方案演进

发展基于装备的制造环节智能化解决方案。随着生产、装配、物流等各环节对智能化需求的逐渐提升，工业机器人、数控机床、智能装备等制造领域企业凭借长期以来在产品体系建设方面积累的优势，通过构建机器与机器之间的互联互通以及不同功能产品的配套集成，逐步拓展涵盖生产、装备、物流等环节的系统解决方案服务业务。沈阳通用机器人在发展并联机器人、码垛机器人和自动导引车等核心产品的基础上，着力打造基于智能物流装备的物流系统解决方案服务。

徐工信息的智能物流解决方案

智能物流就是利用条形码、射频识别技术等物联网技术，通过在物流运输、仓储、配送、包装、装卸等环节的应用，实现货物运输过程的自动化运作和高效率优化管理。徐工信息通过集成集团自身的AGV、RGV、积放链、机械手等自动化物流设备及智能高架仓库等产品，将各自运输环节、工艺流程、加工节拍进行数据分析，衡量其平衡性，将各自独立的物流系统通过互联网、智能设备关联起来，实现机器设备和物流转运的智能化，为客户提供符合精益生产 JIT 思维的智能物流解决方案，通过统一的仓储管理、配送管理、机械手自动上下料帮助客户降低缺件率、提高库存周转率、提高物料盘点效率，如图 9-1 所示。

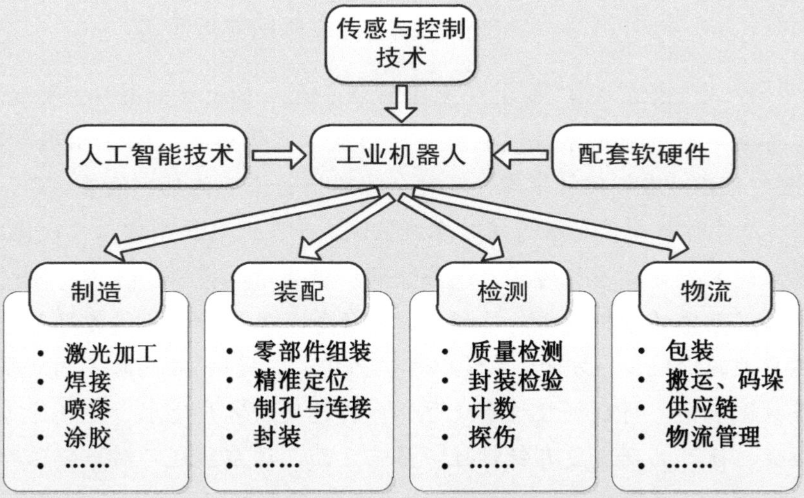

资料来源：机械工业信息中心，2015 年 9 月

图 9-1　以工业机器人为核心的智能制造系统解决方案

发展基于物联网开放平台的产品全生命周期管理解决方案。工程机械、汽车及配件等领域制造企业面向产品全生命周期管理需求，探索建立基于物联网技术的远程数据采集与分析平台，借助安装在设备上的采集提供、机器通信终端及反向控制系统等对智能化产品开展在线监控、故障诊断、远程运维、问题预判等智能服务。

三一重工的 ECC 客户服务平台

三一重工自主研发了 ECC 客户服务平台（即大数据储存与分析平台），包括所有设备底层控制的硬件和软件，能够实现双向的交互以及对设备的远程控制，可将 20 多万台客户设备实时运行情况的数据通过传感器传到后台进行分析和优化。每日实时监控设备运行信息（如位置、工时、转速、主压、油耗等），系统面向代理商、操作手、挖掘机老板和研发人员四类主要用户。大数据分析从四类用户基础矩阵信息入手，分拆成基础向量，再分拆成特征值，其特征值重新组合形成自定义向量再组合成设备信息、健康等矩阵，进而提供全生命周期的增值服务。用户可通过网页或手机 App，随时随地掌握机器各方面的状态。依据大数据分析，针对常用档位按照区域、载荷、温度分别进行精准控制，使新产品的动力总成效率提升 8%，油耗降低 10%。

徐工信息的智能车联网应用服务

徐工信息在搭建IM-IOT数据管理平台基础上（如图9-2所示），开发了智能车联网应用系统，利用互联网技术、传感器、GPS/BDS、AGPS、GIS、LBS、虚拟化技术等，可对全球车辆的工况信息、位置信息、设备状态、工作时长等信息进行实时在线监测，并在调度控制中心可视化地显示。庞大的数据资源不仅为客户设备管理和服务请求提供了方便，还通过对大量工况数据的分析挖掘，从研发、服务等产品生命周期的各环节为客户创造更大的价值。一方面，系统以客户为中心，提供24小时不间断服务和设备数据采集，将数据经过系统运算，打造反映客户需求、专属徐工信息的指数，让产品研发更有针对性；另一方面，该系统还可对车辆保养信息进行监测，一旦到期，系统就会自动派单给服务工程师主动上门服务。此外，系统除了能查看单台设备情况外，还能查看集群作业概览，如果客户拥有多种徐工设备，便能通过分类查看每一种设备在每月或每年的总工作时间与总方量、平均工作时间与平均方量，并以此数据为客户的经营决策提供支持。

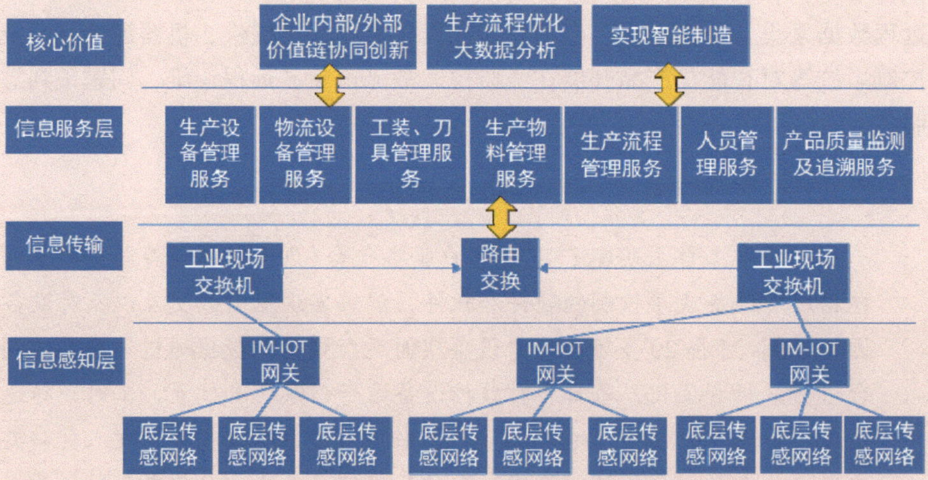

资料来源：机械工业信息中心，2015年9月

图9-2 徐工信息的IM-IOT数据管理平台基本架构

二、从提供软件和通信服务向提供基于软硬一体化系统集成的解决方案演进

在制造业与互联网融合中，软件作为连接器、融合剂、动力源，通过集成新一代信息技术，以及开源硬件、3D 打印等，融合制造、工艺、流程等业务，推动工业生产向可通过软件定义、管理和执行的智能化方向转变，逐步成为智能制造的关键内容。在此趋势下，软件和信息服务凭借工业软件服务优势，大力发展以工业软件为核心，集成系统平台、模块器件、通信设施、基础设施等的一体化、定制化系统解决方案服务。安世亚太公司基于自主的仿真服务技术提升虚拟环境中的系统研发设计和验证能力，为企业提高研发效率和质量、实现研发制造一体化提供精益研发解决方案。数码大方公司基于知识库、模型库、工具库建设，以及资源共享的工业云平台，为模具制造企业提供 CAD 与 MES 相结合的智能研发解决方案。鼎捷软件公司凭借多年 ERP 服务经验，将管理软件与物联网硬件融合，为大型或超大型企业提供系统解决方案。软控股份围绕原材料采购、中间品制造、制成品生产、产品销售需求，基于供应链各环节数字标识解析、异构系统集成等能力，促进企业信息流、资金流、物流无缝对接，为轮胎制造企业提供智能化、柔性化、系统化的供应链管理解决方案。

兰光创新：智能制造解决方案

兰光创新的智能制造解决方案是以精益生产为主导思想的软件系统，涵盖了企业生产的主要业务，包括计划管理、高级排产、作业管理、现场信息管理、协同制造、设备管理、物料管理（齐套分析，产品 BOM 管理）、质量管理、工具管理、决策分析等，并通过与上游管理系统如 ERP、PDM、CAPP 等的集成，实现企业生产从设计到制造的一体化集成。

该方案通过图形化的计划编制、派工、数据自动采集和资源管理等环节的集成，建立了一个高效的信息管理系统，实现各个环节中数据的信息共享，减少传统的纸张传递过程，降低出错率。以图形化计划为源头，以设备的数据自动采集为技术核心，以基础数据、生产资源为基础，对生产计划进行拆分、管理、下达，通过精细管理对计划执行情况进行监控，将生产计划、车间执行、生产数据采集、生产信息反馈等数据流转形成一个

闭环。实现快速响应计划变更，及时追溯产品制造过程信息，做到了生产管理透明的最大化，大大减轻管理人员及一线员工的工作量，提高了工作效率。

该方案提供专家级的决策支持，通过对海量数据的挖掘，对计划、生产执行、工艺文档、库存、在制品、质量、设备状态等信息的统计分析及查询功能，并即时生成丰富的图表，为企业管理人员从海量数据中提取出所需的准确数据，从而为做出科学的决策提供重要依据。同时，也提高了统计效率，降低管理成本，减少日常报表，丰富企业各级人员对信息化的认识，促进企业管理优化意识，提高人员素质。

该方案的成功实施，将在国内建成领先的智能工厂，并会明显提高企业的生产运营效率，达到平衡供需、降低成本、降低库存、减少库存占用资金的效果，并实现加强生产现场控制，实时掌握生产进度、追溯生产过程，为企业领导提供决策支持，从而全面提高生产控制和管理理念。

三、从提供平台服务向提供线上、线下相结合的智能制造解决方案演进

互联网平台型企业分别依托各自的服务资源优势，充分对接用户需求和制造需求，积极打造线下制造资源线上配置的新型生产方式。阿里巴巴推出“淘工厂”业务，通过线下工厂数据化、工厂产能商品化的模式，从提供电子商务交易平台演进为提供用户深度参与、供应链高度协同、迭代式创新的制造智能化、柔性化、定制化解决方案。北京市计算中心从仅提供高性能计算平台演进为与其他信息技术企业联合提供工业云服务。

北京市计算中心的PLM数字化解决方案

北京市计算中心为中国造纸装备有限公司提供的PLM数字化解决方案，为企业打造了设计、工艺、生产、销售一体化的集成平台，使企业业务运转更加顺畅。一是以项目管理为核心创建产品研发协同管理平台，采取项目过程驱动产品数据管理思想，建立产品协同开发环境和考核体系。

二是建立了基于产品全生命周期的企业设计、工艺、制造、售后等一体化流程协同工作环境，实现产品数据的协同管理和产品研发生产周期的有效缩减。三是创建基于 ECR/ECN 驱动的设计和工艺协同变更的闭环反馈体系，方便企业参考全球最佳企业变更管理模型，结合自身实际变更业务流程，快速制订出变更管理模型和变更流程，对更改的来源、范围、执行、评审、通知等业务进行闭环管理。四是建立企业级统一资源管理体系，实时掌控 ERP/MES 等生产管理系统物料数据，输入统一的物料编码信息，提高数据复用率、设计和工艺水平及效率。五是建立柔性产品数据管理体系，将设计数据、工艺数据、更改信息等数据与零件信息进行有效的关联，以零部件为核心、以产品结构树为主线构建多种产品信息视图，实现产品设计、工艺、生产和制造等一体化管理。

第三节 提升行业系统解决方案能力面临的问题

一、CPS 和系统集成技术自主发展能力不足

CPS 共性技术要素包括嵌入式系统、工业控制系统、研发运营及管理软件、供应链系统、协同制造系统、工业数据集成平台等新型工业软硬件，系统解决方案方案涉及软硬件多层面的融合，涵盖跨系统、跨平台的资源整合、数据互通、实时共享等，对纵向集成、横向集成和端到端集成的技术能力要求颇高。但是，从目前我国发展情况来看，嵌入式系统开发、虚拟仿真、工业数据集成平台等 CPS 关键技术领域均缺乏核心企业，主流嵌入式开发工具如 Keil、Realview、VisualDSP、Xilinx Platform 等都源自国外企业，虚拟仿真软件主要被 PTC、达索、GE、西门子等国际巨头垄断，GE、西门子等企业在工业数据集成平台上的部署也已抢占先机。相比之下，我国企业在 CPS 关键技术上自主研发投入不足，核心技术缺失，同时对特定行业业务流程认识不足，系统集成与专业业务的适配度不高，导致系统解决方案能力“空心化”发展。

二、系统解决方案服务供给水平不高

目前，国内智能制造解决方案大多为面向特定行业的通用型解决方案，不能满足企业的个性化需求，供给水平整体偏低。离散制造方面，其生产制造过程较为复杂，各行业生产线、车间工厂对解决方案的需求差别较大，系统解决方案提供商在制造执行系统（MES）集成方面存在短板，针对多品种、小批量离散制造业的生产过程智能控制解决方案定制化程度不够高，难以大规模普及推广。流程制造方面，其生产过程智能控制相对简单，解决方案易于普及推广，拥有较为成熟完善解决方案的国外企业始终占据市场主导地位，而国内企业仅仅关注 ERP、PDM、CAPP、CAD/CAM 等系统建设，对 MES 系统建设的认识不足，人力物力投入不够，往往只实现了现场生产数据采集、质量信息管理等局部几个模块的简单应用，尚未出现能够打通整个架构体系的系统解决方案提供商。

第四节　行业系统解决方案发展趋势

一、系统解决方案领域的并购与合作将更加活跃

智能制造发展具有复杂性、系统性特征，涉及执行设备层、控制层、管理层、企业层、云服务层、网络层等企业系统架构，需要实现纵向集成、横向集成和端到端集成。受限于资金投入不足、技术研发周期较长及工艺壁垒等因素，单个系统解决方案提供商很难满足所有细分行业智能制造发展需求，因此越来越多的装备制造企业、关键器件企业、软件和信息服务企业、互联网企业等开展跨界合作与并购重组，通过优势互补、协同创新强化智能制造系统解决方案自主提供能力。日本欧姆龙公司高价收购美国爱德普公司，通过整合爱德普在智能工业机器人领域的技术和产品优势，为汽车、数字设备、食品饮料加工和包装等行业提供完整的系统解决方案。英特尔公司将其 McAfee 安全技术与霍尼韦尔公司的工业网络安全解决方案相结合，为客户提供了包括增强版安全软件、企业安全管理器和新一代防火墙等在内的整体解决方案，以保护其控制系统免受恶意软件侵扰。趋势科技公司耗资 3 亿美元收购惠普公司旗下的网络安全业务 TippingPoint，通过对双方安全产品和业务的整合，为客户提供跨越终端、网络数据中心和云端的信息安全服务与解决方案。

二、系统解决方案服务将成为领先制造企业新的利润增长点

近年来，领先制造企业积累了行业内相当程度的专业化知识、技术、能力，同时凭借其自身对行业工艺的深入理解，自用智能制造系统解决方案日趋成熟。面对智能制造巨大的市场空间，这些领先制造企业趋向于将自用解决方案提供给具有共性需求的同行业其他用户，寻求新的业务增长点。深圳雷柏科技公司是全国第一大无线键盘、鼠标生产商，从 2013 年起将自身成熟的智能工厂解决方案作为独立业务对外提供，已在手机、导航仪、遥控器等领域发展数十家客户。无锡贝斯特公司在汽车行业关键零部件研发制造领域具有 20 年实践经验，已能够面向市场提供汽车行业智能工厂建设的系统解决方案。

三、创新运营模式成为系统解决方案提供商持续发展的重要手段

由于建设成本高、服务周期长、更新换代快等诸多因素，系统解决方案提供商普遍面临着盈利难的困境。经营的压力使得提供商通过创新不断改进运营模式，以巩固和增强竞争优势，其创新的切入点主要有四个方面：一是将服务架构向云端转移，采取定制服务收费方式获得持续收益；二是通过收购、合并战略性新兴企业，不断向大数据、移动应用、物联网应用、社交应用等新兴服务领域拓展；三是坚持开源，通过众包众创实现应用服务的迭代创新；四是与用户企业、硬件企业及产业链上下游企业建立联盟，对接用户需求，加强软硬一体化综合解决方案建设，开展核心技术协同研发和产业间协作，进一步扩大市场空间。

四、系统解决方案将成为地方发展智能制造生态圈的关键抓手

对于地方政府来说，鼓励信息技术厂商与制造企业用户针对行业智能化发展的共性关键技术开展联合研发，并围绕典型企业开展推广示范，能有效强化智能制造系统解决方案本土供给能力，有助于构建、完善地方智能制造生态圈，推动区域制造业结构升级与经济增长。浙江省政府以省级装备高新区为载体实施装备电子产业技术创新综合试点，成立装备电子重点企业研究院，支持信息技术企业与制造企业围绕智能制造开展联合攻关，并利用“全省高新区推进装备电子（软件）产业技术创新座谈交流会”平台推进供需对接和成果推广，目前已培养出一

批各具发展特色及竞争实力的解决方案厂商，其中绍兴瑞群的智能机器人印花打样系统属于全球首创。

第五节　提升行业系统解决方案能力的重点方向

一、推进信息物理系统关键技术研发及产业化

以信息物理系统标准体系为引领，优先开展基础关键标准研究。开展信息物理系统标准化研究，围绕基础共性标准、关键技术标准和重点领域标准构建信息物理系统的标准体系，确定推进标准化工作的路线图。要从系统工程方法论的角度对信息物理系统建立全面、统一的认识和理解，优先制定参考模型、功能架构等基础标准；以创新思维开展工业软件、数据和数据链等关键技术标准的研究，确保数据的有效、可追溯、集中管理，软件的总线化互连互通，网络通信的实时、安全、可靠等。信息物理系统的典型逻辑架构如图 9-3 所示，概念模型如图 9-4 所示。

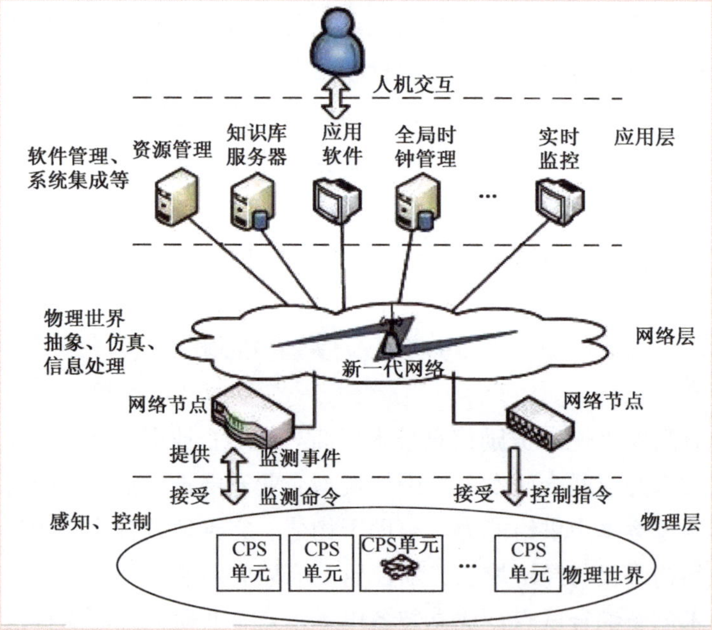

资料来源：搜狐公众平台品牌观察，2015 年 9 月

图 9-3　信息物理系统的典型逻辑架构

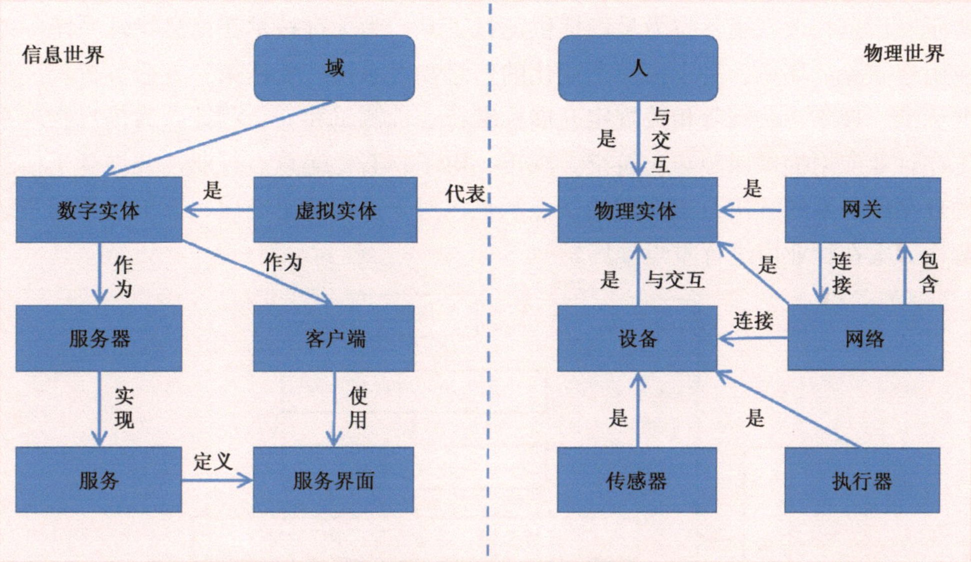

资料来源：赛迪智库整理，2016 年 7 月

图 9-4　信息物理系统的概念模型

以关键技术研发为突破，加快产业化步伐。重点突破信息物理系统物理仿真、实时以太网、并行计算、人机交互、云计算中间件、系统自治、系统组件、系统安全等关键核心技术，夯实发展信息物理系统的技术基础。发展支撑制造业设计、工艺、仿真、控制、生产制造、管理和服务等业务的全生命周期工业软件研发，实现生产过程的动态感知、虚拟仿真优化、实时控制、状态检测与系统自适应等数字化、智能化技术的应用。推动工业软件、工业云、工业大数据、工业网络、工控安全和智能机器的综合集成应用，重视信息物理系统基础理论、核心芯片、实时以太网、嵌入式操作系统、实时数据库、系统组件、开发语言与工具、知识库等系统和开发平台的研制与推广，构建基于信息物理系统的行业解决方案。

信息物理系统的实现架构如图 9-5 所示。

二、开展行业信息物理系统应用测试和试点示范

开展测试验证是确保信息物理系统实时性、安全性、可靠性、兼容性以及系统间认证的重要手段，是验证关键技术可行性的重要依据，也是全面推动信息物理系统在行业得以应用的重要支撑和保障。通过搭建实验验证平台和测试床，汇

聚研发信息物理系统各方力量，提供测试工具，为关键技术在信息物理系统中的应用建立验证环境。对于面向产业化的信息物理系统，依托第三方服务机构，根据标准、技术、法规等相关规定开展标准符合性测试和安全测评，为信息物理系统在行业应用提供保障。在航空、汽车、电子、石化等重点行业，开展基于信息物理系统的系统解决方案应用的试点示范，对于应用效果突出、评价优秀的系统解决方案在行业内进行重点推广。

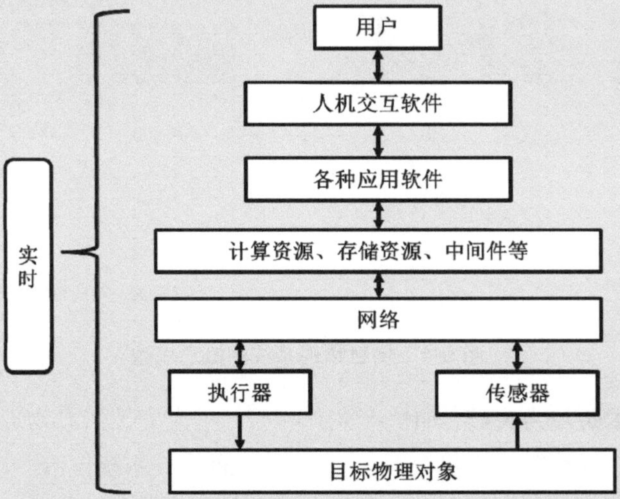

资料来源：赛迪智库整理，2016 年 7 月

图 9-5　信息物理系统的实现架构

三、开展智能制造系统解决方案的试点示范应用

信息物理系统的部署与应用是一项系统工程，既有对传统生产制造单元、设备、系统和工厂的升级改造，又需要在系统内新增子系统和子设备，因此对集成服务企业的设计、集成和实施能力提出了更高的要求。制造企业、信息技术企业、互联网企业之间要通力协作，制订出满足用户和行业需求的系统解决方案。通过信息物理系统的核心技术能力在制造单元、生产线、车间、工厂及外部协同的应用，形成一批行业的系统解决方案，提升工业软件、设计工具、生产装备、工业控制设备及工业互联网等单元、设备和系统在信息物理系统中的综合集成能力。

四、加强工业信息系统安全保障体系建设

工业信息安全保障体系建设是我国关键信息基础设施保护的重要组成部分，是“互联网+”制造业健康有序发展的基石。所以要建立信息安全、功能安全、本质安全和公众安全的工业信息系统安全标准体系，开展标准验证工作，从管理、技术、应用等方面支撑产业发展。开展重点领域工控系统信息安全检查和风险评估，研发信息安全检测工具，实现现场检测、评估能力，支撑我国工业系统安全防护工作。支持工控系统信息安全核心技术和产品研发和产业化，扶持国产技术和产品发展，从根本上解决工业系统的安全可靠。建设工业信息系统安全实验室，支持建立能源、电力、石化、轨道交通等多个领域信息安全仿真测试平台和检测预警平台，对工业系统的在线风险开展监测工作，感知暴露在互联网上的工控软硬件，建立大数据风险关联分析平台及时发现互联网工控软硬件安全风险，对企业、行业和国家的风险态势进行可视化感知、预警及应急处置，为国家工业系统网络安全审查、网络安全检查等重点工作提供技术保障。

政策篇

- 完善融合发展体制机制
- 培育国有企业融合发展机制
- 加大财政支持融合发展力度
- 完善支持融合发展的税收和金融政策
- 完善产业用地政策
- 健全融合发展人才培养体系
- 推动融合发展国际合作交流

第十章　完善融合发展体制机制

完善体制机制是推动制造业与互联网融合发展的必然要求和关键举措。随着制造业与互联网在深度和广度上的进一步融合，基于互联网的新产品、新模式、新业态不断涌现，其健康发展需要更加完善的制度环境，需要在市场准入、产学研用合作、知识产权保护等方面取得突破。在准入方面，融合性产品和服务存在着准入门槛比较高的问题。在监管方面，也存在过程比较复杂、效率比较低等问题。在产学研用结合方面，还缺乏有效的组织形式，将产学研用各方的优势和资源充分整合起来形成长效机制。在知识产权保护方面，因相关法规政策缺失，导致投入巨大的创新成果轻易被侵权仿冒。要解决这些问题，必须进一步深化改革，调整和完善相关政策措施，着力破解制度藩篱，构建与互联网时代相适应的体制机制，营造良好发展环境。

第一节　融合发展要求加快完善机制体制

当前，条块分割的行业管理模式、各自为政的公共服务模式、藩篱林立的市场壁垒，都严重制约着互联网与制造业在更广范围、更深层次上的融合，亟待构建适应融合发展需求的体制机制。

一、亟须推进简政放权、放管结合、优化服务改革

随着制造业与互联网融合发展步伐加快，新技术、新模式、新业态、新产业不断涌现，产业间的边界日益模糊，但是现有机制、体制缺乏对跨界产业和融合性业务、产品等的支持，在一定程度上增加了企业的创新成本。例如，相关行业审批流程长，审批速度慢，审批效率低，阻碍了新业务的开展，影响了新产品进入市场的速度。对于新兴业态来说，企业资质认定门槛较高，在一定程度上造成

企业无法享受优惠政策，增加了新产品研发成本。为加快推进制造业与互联网在发展理念、业务模式、生产体系、技术、产品等全方位的融合，亟须推进落实简政放权、放管结合、优化服务改革，减少非行政许可审批和资质资格许可，在合理范围内最大程度降低融合业务进入壁垒，营造有利于制造业与互联网融合发展的环境。

二、亟须创新产学研用合作模式

目前制造业与互联网融合的广度和深度不断拓展，融合技术、应用和产业进入新一轮快速发展期。然而，参与融合发展的各方力量尚未充分整合，适应融合发展的长效机制尚未形成。特别是融合发展需要加强共性技术攻关、尽快完善融合标准规范、全面加强公共服务平台建设。解决上述问题，亟须发挥行业协会和中介组织的桥梁纽带作用，建立跨行业、跨领域新型产学研用联盟。当前产学研用尚未形成合力，科研力量主要集中在大学和科研机构，而科研机构很少参与企业的产品研发，而企业创新能力薄弱，面临着“需求与能力相矛盾”的尴尬，因此导致大量科研活动与产业发展脱节，数科研成果往往止步于产业化前夜。同时，现有的产学研用组织形式单一，简单项目合作多，单向委托多，双向、多向互动少，各方积极性尚未得到有效调动。此外，一些产学研用联盟还存在组织形式松散、运行机制不健全、创新成果商业化得不到保障等问题。产学研用各方有各自的追求，必须用一套与之相符的机制，才能让它们形成合力。

三、亟待加强知识产权保护

制造业与互联网融合发展给传统的知识产权保护构成诸多的挑战，需要深入思考制造业与互联网融合背景下的知识产权保护方式和方法。在制造业与互联网融合环境下，知识产权保护最大的挑战在于很难界定侵权行为的边界及其责任主体。过去一个产品可能只有一家企业生产，但现在可能有成百上千家企业参与，消费者甚至可借助 3D 打印通过云端下载设计文件和软件开展制造。在这种形势下，一旦发生侵权行为，很难判断产品到底由谁在哪里生产，由此也很难追究侵权行为的责任主体。此外，加强知识产权保护，仅仅着眼维护企业的产品和技术不被侵权是不够的，更重要的是通过知识产权保护来实现科技成果的产权化、商品化和产业化。我国发明专利申请量多年位居世界第一，但知识产权大而不强、多而不优，迫切需要建立一个高效完善的知识产权运营服务网络来加快创新成果转化为企业和产业竞争力。目前国内的知识产权运营服务在行业规模、服务能力、管理水平等方面还存在不足，需要进一步发挥各种知识产权运营组织力量，加强知识产权运营机构间的协同创新，促进科技成果切实转化为现实的生产力。

第二节　完善融合发展体制机制的举措

为解决融合发展面临的机制体制的制约，满足融合发展的新需求，《指导意见》明确提出要从三个方面完善融合发展机制体制：一是围绕营造有利于制造业与互联网融合发展的环境，深入推进简政放权、放管结合、优化服务改革，放宽新产品、新业态的市场准入限制，加强事中、事后监管；二是鼓励产学研用联盟等中介组织开展关键技术攻关、提供公共服务；三是加强适应新商业模式的知识产权保护，完善相关政策法规，建设结构合理、层次分明、可持续发展的知识产权运营服务网络。

一、深入推进简政放权、放管结合、优化服务改革

【原文】深入推进简政放权、放管结合、优化服务改革，放宽新产品、新业态的市场准入限制，加强事中事后监管，提升为企业服务的能力和水平，营造有利于制造业与互联网融合发展的环境。

深入推进简政放权、放管结合、优化服务改革是充分发挥市场作用，降低融合性新产品、新业态的市场准入限制和行业壁垒，增强制造业企业融合发展内生动力的重要举措。李克强总理指出，所有审批和监管必须主动适应培育发展新动能的要求，不能没看清楚就套上“枷锁”，要善于倾听市场的呼声，为新兴生产力的成长创造条件。

按照“坚持企业主体，构筑发展新环境”的基本原则，《若干意见》要求优化政府服务，营造有利于融合发展的环境：

一是深化简政放权、放管结合、优化服务改革。进一步加大行政审批事项取消和下放力度，全面清理非行政许可审批，对确需设置的行政审批事项，有关部门要根据审批权限，规范审批权责和标准，精简前置审批，实现审批流程优化、程

序规范、公开透明、权责清晰。

二是放宽新产品、新业态的市场准入限制。可参照2016年5月国家发展改革委、商务部印发的《市场准入负面清单草案（试点版）》，对市场上出现的融合性新技术、新产品、新业态、新商业模式等，先不急于纳入市场准入负面清单管理，各类市场主体皆可依法平等进入融合性新产品、新业态等领域，政府不再审批。

三是加强事中、事后监管。对于以融合发展为载体的经济活动，在制定监管政策时，要确立“以发展为主”的原则，优化监管过程。相关部门要调整完善发展规划、产业政策和标准规范，严格依法设定“红线”，加强事中、事后监管。对纳入监管的业务，要确保管得住、管得好、管得有效率。

二、积极发挥产学研用联盟等中介组织的桥梁纽带作用

【原文】适应制造业与互联网跨界融合发展趋势，积极发挥行业协会和中介组织的桥梁纽带作用，鼓励建立跨行业、跨领域的新型产学研用联盟，开展关键共性技术攻关、融合标准制定和公共服务平台建设。

产学研用联盟、行业协会、中介组织是联系政府、企业、用户、市场的桥梁和纽带，是推动参与融合发展的各类主体形成合力、提高创新能力的重要推动力量，是助推制造业与互联网融合发展的基础条件和有效手段。习近平总书记在网络安全和信息化工作座谈会上指出，“关于组建产学研用联盟的建议很好，要推动强强联合、协同攻关，要把最强的力量积聚起来共同干，组成攻关的突击队、特种兵”。按照“坚持创新驱动，激发转型新动能”的基本原则，《若干意见》要求积极发挥行业协会、中介组织、产学研用新型联盟的桥梁纽带作用，充分聚合各方力量和资源，助推制造企业与互联网企业跨界融合发展：

一是构建产学研用合作创新体系。依托产学研用联盟、行业协会、中介组织，围绕融合性关键技术研发、融合标准制定、公共服务平台建设，加快建立共享基础设施，完善政产学研用协同创新机制、利益共享和激励机制，防止技术壁垒和行业垄断，优化配置创新资源。

二是推进企业与大学、科研机构开展深度合作。探索建立以资本和技术为纽带的产学研用战略联盟。由核心企业联合出资，联合多方力量共同成立关键共性

技术研发投资公司。通过建立合理可行的激励机制、风险与利益共担机制、资本型协作机制，实现产学研用合作由短期、松散、单项合作向长期、紧密、系统合作的转变。

二是培育产学研用联盟价值链。构建促进融合性产品、业务、关键核心技术攻关、市场化应用的价值链，引导更多的企业在共性基础技术平台开展应用创新，支持更多企业适用和兼容共性技术标准，开展产业化应用和市场化运作。

三、加强融合发展领域知识产权保护

【原文】围绕新商业模式知识产权保护需求，完善相关政策法规，建设结构合理、层次分明、可持续发展的知识产权运营服务网络。

知识产权保护是保护创新成果与促进创新成果运用的有机结合，也是提高知识产权管理水平、促进创新的重要举措。《若干意见》要求适应制造业与互联网融合发展要求，围绕促进商业模式创新，强化知识产权保护，建立健全相关政策法规，建设知识产权运营服务网络，加强知识产权创造和运用，发挥知识产权对融合发展、新型商业模式的支撑作用。

一是加强对融合发展创新成果的知识产权保护。围绕促进商业模式创新，研究制定融合发展催生的新模式、新业态、新技术、新产品的知识产权保护政策。推进“双创”研究成果、在线创意等申请知识产权保护。鼓励和支持企业运用知识产权参与市场竞争。运用技术手段加强融合发展创新成果的知识产权执法。加强知识产权相关法律法规、典型案例的宣传培训，增强企业知识产权意识和管理能力。

二是建立结构合理、层次分明、可持续发展的知识产权运营服务网络。围绕促进融合创新成果知识产权创造、利用、流转、交易等服务，按照“需求导向、盘活存量、多方参与、协同发展”等原则，构建面向制造业与互联网融合创新发展的知识产权运营服务网络体系，打通知识产权、资本和产业之间的通道，促进知识产权灵活运用和创新成果转化。改造提升现有的科技园、高新技术产业园、大学科技园、科技企业孵化器基地等知识产权公共服务平台，加强政策引导和制度规范，丰富平台功能，提升平台服务能力。

第十一章　培育国有企业融合发展机制

国有企业是国民经济的重要支柱，是制造业发展的重要主导力量，是深化制造业与互联网融合的主力军。在以互联网为代表的新一代信息技术与制造业加速融合的进程中，国有企业将面临前所未有的国际竞争和转型升级的巨大挑战，深化国有企业改革是发展新经济、加快“中国制造”提质增效升级的重要举措。《指导意见》提出要建立有利于国有企业与互联网深度融合、激发企业活力、积极开展“双创”的融合发展机制。

第一节　培育融合发展机制是激发国有企业创新活力的重要保障

一、设立创新投资基金为国有企业开展融合创新注入活力

资本是创新活动早期必不可少的资源，目前创新投入资金来源单一的问题在一定程度上阻碍了国有企业融合创新的步伐。制造业与互联网融合创新的多数工程和项目具有投入大、周期长等特点，尤其是重大领域核心基础研究的创新，其风险和收益的不确定性更高，在早期投入阶段面临的融资难度更大。设立创新投资基金，积极利用政府引导基金、风险投资基金和私募股权基金，拓宽创新活动的融资渠道，引入市场化激励机制，有利于推进国有企业创新成果的产业化和商业化，为国有企业开展融合创新注入新的活力。

二、加快国企改革有利于破除制造业与互联网融合的体制机制障碍

在推进制造业与互联网融合发展的进程中，国有企业仍然存在一些制度障碍。部分企业市场主体地位尚未真正确立，现代企业制度还不健全，国有资产监管体

制有待完善，国有资本运行效率需进一步提高；部分企业管理混乱，内部人员控制、利益输送、国有资产流失等问题突出，资本市场在融资渠道、股权激励等方面作用未能有效发挥，这都在一定程度上制约了国有企业融合发展的进程。以国企改革破除融合发展的体制机制障碍，将有利于激发国有企业的创新活力、发展潜力和转型动力，有利于推动国有企业互联网“双创”平台建设、创新创意孵化、科技成果转化和新兴产业培育。

第二节　深化制造业与互联网融合要求加快培育国有企业融合发展机制

一、融合发展需要国有企业抢抓“双创”新机遇

习近平总书记多次强调指出，“科技是国家强盛之基，创新是民族进步之魂，科技创新是提高社会生产力和综合国力的战略支撑”。企业是技术创新的主体，是实现创新驱动发展战略的主体，其中国有企业是主力军。充分激发国有企业的创新能力，对中华民族成功跨越“中等收入陷阱”、实现百年梦想至关重要。企业中设立的工程中心、重点实验室等国家、行业和地方的技术创新机构、企业博士后科研工作站绝大多数设在国有企业。企业中的工程院院士绝大多数来自于国有企业。截至 2014 年年底，科技部共认定国合基地 482 家，其中国际创新园 24 家、国际联合研究中心 108 家、国际技术转移中心 30 家、示范型国合基地 320 家。其中，企业为主体的国合基地共计 127 家，国有企业 84 家，占企业总数的 2/3，占国合基地总数量的 17.4%，主要分布在先进制造、先进材料、生命科学和信息技术领域。此外，大众创业、万众创新不仅是个体和中小微企业的兴业之策，也是大企业特别是国有企业的兴盛之道，是我国经济持续健康发展的新动力之源。在制造业与互联网融合的过程中，需要支持大型制造企业搭建“双创”平台，汇聚整合制造企业、互联网企业等“双创”力量和资源，带动技术产品、组织管理、经营机制等创新，提高供给质量和效率，激发制造业转型升级的新动能。

二、融合发展需要国有企业加强与民营企业合作

在制造业与互联网融合的过程中，制造企业侧重于工业生产的价值挖掘，互联网企业倾向于从贴近消费者端的营销等环节切入，制造企业中国有企业占据主

导，互联网企业中民营企业占据多数，二者优势各有侧重，需要双方互补联合发展。然而双方合作的深度却受限于隐性壁垒，尤其是对非公有制企业保护有限。例如，部分地方政府在国有企业遇到经营困难时希望民营资本参与，而当其步入正轨、盈利丰厚时，又以整顿市场秩序、规范竞争行为等为理由驱逐民营资本，随意剥夺民营企业家财产权，使得民营资本对于与国有企业联合经营产生许多担忧。虽然在混合所有制的发展政策上，国务院于2005年和2010年先后出台了《国务院关于鼓励支持和引导个体私营等非公有制经济发展的若干意见》（旧36条）和《国务院关于鼓励和引导民间投资健康发展的若干意见》（新36条），但非公有制经济在市场准入、资金信贷支持等方面仍然面临着一些看得见和看不见的歧视，存在着“弹簧门、玻璃门、旋转门、天花板”等发展障碍。因此，制造业与互联网融合的过程中，需要制造企业加强合作体制机制创新，在公平合理的基础上，吸引互联网领域的非公有制企业参与合作，充分发挥制造企业的资源优势和互联网企业的技术优势，双方携手推动制造业与互联网步入深度融合。

三、融合发展需要国有企业创新人才激励机制

当前，我国国有企业现行的激励机制未能充分激发员工潜能，其背后原因主要体现在两方面：一是国有企业产权主体缺位。国有企业的经营管理者是代表国家和人民对国有资产进行经营和管理的人员，他们不是企业的所有者，企业的真正主人是国家和人民。国有企业的这一特点造成主体缺位的现象。在对国有企业的管理和经营中，企业管理人员缺乏天然的动力，企业的经营效果对他们的自身利益没有影响或者影响很小，这导致了他们不能拿出全部精力和投入更大的心思去经营企业。领导尚且不能在科学合理的激励机制下工作，员工的激励也肯定会大受影响。总之，产权主体的缺位造成了领导人在工作中拥有较大的随意性，会使得企业的激励机制受到很大程度的影响。二是员工激励机制不够完善。很多国有企业激励机制仅仅限于对于普通员工的激励。这种理念上的偏差造成众多国有企业虽然制订了完善的员工激励机制和具体措施，但是始终难以贯彻落实下去，成为一纸空文。事实上，激励机制不仅仅是针对员工的激励，对于各级管理者同样也具有高效的激励作用，一个合理的、科学的激励机制应当对企业内的所有人员都产生激励效应。因此，在制造业与互联网融合的过程中，需要国有企业加快改革人才激励模式，从企业责任人、各级中层干部到普通员工，制订更富针对性、多样化、科学性的激励机制，确定合理的薪酬水平、职务待遇、职务与业务消费。

只有这样，才能有效激发员工的工作热情，吸引更多的人才到企业当中，从而激发国有企业发展活力。

第三节 培育国有企业融合发展机制的举措

【原文】培育国有企业融合发展机制。研究设立中央企业创新投资基金，引导地方产业投资基金和社会资本，支持大企业互联网“双创”平台建设、创新创意孵化、科技成果转化和新兴产业培育。深化改革，形成有利于国有企业与互联网深度融合、激发企业活力、积极开展“双创”的机制，完善国有企业内部创新组织体系和运行机制，探索引入有限合伙企业制，加快建立鼓励创新、宽容失败的经营业绩考核机制，研究建立中央企业创新能力评价制度，建立促进创新成果转让收益分配、工资奖励等制度，对做出重要贡献的技术人员实施股权和分红激励政策。

一、研究设立中央企业创新投资基金

以国有资本为引导，广泛吸收社会资本，探索设立企业级科技创新基金、行业级产业发展基金、国家级引导基金三个层次的中央企业创新投资基金，依靠新型投融资形式，突破企业发展瓶颈和行业发展短板，实现科技和资本的有机结合，多方式筹措创新投入，分担创新风险，提高创新收益，推动企业在创新发展上不断实现新突破。

二、深化国有企业体制机制改革

以组织机制变革消除国有企业融合发展的瓶颈。一是探索引入有限合伙企业制度。推广有利于“双创”的新型企业制度，推动人才和资本的有机结合，促进出资人与创新主体信息对称、权责对称、激励约束对称，转换国有企业创新发展机制，完善国有创投机构激励约束机制。二是引入互联网领域的非国有资本参与国有企业改革。鼓励互联网领域的非国有资本投资主体通过出资入股、收购股权、认购可转债、股权置换等多种方式，参与国有企业改制重组或国有控股上市公司增资扩股以及企业经营管理。实行同股同权，切实维护各类股东合法权益。三是

鼓励国有资本以多种方式入股互联网领域的非国有企业。充分发挥国有资本投资、运营公司的资本运作平台作用，通过市场化方式，以公共服务、高新技术、生态环保、战略性产业为重点领域，对互联网领域发展潜力大、成长性强的非国有企业进行股权投资。鼓励国有企业通过投资入股、联合投资、重组等多种方式，与互联网领域的非国有企业进行股权融合、战略合作、资源整合。

三、鼓励国有企业完善人才激励机制

以合理有效的人才激励机制进一步激发国有企业发展活力。一是进一步加强国有企业领导班子建设。加强对国有企业领导人员尤其是主要领导人员的日常监督管理和综合考核评价，及时调整不胜任、不称职的领导人员，切实解决企业领导人员能上不能下的问题。以强化忠诚意识、拓展世界眼光、提高战略思维、增强创新精神、锻造优秀品行为重点，加强企业家队伍建设，充分发挥企业家作用。二是强化多样化人才引进和培养。互联网与工业的跨界融合创新，需要多样化的人才作保障。要大力实施人才强企战略，加快建立健全国有企业集聚人才的体制机制。全面改革人才引进机制，破除不利于人才发展、束缚人才成长的制度障碍，培育有利于人才培养和发展的职业环境。完善人才激励机制，注重制造业与互联网融合的人才创业创新引导，制定更加开放、有效的人才激励政策，建立适用的人才奖励基金。三是探索实行国有企业员工持股。支持对企业经营业绩和持续发展有直接或较大影响的科研人员、经营管理人员和业务骨干等持股。员工持股主要采取增资扩股、出资新设等方式。健全审核程序，规范操作流程，严格资产评估，建立健全股权流转和退出机制，确保员工持股公开透明，严禁暗箱操作，防止利益输送。

第十二章　加大财政支持融合发展力度

在实施深化制造业与互联网融合发展的过程中，不仅要突出企业的市场主体地位，发挥市场在资源配置中的决定性作用，而且要充分发挥政府的引导作用，立足于国家发展长远利益来进行有目的、有计划的政府调控，利用“看得见的手”对制造业与互联网融合的重点领域进行战略规划和宏观决策，从宏观层面和全局发展上配置重要资源，加强政府财政支持，实施重大工程，开展试点示范和加强组织领导，促进制造业与互联网融合的顺利开展。

第一节　加大财政支持是科学引导融合发展的重要支撑

一、财政支持有助于加速融合性技术创新

要实现制造业和互联网深化融合，就必须加强企业的技术创新，充分释放科技创新拉动传统制造业转型升级的潜力。创新是推动一个国家和民族向前发展的重要力量，也是推动整个人类社会向前发展的重要力量。面对全球新一轮科技革命与产业变革的重大机遇和挑战，面对经济发展新常态下的趋势变化和特点，面对实现“制造强国战略”奋斗目标的要求，必须加强制造业和互联网融合企业技术创新，加快实施创新驱动发展战略。

充裕的资金支持对制造业与互联网融合企业的技术创新具有巨大的推动作用。资本市场是支持企业技术创新的重要平台，技术创新高度依赖于资本市场的发展，资本市场能为创新提供价格发现和融资供给，也能为创新提供成本补偿和

风险分担，还能为创新的各个阶段提供相应的特殊支持。

政府通过财政支持，可以纠正“市场失灵”，充分释放企业创新潜力。技术创新具有一定的公共品性质，完全由市场配置是非常低效的，这就决定了必须由政府参与其配置。由于技术创新活动所具有的高收益性和高风险性，决定了企业技术创新收益的不确定性和不连续性，这往往抑制了企业的创新欲望。而政府运用财政支出激励政策，分担创新主体的风险成本，会提高企业创新的收益预期，为企业自主创新增强动力。在市场经济条件下，以企业为创新主体，政府可以通过财政政策，利用“看得见的手”，促使技术创新的外部效应内在化，充分释放科技创新潜力。

二、财政支持有助于引导资本流向融合发展薄弱环节

政府财政支持具有较强的资本导向作用，可以扶持处于创业初期的极具创新能力的制造业与互联网融合企业。目前，国内很多创业投资机构及海外基金均出现投资企业阶段不均衡的情况，多倾向于投资中后期的项目，特别是已经能看到上市前景（Pre-IPO）的企业。而处于种子期与初创期的企业具有很高的风险，正处于生死存亡的关键时刻，但却很难吸引到资金的投入。创业早期企业存在融资困难，而中后期企业资金供给相对过剩。政府通过财政支持，可以引导资本加大、加快进入处于初创期的企业，扶持一批极具创新能力、市场前景好的制造业与互联网融合的初创期企业快速成长，做强做大。

政府财政支持可以引导资金区域流向，协调区域经济发展。在单纯的市场机制作用下，经济条件优越、发展条件好的东部地区，很容易获得投资资本；而经济条件恶劣，发展越落后的中西部地区，很难获得投资资本，投资资本分布的不平衡进一步扩大了区域经济之间的差距。地区间的投资资金不平衡现象持续扩大，不利于东北、西部等老工业基地的制造业转型升级，不利于加快传统制造业新旧发展动能的转换。政府通过财政支持，可以引导社会资本流入中西部、东北等欠发达地区，流入更多的促进传统制造业改造升级的投资项目，有利于缓解区域工业经济发展不平衡，对促进制造业与互联网深化融合发展起到推进作用。

三、财政支持有助于社会资本参与融合发展

完全依赖政府资金无法有效解决制造业与互联网融合企业资本供给不足问题。2015年，财政部发布了《关于实施政府和社会资本合作项目以奖代补政策的通知》（财金〔2015〕158号），明确提出要改革和创新政府资金的供给机制和投入方式，引导和鼓励社会资本积极参与社会建设服务。政府和社会资本合作的财政支持方式，将政府引导与市场机制有机结合，有效放大财政资金的乘数效应，使政府资金发挥“四两拨千斤”的作用。

政府和社会资本合作的财政支持方式，有利于发挥财政资金的杠杆放大作用，撬动更多的社会资本参与企业投资。政府和社会资本合作的财政支持方式，将财政资金作为引导资金，通过政府信用，吸引一定比例的保险资金、社保资金等机构投资者的资金、民间资本、国外资本等社会资金聚集，形成资本供给，共同投放到经济社会发展的关键领域与薄弱环节，可以有效放大财政资金的乘数效应，为制造业与互联网深化融合提供良好的资金来源渠道。

政府和社会资本合作的财政支持方式，有利于缓解制造业与互联网融合领域的社会资本参与热情不高、资本流入少、企业募资难问题。政府通过政府和社会资本合作的财政支持方式，可以借助市场的力量放大财政资金倍数，以市场为导向，以效率为根本，定向引导社会资金进入制造业与互联网融合领域，扶持一批优秀的积极转型的制造业企业。

政府和社会资本合作的财政支持方式，有利于扶持企业发展，支持实体经济。政府通过和社会资本合作的财政支持方式，改变了以往企业只能依靠银行贷款进行融资，融资渠道单一、贷款期限较短、审批过程烦琐、抵押要求严格、债务利息压力较大的状况，更加关注企业未来的发展，与企业共同成长，分享未来的增值收益，使社会资本优先投入到经济效益高、发展前景好的企业，产能过剩、技术落后、污染严重的企业将逐步被淘汰，从而在资本层面推进供给侧结构性改革。

政府和社会资本合作的财政支持方式，有利于社会资本拓展投资领域，实现保值增值。在目前经济形势严峻的情况下，社会资本面临着资产荒、投资难问题，大量的民间资本没有渠道进行投资，只能存放在银行。金融机构同时面临着互联网金融、移动支付等新兴行业的竞争压力，也在不断寻求突破。政府设立的引导

基金，为社会资金的投资指明了方向，调动了社会资本的积极性，社会资本通过参与政府支持的项目，使得投资资金保值增值，让社会资本也能够分享我国经济发展的红利，使政策目标与社会资本盈利目标趋向一致，实现多方共赢。

第二节　融合发展要求进一步加大财政资金支持

一、融合发展要求财政资金指向性更有针对性

制造业与互联网融合发展，需要诸多核心技术、关键共性平台和大量新业态、新模式的发展为支撑，但是融合领域基础技术研发、公共服务平台搭建、新模式新业态新产品的市场培育，要耗费大量的人力、物力和财力，而且研发和创新还面临巨大的不确定性。因而，需要将有限的财政资金投入到最重要的领域，重点支持处于产业化初期、社会效益显著、但市场机制难以有效发挥作用的重大融合性技术和产品，以及外部性强、基础性、战略性特征明显的领域，以分担企业技术和市场风险。

二、融合发展要求创新财政资金支持方式

深化制造业与互联网融合，是一项持续性、广泛性、系统性工作，但过去广泛采用的直接补助的支持方式很难惠及大多数制造业与互联网融合的企业和项目，专项资金专项使用的“一刀切”方式难以满足制造业与互联网融合持续创新推进的需要。因此，需要政府资金支持方式由“补”改“投”，即由补助贴息为主，向政府股权投资、共有知识产权、创投引导基金、风险补助和投资保障等多种方式转变。

三、融合发展要求扩大资金来源渠道

制造业与互联网融合所需资金巨大，而我国目前财政支持资金的来源渠道比较狭窄，基本依赖国家预算拨款和国家债务融资，对财政资金的依赖性较大。由于国家财政收支矛盾的存在，必然产生财政支持资金相对不足的问题，从而导致财政对制造业与互联网融合的创新产业的投资不足。目前我国的社会保险基金、

企业年金及民间资本等各类资金还没有完全纳入财政投融资体系，制约了科技创新、财政投资的快速发展。

四、融合发展要求加大对中小微企业的支持

中小微企业是制造业与互联网融合的重要参与者与推动者，但是中小微企业往往创新基础薄弱、创新资源缺乏。因而，打造健康的融合产业生态，做大做强融合创新产业，需要加大财政资金向中小微企业的倾斜力度，包括支持其开展研发、成果转化、人才培养等，充分利用财政资源，调动其创业创新的积极性，激发创新活力。

第三节　加大财政支持的举措

【原文】加大财政支持融合发展力度。利用中央财政现有资金渠道，鼓励地方设立融合发展专项资金，加大对制造业与互联网融合发展关键环节和重点领域的投入力度，为符合条件的企业实施设备智能化改造、“双创”平台建设运营和应用试点示范项目提供支持。充分发挥现有相关专项资金、基金的引导带动作用，支持系统解决方案能力提升和制造业“双创”公共服务平台建设。制造业与互联网融合发展相关工作或工程中涉及技术研发、确需中央财政支持的，通过优化整合后的科技计划（专项、基金等）统筹予以支持。创新财政资金支持方式，鼓励政府采购云计算等专业化第三方服务，支持中小微企业提升信息化能力。

一、充分利用现有财政专项资金渠道

充分利用现有财政专项资金渠道，加强对互联网与制造业深化融合的支持。一是积极利用现有专项资金渠道。鼓励企业申请工业转型升级资金、国家集成电路产业投资基金、中小企业发展基金、新兴产业创投资金等专项资金和基金，积极参与工业强基重大工程、智能制造重大工程、绿色制造示范工程、中小企业公共服务平台体系建设工程，以及“核高基”“高档数控机床与基础制造装备”“大型飞机”“民用航天”等重大科技专项，开展制造业重点领域科技研发和示范应用，促进制造业与互联网深度融合与工业转型升级。二是充分利用科技计划专项基金，

推动制造业与互联网融合的关键共性技术的研发和产业化。根据国务院发布的《关于深化中央财政科技计划（专项、基金等）管理改革方案的通知》，科技计划改革整合成五大类，新的科技计划体系包括国家自然科学基金、国家科技重大专项、国家重点研发计划、技术创新引导专项（基金）、基地和人才专项。既有各自的支持重点和各具特色的管理方式，又互为补充，通过统一的国家科技管理平台，建立跨计划协调机制和评估监管机制。针对制造业与互联网深化融合方面，制造企业比较熟悉的科技部管理的国家重点基础研究发展计划（973）、国家高技术研究发展计划（863）、国家科技支撑计划、国际科技合作与交流专项，发改委、工信部共同管理的产业技术研究与开发资金，农业部、卫计委等13个部门管理的公益性行业科研专项等，都纳入了第三大类，即国家重点研发计划。在企业创新能力提升方面，发改委、财政部管理的新兴产业创投基金，科技部管理的政策引导类计划、科技成果转化引导基金，财政部、科技部等四部委共同管理的中小企业发展专项资金中支持科技创新的部分，以及其他引导支持企业技术创新的专项资金（基金）等，都纳入了第四大类，即技术创新引导专项（基金）。

二、加大对关键环节和重点领域的投入力度

加大对制造业与互联网融合关键环节和重点领域的投入力度。一是重点支持打造两个平台。构建基于互联网的大型制造企业“双创”平台和为中小企业服务的第三方“双创”服务平台，营造大中小企业协同共进的“双创”新生态。支持设备智能化改造和制造企业“双创”平台建设运营，支持制造企业建设基于互联网的“双创”平台，深化工业云、大数据等技术的集成应用，构建新型研发、生产、管理和服务模式，支持大型制造企业开放“双创”平台，为全社会提供专业化服务，建立资源富集、创新活跃、高效协同的“双创”新生态。二是重点培育三个模式和增强三个能力。支持鼓励制造企业与互联网企业开展多种形式的跨界合作、融合发展，积极培育网络化协同制造、个性化定制、服务型制造等网络化生产新模式，增强制造企业创新活力和转型动力。支持鼓励企业增强支撑制造业与互联网融合发展的基础技术、解决方案、安全保障等能力，夯实融合发展基础，激发制造业发展新动能。三是支持应用试点示范。围绕制造业与互联网融合的关键环节，在制造企业“双创”平台、工业云平台、工业大数据服务、工业电子商务平台、行业系统解决方案、信息物理系统六个领域，选择若干应用基础好、前

景广阔、示范带动作用强的项目开展试点示范，探索融合发展路径，增强制造业转型升级新动能。

三、引导社会资本参与重大项目建设和企业技术改造

运用政府和社会资本合作模式，探索引导社会资本参与重大项目建设和企业技术改造的财政政策方式。根据财政部发布的《关于实施政府和社会资本合作项目以奖代补政策的通知》（财金〔2015〕158 号），政府和社会资本合作以奖代补鼓励政策分为两种，一是对中央财政 PPP 示范项目中的新建项目，按项目投资规模给予相应的奖励。奖励资金由财政部门统筹用于项目全生命周期过程中的各项财政支出，主要包括项目前期费用补助、运营补贴等。二是针对转型为 PPP 项目的地方融资平台公司存量项目，财政部将在择优评选后，按照项目转型实际化解地方政府存量债务规模的 2%给予奖励，奖励资金纳入相关融资平台公司收入统一核算。探索在制造业与互联网融合领域，引入社会资本参与。例如，鼓励地方政府先采取竞争性方式择优选择具有投资、运营管理能力的社会资本，随后政府与社会资本拥有者双方按照平等协商原则订立合同，明确责权利关系，之后社会资本参与制造业和互联网融合的项目建设或技术创新，政府依据项目建设效果或技术创新成果，向社会资本支付相应对价，从而保证社会资本获得合理收益，实现各方利益最大化。政府和社会资本合作模式有利于充分发挥市场机制作用，提升制造业与互联网深化融合的质量和效率。

四、创新风险补偿机制支持融合创新

落实和完善使用首台（套）重大技术装备等鼓励政策，健全研制、使用单位在产品创新、增值服务和示范应用等环节的激励约束机制，通过保险补偿支持国产首台（套）重大技术装备示范应用等，推动制造业创新产品的研发和规模化应用。首台（套）重大技术装备保险补偿机制坚持“政府引导、市场化运作”原则，由保险公司针对重大技术装备特殊风险提供定制化的首台（套）重大技术装备综合险，承保质量风险和责任风险。装备制造企业投保，装备使用方受益，中央财政对符合条件的投保企业保费适当补贴，利用财政资金杠杆作用，发挥保险风险保障功能，降低用户风险，加快首台（套）重大技术装备推广应用。同时，鼓励

保险公司创新险种，扩大保险范围，为促进重大技术装备发展提供保险服务。鼓励保险公司自主组成共保体按照示范条款开展首台（套）重大技术装备综合险承保业务，风险共担、收益共享。制造企业可与共保体中的保险公司签订投保合同，保险赔款由出单公司先行支付。符合要求的保险公司也可单独承保，统一使用首台（套）重大技术装备综合险示范条款。

第十三章　完善支持融合发展的税收和金融政策

当前，制造业与互联网的融合日益加深，创新明显加速，但制造业与互联网融合新平台、新机制、新模式和新基础的开拓通常具有前期投入大、风险高等特点，大部分企业特别是中小企业难以独自承受。同时，一些基础性技术、平台以及战略性领域或环节等是融合发展不可或缺的部分，但因投入回报期长、见效慢、市场需求小等因素影响，导致资金投入严重不足。因此，推动制造业与互联网融合发展，除了要发挥市场在资源配置中的决定性作用，突出企业的市场主体地位，更要立足于国家发展长远利益，发挥政府的调控职能，对制造业与互联网融合发展关键环节和重点领域进行战略规划和宏观决策，从宏观层面和全局发展上配置重要资源，加大税收优惠、完善融资服务，为制造业与互联网融合营造良好环境。

第一节　税收金融政策是减轻企业税负、激发创新动力的重要抓手

一、全面推开营改增改革试点是制造企业减轻税负的重大举措

一直以来，我国对第二产业的产品销售和加工修理修配劳务征收增值税，对第三产业的服务业征收营业税。营业税是对在中国境内提供应税劳务、转让无形资产或销售不动产的单位和个人，就其所取得的营业额征收的一种税。营业税属于流转税制中的一个主要税种，以纳税人收入全额作为计税基础，乘以适用的税率计算应纳税额。营业税的税率较低，但其税负却容易向下游转嫁，每经过一道流通环节就要纳一次税，重复征税问题比较突出。增值税是对从事货物销售或提供加工、修理修配劳务、从事进口业务的单位和个人取得的增值额为征税对象进行征收的税种。增值额是企业在生产经营过程中新创造的那一部分价值，它相当

于商品价值扣除生产经营过程中消耗的生产资料转移价值之后的余额，即劳动者新创造的部分，也就是说，增值税是以第二产业中的工业和第三产业中批发零售业的增加值为税基。

全面实施营业税改增值税政策，一是有助于促进国民经济各行业的均衡发展。增值税和营业税的征税范围具有明显的行业性，而且两者对税制要素的具体规定存在较大差异，使得行业间的税负出现了实质性的差别。实行“营改增”改革，有助于实现各行业间的税负均衡。二是有助于深化产业分工。营业税是按照交易额征税，增值税实行“抵扣法”制度，两者制度差异大。营业税由于无法抵扣上一环节的进项税额，按收入全额缴纳营业税，而且还实际承担了外购固定资产价款等增值税进项税额，不利于专业化分工的推行。实行“营改增”，克服了重复征税问题，优化了增值税制度，有助于制造业企业开展新业务、打造新平台、培育新模式。三是有助于优化增值税制度，完善增值税抵扣链条。在未进行“营改增”的情况下，实行营业税制和增值税制的行业实行不同的货物劳务税制度。实行营业税的行业，无法纳入到增值税的抵扣链条当中，增值税纳税人无法进行购入劳务的进项税额抵扣，存在着抵扣链条被人为中断和重复征税问题。全面实施营业税改增值税政策，能够解决抵扣链条中断的问题。

二、完善研发费用加计扣除政策为制造企业开展研发活动的注入活力

研究开发费用税前加计扣除是指企业开展研发活动中实际发生的研发费用，未形成无形资产计入当期损益的，在按规定据实扣除的基础上，按照本年度实际发生额的 50%，从本年度应纳税所得额中扣除；形成无形资产的，按照无形资产成本的 150%在税前摊销。研发活动，是指企业为获得科学与技术新知识，创造性运用科学技术新知识，或实质性改进技术、产品（服务）、工艺而持续进行的具有明确目标的系统性活动。研究开发费用税前加计扣除政策适用于所有会计核算健全、实行查账征收并能够准确归集研发费用的居民企业，是一项普惠性政策。

完善研究开发费用税前加计扣除政策，一是从操作上包括政策的清晰度方面，改变原来正列举的方法为反列举的方法，规定享受税收优惠政策的研发活动，除规定不宜计入的研发活动之外，其他研发活动均能作为加计扣除的研发活动纳入优惠范围中，放宽享受税收优惠政策的研发活动范围，一些新兴业态只要不在排

除范围之内，都可以实行加计扣除；二是在原来允许扣除费用的范围基础上，将外聘人员劳务费、试制产品检验费、专家咨询费、高新科技研发保险费以及与研发直接相关的差旅费、会议费等纳入研发费用加计扣除的范围，扩大享受加计扣除税收优惠政策的费用范围。

三、完善融资服务为制造业与互联网融合发展提供支撑

金融是现代经济的核心，是支持实体经济发展的重要力量，与实体经济密不可分。在制造业发展中，金融发挥着无可替代的关键作用。党中央、国务院多次研究部署有关金融支持实体经济发展工作，国务院及相关部门出台了《国务院办公厅关于金融支持经济结构调整和转型升级的指导意见》（国办发〔2013〕67号）、《国务院办公厅关于加快融资租赁业发展的指导意见》（国办发〔2015〕68号）和《国务院办公厅关于促进金融租赁行业健康发展的指导意见》（国办发〔2015〕69号）等文件，在金融支持制造业转型升级、整合金融资源支持小微企业发展等方面实施了一系列重大政策措施，加大了对制造业转型升级关键领域和薄弱环节的支持力度，推动制造业与互联网融合发展，效果明显。

作为资源配置的重要平台，金融业具有服务和支持制造业与互联网融合发展的独特优势。无论传统制造业的转型、发展高端的先进装备制造业还是制造业与互联网融合发展，核心问题都在于有足够的资金用于研发活动。制造企业发展正处于集成创新、跨界融合的爆发期和重要再创新关键时期，这是一个动态的过程，不但需要大量资金投入，还伴随着潜在的风险和不确定性，需要大量金融中介机构为其提供全方位的金融服务。包括通过降低企业杠杆率和融资成本来帮助企业对自身组织架构进行有机改造，推动制造业数字化、网络化、智能化发展，对其研发关键核心技术、发展新业务、重塑产业生态提供有力的资金支持。因此，金融体系服务于制造业的改造升级和制造业与互联网融合发展，提升金融支持实体经济的质量和实效，培育壮大创业投资和资本市场，引导社会资本向制造业汇聚，为深化制造业与互联网融合发展提供稳定支持和良好预期，是推进“中国制造2025”，加快制造强国建设的重要条件之一。

第二节　融合发展对税收金融政策提出新要求

一、融合发展亟须打通“营改增”抵扣链

制造业在深化与互联网的融合过程中，对我国税收政策提出了新要求：既要能进一步扩大制造企业增值税抵扣范围，落实增值税优惠政策，减轻制造企业税负，又要能鼓励制造业企业基于互联网开展新业务。制造业在生产经营过程中，与消费性服务业技术、文化创意、物流运输、法律、税务咨询服务以及有形动产租赁存在千丝万缕的关系，利益关系环环相扣。上游购进材料、生产设备和下游的销售产品需要运输，产品设计研发需要高新技术企业的合作，购买专利或者新技术，新产品的销售需要广告企业的广告创意和发布，经营过程中需要法律咨询顾问，营运资金不足还要融资租赁和经营租赁，对外融资或者提交财务报告还需要注册会计师的审计服务，企业分立合并还需验资和资产评估，财务咨询服务等。营业税制是建立在传统消费性服务业的发展水平上，对现代生产性服务业的发展有着一定的制约作用，也不利于制造业和互联网的融合发展。营业税制影响制造业和现代服务业的合作。消费性服务业的税收链条：产品制造企业（增值税）——服务业（营业税）——消费者，居于中间的服务业缴纳营业税，末端的消费者个人也不能开具增值税发票，处于前端的产品制造业就不能抵扣材料购进时支付的进项税额。同时，营业税的存在对制造企业开展新业务也存在制约作用，制造业企业搭建的工业云平台或互联网“双创”平台不是独立的纳税主体，不能独立核算，仍然按照传统制造业的税率课税，未能享受现在互联网企业大多实行的 6% 增值税税率，税负较高。

二、融合发展迫切需要放宽研发费用加计扣除政策

一直以来，我国施行的研发费用加计扣除政策，要求享受优惠的研发活动必须符合《国家重点支持的高新技术领域》和《当前优先发展的高技术产业化重点领域指南》两个目录，无形中提高了众多政策性如资金扶持等的门槛，而且一些新业态并没有包括在目录中，不能享受相应的优惠。原有研发费用加计扣除政策，规定能够享受优惠的研发费用只限于专职研发人员的费用和专门用于研发的材料

费用、仪器设备折旧费、无形资产的摊销等，不包括外聘研发人员的劳务费等，这导致了一些研发活动包括企业共同承担的一些研发活动，不能完整地计入研发费用的范围之内。企业信息化建设所涉及的信息系统购买、研发和智能装备的部署，是企业进行研发活动时所依靠的重要工具，也是制造业企业与互联网融合发展的必由之路，但目前的研发费用加计扣除政策，没有将企业进行信息化建设方面的费用纳入其中，这导致制造业企业的部分研发活动成本不能按照研发费用加计扣除政策进行加计扣除。

三、融合发展需要进一步完善金融服务政策

近年来我国资本市场发展迅速，投融资体系逐步健全，金融生态不断完善，但金融与制造业结构调整和转型升级的要求不相适应的问题仍未根本解决，特别是金融领域脱离实体经济空转、金融资源配置不合理、资金分配不合理、一些转型升级重点领域缺乏金融支持。与此同时，我国正处于推动制造业转型升级、推进制造业与互联网融合发展、加快新旧发展动能和生产体系转换的新阶段，制造业转型升级对金融支持提出了更高要求。

我国制造业企业融资难、融资贵的问题特别是直接融资难一直得不到合理的解决，其中重要的原因在于金融资源在供给与需求间存在严重的错配关系，部分垄断行业可支配资金过量，同时急需金融资源的制造业市场主体面临贷款和融资成本过高的问题。

李克强总理在多次会议中强调，要在保持宏观经济政策稳定性、连续性的同时，优化金融资源配置，用好增量、盘活存量，更有力地支持经济转型升级和服务实体经济发展。金融支持制造业转型升级还需找准着力点。积极发挥政策性金融、开发性金融和商业金融的优势，既要能引领企业服务创新，又要能更好发挥市场配置资源的基础性调节作用，拓宽制造业融资渠道，降低制造业融资成本，同时提供多元化增值金融服务，加强和改善金融对建设制造强国的支持。金融服务要支持制造业和互联网融合发展，为制造业企业打造量身订制的金融服务方案，通过嵌入式金融服务，以点带面地逐步向横向和纵向延伸，形成全方位、实时的专享金融服务，通过全面、实时地掌握企业的各种经营管理数据来预判企业的经营状况和发展趋势，并实时计算企业的经营风险，确保金融机构的资金安全。通

过嵌入式的深度服务流程，提高与企业的相互依存度，有效实现金融机构与企业的同呼吸共命运的共同发展，实现产融合作。

第三节　完善税收金融政策的具体举措

【原文】结合全面推开“营改增”试点，进一步扩大制造企业增值税抵扣范围，落实增值税优惠政策，支持制造企业基于互联网独立开展或与互联网企业合资合作开展新业务。落实研发费用加计扣除、高新技术企业等所得税优惠政策，积极研究完善科技企业孵化器税收政策。选择一批重点城市和重点企业开展产融合作试点，支持开展信用贷款、融资租赁、质押担保等金融产品和服务创新。鼓励金融机构利用“双创”平台提供结算、融资、理财、咨询等一站式系统化金融服务，进一步推广知识产权质押，创新担保方式，积极探索多样化的信贷风险分担机制。

一、全面推开“营改增”改革试点，扩大制造企业增值税抵扣范围

《指导意见》提出了“全面推开‘营改增’改革试点，进一步扩大制造企业增值税抵扣范围，落实增值税优惠政策，支持制造企业基于互联网独立开展或与互联网企业合资合作开展新业务”，主要是考虑以降低税收的方式鼓励融合性新业务发展。

根据《财政部国家税务总局关于在全国开展交通运输业和部分现代服务业营业税改征增值税试点税收政策的通知》（财税〔2013〕37 号）等政策，一般纳税人有形动产服务按 17%，交通运输业按 11%，部分现代服务业、增值电信服务等按 6%的增值税税率缴纳。

目前，制造业独立开展或与互联网企业合资合作开展的服务新业务主要适用有形动产租赁服务 17%、信息技术服务 6%等增值税税率。例如，徐工集团将信息化业务剥离成立徐工信息，开展智能工厂解决方案，以及基于互联网的产品全生命周期服务。其中，MES 产品销售适用 17%的产品增值税税率，融资租赁适用有形动产融资租赁 17%的增值税税率，MES 咨询实施维护和软件服务适用信息技术服务（软件服务）6%的增值税税率，业务流程管理服务适用信息技术服务（业务流程管理服务）6%的增值税税率。剥离之前，这些业务都含在产品中，要缴纳

17%的增值税。宝钢通过建立采购和销售的电子商务平台欧冶电商（东方钢铁），拓展基于互联网的新业务，适用信息技术服务（软件服务）6%的增值税率。沈阳机床、神州数码等共同投资打造智能云科，开展融资租赁、在线维护和工艺支撑业务。其中，融资租赁适用有形动产融资租赁 17%的增值税税率，在线维护、工艺支撑等适用信息技术服务（业务流程管理服务）6%的增值税税率。比较而言，基于互联网的平台类企业业务多适用增值电信服务、信息技术服务、文化创意服务等 6%的增值税税率。例如，阿里、腾讯等的电子商务业务适用增值电信服务6%的增值税税率；腾讯的增值（游戏运营）业务、百度的搜索推广业务适用信息技术服务（软件服务）6%的增值税税率；腾讯、百度的广告业务适用文化创意服务（广告服务）6%的增值税税率。

二、拓宽研发费用加计扣除范围，为企业研发创新提供政策支持

在现有扩大允许纳入税前加计扣除的研究开发费用范围基础上，研究完善企业研发费用计核方法，加大研发费用加计扣除政策落实力度，进一步促进企业加大研发投入，减轻企业负担，推动创新。

《企业研究开发费用税前扣除管理办法（试行）》（国税发〔2008〕116 号）规定，企业从事《国家重点支持的高新技术领域》和国家发展改革委员会等部门公布的《当前优先发展的高技术产业化重点领域指南（2007 年度）》规定项目的研究开发活动，其在一个纳税年度中实际发生的研究开发费用支出，允许在计算应纳税所得额时按照规定实行加计扣除。而《关于完善研究开发费用税前加计扣除政策的通知》（财税〔2015〕119 号）以列举的方式规定了不适用税前加计扣除政策的行业，即：① 烟草制造业；② 住宿和餐饮业；③ 批发和零售业；④ 房地产业；⑤ 租赁和商务服务业；⑥ 娱乐业；⑦ 财政部和国家税务总局规定的其他行业。改正列举的方法为反列举的方法，扩大了研发活动的范围，避免了税务机关在调查核实中，因研究开发活动是否属于国家重点支持的高新技术领域、当前优先发展的高技术产业化重点领域，而与纳税人产生不必要的争议，同时将制造业企业打造的“双创”平台、工业云、生产性服务业等制造业与互联网融合发展新业务纳入其中，为制造企业的不断研发创新，提供政策支持。

《企业研究开发费用税前扣除管理办法（试行）》（国税发〔2008〕116 号）、《财政部、国家税务总局关于研究开发费用税前加计扣除有关政策问题的通知》（财税

〔2013〕70号）中允许加计扣除的研发费用中的直接投入费用、无形资产摊销费用仅限定于专门用于研发活动才能加计扣除。在实际工作中，由于研发期与生产经营期经常存在着互相交织的现象，纳税人很难明确区分出来哪些是研发活动所用经费，哪些是生产经营活动产生的支出，因此税务机关在调查核实过程中，往往要求上述费用全额不能加计扣除，使纳税人无法享受税收优惠。《关于完善研究开发费用税前加计扣除政策的通知》（财税〔2015〕119号）取消了费用化支出“专门用于研发活动”的规定，解决了这一问题。

财税〔2015〕119号文中还添加了创意设计可以加计扣除的条款。也就是说，制造业企业为获得创新性、创意性、突破性的产品进行创意设计活动而发生的相关费用，可按照规定进行税前加计扣除。

三、开展产融合作试点，支持金融服务创新

开展产融合作试点，发挥信用贷款、融资租赁、质押担保等金融服务在促进制造业与互联网融合发展中的重要作用。应支持重点城市和重点领域大型制造业企业集团开展产融合作试点，支持企业做大做强。鼓励银行金融机构增加对制造业重点领域的信贷投放。优化信贷结构、加强定向调控，发挥政策性金融、开发性金融、商业金融的互补优势，加大对制造业发展新业务的支持力度，提高信贷支持的针对性和有效性。发挥融资租赁的融资、促销、投资等多种功能，支持制造业企业发展。推广大型制造设备、施工设备、运输工具、生产线等融资租赁服务。引导企业利用融资租赁方式，进行设备更新和技术改造。鼓励采用融资租赁方式开拓国际市场，紧密联系产业需求，积极开展租赁业务创新和制度创新。引导租赁服务企业加强与商业银行、保险、信托等金融机构合作，充分利用境外资金，多渠道拓展融资空间，增强服务制造业企业能力。研究建立支持制造业与互联网融合发展重点领域的长期低息贷款机制，提高中长期贷款比重。鼓励银行金融机构创新适合制造业发展的产品和业务，健全知识产权质押、供应链融资、贸易融资、股权质押等多元化融资服务，加强对外汇风险管理产品的服务支持。研究为制造业企业提供银团贷款、拓展担保方式、增强贷款利率下调弹性等多种方式的政策扶持。鼓励融资性担保机构扩大对制造业企业的担保业务规模。

四、拓宽融资渠道，探索信贷风险分担机制

发挥资本市场的作用，拓宽制造业企业直接融资渠道。探索健全多层次资本市场，大力发展股票市场、债券市场等资本市场，鼓励金融机构利用“双创”平台提供结算、融资、理财、咨询等一站式系统化金融服务，向制造业企业提供一揽子综合化、专业化金融服务，促进制造业企业大力开展科技开发和成果转化，多方协同促进制造业与互联网的融合发展。充分发挥知识产权质押融资的积极作用，鼓励银行接受境内个人、企业或其他组织以本人或他人合法拥有的、依法可以转让的注册商标专用权、专利权、著作权等知识产权中的财产权做质押，按照国家法律法规和相关信贷政策发放贷款或提供其他授信。创新担保方式，积极探索多样化的信贷风险分担机制。讨论建立政府主导、市场化运作的信用保证基金，充分发挥政府主导作用，构建政策性和商业性有机结合的制造企业信用担保体系。探索建立政策性担保的资金补充机制，将资本金补充和扩充列入各级政府年度财政预算，以促进担保业可持续发展。鼓励金融机构加强与融资性担保机构合作，创新业务模式，优化审贷流程，在责任明晰的前提下，有选择地与融资性担保机构开展长期、稳定、深入的合作，构建平等、互利、共赢的合作模式。探索建立银行机构与担保机构根据各自风险控制能力合理确定风险分摊比例的协商机制，强化商业银行考察、评估制造企业贷款项目责任以及对不良贷款的追索义务，共同加强对借款企业的信用监督，形成安全有效的“保一贷一还”运行机制。

第十四章　完善产业用地政策

土地作为最基础的资源，承载了所有的社会经济活动，土地政策的制定完善直接关系到经济社会的发展和国家的长治久安。完善产业用地政策是促进土地资源集约利用、服务经济社会发展、落实制造业与互联网深度融合的重要抓手。

第一节　完善产业用地政策是满足融合发展用地需求的重要保障

一、完善产业用地政策有利于提升闲置土地资源的有效利用率

我国现有城乡闲置用地数亿亩，土地利用率低下，已开发土地未得到有效利用。在经济增速放缓的大环境下，企业受市场取向、资金短缺、产业导向变化等因素的影响，获取土地后，存在缺乏资金、无力投资建设的情况，造成土地闲置，形成了半截子工程。部分地方政府征用土地过多，缺乏土地供应总量预测和控制，导致无力进行大规模配套开发，或虽已进行道路、市政管网的配套建设，但是短时间内难以引进如此众多的用地项目，造成土地供过于求，从而导致了土地的闲置，形成“存量土地”。

政府通过完善产业用地政策，积极盘活闲置的工业厂房、企业库房和物流设施等资源，将制造业与互联网融合创新和现有闲置土地盘活结合起来，有力提高了土地资源利用率，促进了土地资源的集约配置。

二、完善产业用地政策有利于保证创业者的用地需求

创业创新者大多缺乏充足稳定的融资渠道，难以负担高昂的用地成本。国有企业和大型民营企业具有较强的资金偿还能力和较高的信誉，较易得到金融机构

信用支持，而创业创新的中小企业大多不具备这种优势，融资能力较差，虽有风投机构，但能得到风险投资支持的企业所占比例极低，众多创业创新的中小企业为了支付高昂的办公、厂房等用地价格，很可能会没有度过艰难的成长期就因资金链断裂而胎死腹中。

政府通过完善产业用地政策，明确对制造业与互联网融合发展的创业者提供低廉的用地需求，为创业者提供免费或廉租办公场所和厂房，大大降低了创业创新的资金门槛，激发了企业融合创新活力。

三、完善产业用地政策有利于保证新业务、新业态的用地需求

制造业与互联网融合创新的新业务、新业态需要以土地为载体，然而，土地限制已成为制约制造业与互联网融合产业发展的重要因素。以智能物流为例，由于物流用地规划往往没有纳入城市规划统一考虑，导致新增物流用地很难获得指标，物流用地资源稀缺，土地供应难以保障，建设规划难以落地，导致用地成本过高，物流企业难以承受。另外，有些地方需要引进填补制造业关键环节的高附加值、高技术含量的企业时，由于用地指标限制，导致高质量项目迟迟无法落地，严重制约了制造业的转型升级。

政府通过完善产业用地政策，确定当地重点发展的新产业、新业态，优先安排用地供应，可有力支持高附加值、高质量项目的落地实施，有力促进新产业、新业态的发展，为制造业转型升级提供发展空间。

第二节　完善产业用地政策的举措

【原文】支持制造企业在不改变用地主体和规划条件的前提下，利用存量房产、土地资源发展制造业与互联网融合的新业务、新业态，实行 5 年过渡期内保持土地原用途和权利类型不变的政策。鼓励有条件的地方因地制宜出台支持政策，积极盘活闲置的工业厂房、企业库房和物流设施等资源，并对办公用房、水电、网络等费用给予补助，为致力于制造业与互联网融合发展的创业者提供低成本、高效便捷的专业服务。

一、对基于互联网的新业务、新业态，优先安排用地供应

各地可结合地方实际，确定当地重点发展的新产业、新业态，以“先存量、后增量”的原则，优先安排用地供应。对于下一代信息网络产业（通信设施除外）、新型信息技术服务、电子商务服务等经营服务项目，可按商服用途落实用地。对于新业态土地用途不明确的，经县级以上城乡规划部门会同国土资源等相关部门论证后，在现有国家城市用地分类的基础上制定地方标准予以明确，向社会公开后实施。鼓励以租赁方式或先租后让、租让结合方式供应土地，租赁方式有利于减轻中小企业一次性缴纳土地出让价款的资金压力，先租后让、租让结合方式有利于较好适应已进入产业化发展阶段、有一定竞争实力但市场前景尚不明朗的新产业企业的用地特点，也有利于土地的节约集约利用[1]。实行先租后让、租让结合的项目，需以招标拍卖挂牌方式供应土地的，可在租赁供应时实施招标拍卖挂牌程序，租赁期满符合条件拟转为出让土地的，根据《协议出让国有土地使用权规范》，可以协议方式办理出让手续。

二、盘活利用现有存量房产，为制造企业开展“双创”服务

依托国家实验室、重点实验室、工程实验室、工程（技术）研究中心构建的开放共享互动创新网络平台，利用现有建设用地建设的产学研结合中试基地、共性技术研发平台、产业创新中心，可继续保持土地原用途和权利类型不变。按照国家加快构建众创空间的要求，对国家自主创新示范区、开发区、新型工业化产业示范基地、科技企业孵化器、国家大学科技园、小企业创业基地、高校、科技院所等机构，利用存量房产兴办创客空间、创业咖啡、创新工场等众创空间的，可实行继续按原用途和土地权利类型使用土地的过渡期政策。在不改变用地主体、规划条件的前提下，开发互联网信息资源，利用存量房产、土地资源发展新业态、创新商业模式、开展线上线下融合业务的，可实行继续按原用途和土地权利类型

1 国土资源部，发展改革委，科技部，工业和信息化部，住房城乡建设部，商务部：《关于支持新产业新业态发展促进大众创业万众创新用地的意见》，2015 年 9 月 10 日。

使用土地的过渡期政策。过渡期满，可根据企业发展业态和控制性详细规划，确定是否另行办理用地手续事宜。根据《国务院办公厅关于加快众创空间发展服务实体经济转型升级的指导意见》，有条件的地方要对众创空间的办公用房、用水、用能、网络等软硬件设施给予补助。充分利用淘汰落后产能、处置“僵尸企业”过程中形成的闲置厂房、空余仓库及生产设施，改造建设众创空间，吸纳科技人员创业，创造就业岗位。

第十五章　健全融合发展人才培养体系

制造业与互联网融合发展步伐日益加快，对人才培养提出了迫切的需求和更高的要求。深化制造业与互联网融合发展，不仅需要一批融通互联网技术和制造业领域专业知识技能的复合型人才，还需要创新人才和应用型人才。为紧密对接融合发展的新需求，《指导意见》提出通过健全融合发展人才培养体系，打造适应跨界融合发展要求的具备创新思维、专业化素养的复合型人才队伍，为我国制造业与互联网融合发展的持续深入推进提供源源不断的高素质人才支撑。

第一节　健全人才培养体系为深化融合发展提供高素质人才支撑

一、健全融合发展人才培养体系是解决人才短板问题的有效途径

随着制造业的持续发展和技术变革，新业态和新模式不断涌现，跨界融合创新发展快速推进，人才培养素质面临着新的挑战。然而，目前我国高素质融合创新人才供需差距显著。一是领军人才匮乏，尤其是智能制造、服务型制造、工业互联网、3D 打印、大规模个性化定制等领域的高技能应用人才。二是人才培养模式不合理，人才发展受到培养体制机制障碍的束缚。三是人才激励机制不健全，人才培养环境不完善。面对着制造业与互联网融合发展的机遇和挑战，迫切需要完善融合发展人才培养体系，为优质人才的脱颖而出打造良好环境，为跨领域培养一支结构合理、素质优良的复合型人才队伍提供支撑，从根本上解决制约制造业与互联网融合发展的瓶颈问题。

二、健全融合发展人才培养体系是培养实用型人才的关键举措

加强实用型人才培养将有利于满足产业发展与转型升级需求，深入推进制造业与互联网融合发展。产学研用紧密结合是新形势下培养满足融合发展需要的实用型人才的有效模式。近年来，产学研用合作获得较快发展，但呈现出低层次、低效率和表面化的特点。完善融合发展人才培养体系，有助于打通产学研用通路。一是逐步健全多层次、多结构的人才培养布局，需要建立健全各级各类教育机构、科研机构与企业共同参与、相互支持的立体化培养结构。二是多途径厚植融合发展人才培养优势，需要打造制造业产学研示范中心，多方协同建立高校工程创新训练中心。三是加强制造业与互联网融合发展涉及领域的学科群建设，需要多方向与产业对接更新教育内容。四是建设智能制造人才培养基地，需要建设科研院所研发实验基地以及企业研发培训基地，充分利用工业园和科技园探索协同育人新模式，支持行业及企业协会与优秀院校组建专业联盟，鼓励在企业建立实习实训基地，并支持职业院校与企业合作开展技术研发创新服务以推动双向交流。这些都为产学研用人才培养模式的构建提供了机遇。

第二节　融合发展对培养人才体系提出新要求

一、制造业与互联网融合发展需要优化人才培养环境

吸引优秀人才、留住高端人才的关键在于优化人才培养环境。良好的人才培养环境可以为人才的成长与发展提供政策支持与保障，刺激并推动创新，使人才的作用得到最大限度的发挥。因此，深化制造业与互联网融合发展，亟待建立健全人才发展政策体系，研究制定人才股权期权激励政策，加大高端复合型人才引进力度，为融合发展人才培养营造良好环境。

二、制造业与互联网融合发展需要完善专业设置

深化制造业与互联网融合发展需要一批融通互联网技术和制造业领域专业知识技能的复合型人才。然而目前，制造业领域人才培养与产业发展需求衔接不够

紧密，存在学科专业设置不匹配等问题。因此，深化制造业与互联网融合发展，需要引导高校依据自身的特色优势，建立和优化高校专业结构的动态调整机制，根据需要增设紧缺特色专业，使人才培养的专业布局与学科结构满足不断变化的产业升级需求。

三、制造业与互联网融合发展需要创新人才培养模式

随着我国产业转型升级、结构调整步伐的加快，高技能人才不足等问题日益凸显。然而目前，制造业领域人才培养模式却较为单一，学校层面在教学安排上偏重课堂理论知识教学，学生缺乏实践操作训练，而企业层面则存在参与产学研合作培养人才动力不足、传统技能人才培养方式有待创新等问题。因此，推进制造业与互联网深度融合发展一方面需要进一步激发产学研用合作培养人才的积极性，推进校企深度合作，健全产教融合的人才培养模式；另一方面，需要改革企业传统技能人才培养方式，建立技能人才培养新机制，实行企业新型学徒制，加强企业技能人才队伍的建设。

四、制造业与互联网融合发展需要重大人才计划支持

目前，已发布的国家专业技术人才知识更新工程、企业经营管理人才素质提升工程和高技能人才振兴计划等所聚焦领域对制造业与互联网融合发展相关人才的培养力度不够。因此，深化制造业与互联网融合发展应依托相关的工程与计划，围绕融合发展所涉及的领域，开展一系列的人才培养工作，为融合发展提供高端职业人才。

五、制造业与互联网融合发展需要推广首席信息官制度

深化制造业与互联网融合发展需要加强互联网应用人才的培养。建立企业首席信息官制度，不仅是推进制造业与互联网深度融合发展的必要组织保障，也是培育企业信息人才队伍的重要途径。因此，深化制造业与互联网融合发展应在大中型企业全面普及首席信息官制度，提升企业员工信息技能与素养，选拔信息化高端人才，打造一支高素质的信息人才队伍。

第三节　健全融合发展人才培养体系的举措

【原文】深化人才体制机制改革，完善激励创新的股权、期权等风险共担和收益分享机制，吸引具备创新能力的跨界人才，营造有利于融合发展优秀人才脱颖而出的良好环境。支持高校设置“互联网+”等相关专业，推进高等院校专业学位建设，加强高层次应用型专门人才培养。在重点院校、大型企业和产业园区建设一批产学研用相结合的专业人才培训基地，积极开展企业新型学徒制试点。结合国家专业技术人才知识更新工程、企业经营管理人才素质提升工程、高技能人才振兴计划等，加强融合发展职业人才和高端人才培养。在大中型企业推广首席信息官制度，壮大互联网应用人才队伍。

一、营造融合发展人才培养的良好环境

为融合发展优质人才的培养造就良好环境。一是着眼于破除约束人才发展的体制机制障碍，推进人才管理体制改革，向用人主体放权，为人才松绑，最大限度地激发人才创新、创造、创业活力。二是强化人才激励机制，突出创新创业导向，鼓励制造业与互联网融合发展相关领域企业、科研院所运用收益分成、股权奖励、股权出售、期权奖励、分红奖励等方式，对科技成果完成及成果转移转化做出重要贡献的科技人员进行激励。三是构建融合发展领域创新型、高端跨界人才的引进机制。深入实施国家中长期人才发展规划、千人计划、创新人才推进计划及高技能人才振兴计划，结合国家专业技术人才知识更新工程、企业经营管理人才素质提升工程等，稳步开展引进高端创业创新人才遴选活动，改善引进高端人才的工作条件和生活待遇，并给予政策支持。支持通过各研究院所、新型科研机构、科技孵化器等公共技术服务平台引进制造业与互联网融合发展涉及领域高端人才和专业技术人才。

二、构建高校学科专业动态调整机制

调整高等院校的专业设置，优化学科布局，为制造业与互联网融合发展培养高层次应用型人才。一是面向制造业与互联网融合发展需求，鼓励高校根据发展

需要和学校办学能力设置“互联网+”等相关专业。二是积极跟踪国内外最新研究成果、研究水平和发展趋势，掌握融合发展相关专业的最新技术和业务发展情况，及时淘汰过时的课程内容，并注重将国内外制造业与互联网融合发展领域的前沿研究成果尽快引入到相关专业教学中，以适应制造业与互联网融合发展对知识结构多元化的要求。三是鼓励各类学校聘请制造业与互联网融合发展所涉及领域的高级人才作为兼职教师，加强融合发展领域的实践教学与应用，培养融合发展亟需的高层次人才。

三、建立产教融合、校企合作的人才培养模式

深化制造业与互联网融合发展领域的校企合作，推进产学研用相结合的协同育人模式的构建。一是支持重点院校、大型企业和产业园区依托自身的智力资源和平台，共同建立一批人才培训基地，推进融合发展专业技术人才培训。二是建立企业技术中心和院校对接机制，一方面鼓励企业选派工程技术人员为学校提供教学服务，在院校建立研究开发机构和实验中心；另一方面支持高校派送学生到企业实习或兼职等，鼓励教研人员为企业提供咨询、接收企业委托的科研任务等。

四、有序推进企业新型学徒试点工作

改革传统学徒培养方式，开展企业新型学徒制试点，创新企业技能人才培养模式，为促进制造业转型升级、与互联网融合发展提供支撑。一是进一步发挥企业培训主体作用，组织有培训需求的企业技能岗位新招用人员和新转岗人员参加新型学徒培训，完善培训服务体系，加快企业后备技能人才的培养。二是推行技工院校弹性学制和学分制，建立并完善相适应的教学质量评价体系和考核制度，鼓励和支持学徒利用业余时间分阶段完成学业。三是健全企业新型学徒制培训投入机制，完善职业培训补贴政策。

五、加强融合发展职业人才和高端人才培养

结合国家专业技术人才知识更新工程、企业经营管理人才素质提升工程、高技能人才振兴计划等，培养壮大融合发展职业人才和高端人才队伍。例如依托国

家专业技术人才知识更新工程，围绕我国制造业转型升级，在制造业与互联网融合发展所涉及的重点领域，开展大规模的知识更新继续教育，培养一批高层次的专业技术人才。依据《企业经营管理人才素质提升工程实施方案》，实施企业经营管理人才素质提升工程，培养开发高层次经营管理人才，以满足制造业与互联网融合发展新形势下对具备管理能力的复合型人才的要求。借助国家高技能人才振兴计划，围绕制造业与互联网融合发展涉及领域，依托具备高技能人才培训能力的职业培训机构和城市公共职业技能实训基地，建设高技能人才培训基地，加强高技能人才队伍建设。

六、推动大中型企业全面普及首席信息官制度

在大中型企业推广首席信息官制度，加强互联网应用人才队伍建设，加快信息技术在企业各业务环节中的渗透，加速推进制造业与互联网深度融合。一是全面推进《企业首席信息官制度建设指南》的贯彻落实，联合地方主管部门和相应的 CIO 组织，结合制造业与互联网融合发展实际需求，通过宣贯、研讨、展示、参观等形式，向大中型企业宣传推广 CIO 制度。二是切实推进首席信息官岗位的设立，明晰岗位职责，构建培训体系，提高信息化从业人员的能力和素质，推动 CIO 培训与大中型企业两化融合管理指标、年度评优指标相结合。三是积极推动行业和区域的首席信息官进行交流合作，开展案例和最佳实践的编写工作。

第十六章　推动融合发展国际合作交流

当前，在全球需求结构变化、国际分工体系调整的新形势下，制造企业与互联网企业正面临难得的国际合作和海外拓展的历史机遇，推动制造业与互联网融合发展领域的国际合作交流，是新阶段以开放促进发展的必由之路，既有利于缓解经济下行压力，实现中高速增长、迈向中高端水平，也是与全球经济深度融合，在更高层次上嵌入世界产业链条，实现优势互补、合作发展的共赢之举。《指导意见》将推动融合发展国际合作交流作为重要措施之一，强调要加强技术、市场、资本、人才等方面的国际交流合作，推进新一轮高水平对外开放，加快形成与世界经济深度融合的互利合作格局。

第一节　推动国际交流合作是深化融合发展的重要路径

一、推动国际合作有利于拓展融合发展空间

随着我国经济进入新常态，要求我国制造业从此前长期处于价值链低端发展，逐步向中高端发展迈进。而国际合作构建的多维、开放的外贸合作模式，有利于促进优势产能对外合作，开拓产业发展空间，从根本上改变制造业在全球价值链分工中处于低端的尴尬局面，推动制造业转型升级。我国是世界第一制造业大国，具有工程技术性价比、建设工期等方面的优势，同时我国还是互联网大国，利用“互联网+”的现有优势，同美、德、日、韩等先进制造业国家的技术进步优势紧密结合，能够促进我国中低端制造业及其产业集群迅速跨入高端和“软化”的行列，实现从产品输出向产业输出的提升，迅速形成代表第四次工业革命发展方向的制造业新业态。

二、推动国际合作有利于增强国际话语权

尽管中国制造在国际上已经成为一个重要的品牌，“Made in China”标识已经遍布于世界各个角落的产品商标上，并逐步以大国姿态亮相于世界舞台。然而，在这个过程中，我们却面临着“人在聚光灯下，手中没有话筒”的尴尬局面，缺少在国际上广为人知的制造业品牌。以白色家电为例，在欧美主流市场中，中国制造的比例高达 50%，可中国品牌的比例仅为 3%。反观欧美，著名制造业企业的品牌在全球家喻户晓，即便是日韩，也有索尼、三星等在国际市场上响当当的名号。目前，中国制造正在不断深化制造业与互联网融合发展，随着与国外发达国家及发展中国家的交流合作，能够发挥互联网聚集优化各类要素资源的优势，构建开放式生产组织体系，从需求角度，能够帮助国外消费者更加全面、及时地了解中国物美价廉的产品和高效优质的加工生产能力，进一步发挥中国制造的产品优势；从海外营销角度，能够越过中间商，减少中间环节，帮助国外与国内、生产者与消费者直接进行业务洽谈等国际商务活动，直接了解用户需求，迅速提升“中国制造”含金量，并获得全球用户的青睐。

三、推动国际合作有利于提升国际竞争力

当前，制造业已经成为全球经济竞争的制高点，围绕制造业与互联网融合，加强技术、市场、资本、人才等方面的国际交流合作，有利于实施“一带一路”、中非“三网一化”合作等重大战略。《意见》的实施落地在这些战略的引领下，必然在合作所在国家和地区催生各种需求的乘数效应，催生出大量对制造业与互联网相关产品的长期而稳定的市场需求，而且还将给我国带来大量相关的服务贸易需求。可以预期，积极开展国际合作，将会对提升我国制造业企业尤其跨国公司的国际竞争力作用重大。支持发展一批跨国公司，通过全球资源利用、业务流程再造、产业链整合、资本市场运作等方式，加快提升核心竞争力。支持制造企业、互联网企业深度参与国际分工合作和全球经济治理，完善面向全球的网络化服务生态体系，持续提升全球资源整合能力，促进全球创新要素有序流动，将会提高国际化经营能力和服务水平，有助于形成“中国制造”的全球产业链，使中国制造业具有系统性的国际竞争力，成为推动我国走向工业强国的重要途径。

第二节　融合发展要求深化国际合作交流

一、融合发展需要进一步提升在国际社会中的影响力和话语权

随着互联网步入移动、智能、物物互联的新的发展阶段，互联网技术与制造业领域的渗透融合，正在重塑传统制造业的生产方式和组织模式，加速推进中国制造转型升级的进程。以“互联网+”为契机，促进制造业创新发展和智能化、绿色化、服务化转型，是破解我国制造业发展难题，实现由大变强的重要途径。习近平总书记曾指出：“互联网真正让世界变成了地球村，让国际社会越来越成为你中有我、我中有你的命运共同体。”加强交流与合作，不仅是世界发展大势，也是互联网发展的大势。“躲进小楼成一统”、闭门造车，建设不了网络强国。相互借鉴、互相促进、互通有无，不仅对我们少走弯路、引进技术、加速发展互联网产业有利，也对我们呼吁建设的国际互联网治理体系有利。就目前而言，我国已经是网络大国，在“由大变强”的进程中，我们需要积极参与全球网络规则的制定，将我国的互联网准则推广为世界标准，在战略上先发制人，提高中国在全球经济治理中的制度性话语权。在全球网络规则制定过程中，加强与美国、欧盟及发展中国家的交流与合作。既要学习借鉴发达国家在网络安全治理、立法等方面的做法，也要增加与其在政府、企业、学界等多轨道的交流合作，形成有效的国际合作机制，为建设网络强国、制造强国创造更多有利条件。

二、融合发展需要从政府层面积极推进与国际社会的合作交流

政府之间的沟通是否顺畅是建立国际合作的必备条件之一。以中德合作为例，现在中德之间有三个交流机制，第一个是政府间的战略对话。这个对话不仅讨论两国关系，还讨论全球的重大事务，所以，中德两国是具有全球意义的伙伴。第二个是中国人大与德国议会间的“法治国家对话”。第三个就是民间对话机制。中德对话论坛就是较好的民间外交的体现。特别是与国际社会在技术领域的合作交流尤为重要。随着经济全球化、研发国际化和经贸一体化的发展，国际科技交流与合作已成为我国制造业实现跨越式发展、融入国际化、全球化发展环境的必然选择。综观国际科技合作，各国在对外科技合作中，从合作领域、合作形式到合

作内容，乃至经费投入，政府都扮演着主导角色。在目前我国经济社会条件下，政府还必须担当推动国际科技合作的主角。在国际产业转移新趋势下，国际合作规则不断更新。因此，尽快建设有针对性的平台，精准吸纳和集聚特定行业，是为在国际价值链分工、产业分工中谋得更有利地位打基础。

三、融合发展需要坚持“引进来”和“走出去”并举

经过 30 多年的改革开放，我国经济正在实行从“引进来”到“引进来”和“走出去”并重的重大转变，已经出现了市场、资源能源、投资“三头”对外深度融合的新局面。只有坚持对外开放，深度融入世界经济，才能实现可持续发展。通过“引进来”和“走出去”相结合，提高中国制造的全球化布局、国际化经营能力，创建中国自己的有世界影响力的跨国公司。同时，面对国内产能过剩的矛盾，也需要中国制造业企业与互联网企业强强联合，加快走出去步伐，在和中国有产业技术相差的国家和地区进行产业合作，缓解国内产能过剩的压力。近几年，中央不断加大“走出去”战略实施力度，《中华人民共和国国民经济和社会发展第十三个五年（2016－2020 年）规划纲要》和政府工作报告等都提出要着力提升中国制造在国际分工中的地位，对加快我国制造业与互联网融合全链条“走出去”可谓重大利好。相对于其他领域，我国制造业与互联网融合在国际市场上更具优势。借助“一带一路”建设等战略，加快制造业与互联网融合全链条“走出去”也是大势所趋，不仅可以化解部分过剩产能，逐步获取海外的资金、技术和市场，而且在一定程度上能够降低贸易壁垒，加速海外扩张，提升中国制造的国际竞争力和影响力。

四、融合发展需要提高对外科技合作的总体水平

目前我国的国际科技合作尽管形式多样，但深度不够，质量有待提升。在国际科技合作中，一般性的人员交流占主要部分，各自为政现象突出，形成内部竞争，降低了我国国际合作竞争力。高水平的合作研究，尤其是一些国际性的大的科学研究项目和欧盟的科学研究计划中的研究项目，参与的数量不多，深度有限。由于科技能力和资金的限制，我国参与的许多国际合作项目大多由其他国家或者国际组织提出，很少有以我国为主的重大合作项目，而且这些项目往往与我国经

济和科技发展的关键性项目直接关联性不强。合作研究是国际科技合作中比较深入的合作方式，发达国家在对外科技合作中非常重视合作研究，早在 1995 年，美国国际科技合作经费的 73%就已经用于对外合作研究。在技术贸易方面，由于我国仍停留在以单项技术交易为主的阶段，尚未实现“技术、产品、服务”一体化的系统交易；在技术服务体系建设中，风险投资、价值评估、技术经纪、技术权益保护、技术市场基础设施建设等方面缺乏力度和集成，与国际水平存在较大差距。

第三节　推动融合发展国际合作交流的举措

【原文】推动融合发展国际合作交流。积极发起或参与互联网领域多双边或区域性规则谈判，提升影响力和话语权。推动建立中外政府和民间对话交流机制，围绕大型制造企业互联网“双创”平台建设、融合发展标准制定以及应用示范等，开展技术交流与合作。结合实施“一带一路”等国家重大战略，运用丝路基金、中非发展基金、中非产能合作基金等金融资源，支持行业协会、产业联盟与企业共同推广中国制造业与互联网融合发展的产品、技术、标准和服务，推动制造业与互联网融合全链条“走出去”，拓展海外市场；提升“引进来”的能力和水平，利用全球人才、技术、知识产权等创新资源，学习国际先进经营管理模式，支持和促进我国制造业与互联网融合发展。

一、建立完善重点合作项目推进机制

以务实推进标准化、技术产业、中小企业、教育培训等方面的重点项目为重点，建立完善工作机制，为中外企业合作创造良好环境。一是要明确国际合作重点项目及任务分工、阶段目标，协调推进重点项目建设。二是要加强部委、省市、园区、协会统筹协调，充分调动中外合作项目双方的积极性，建立重大项目及重点项目信息报送、跟踪机制，及时反映和解决推进过程中出现的问题，跟踪项目进展和成效。三是要探索建立由政策、金融、法律、学术等方面专家组成的评估专家组，研究制订国际合作项目效果评估框架和指标体系，组织开展国际合作项目效果评估。

二、推动重大前沿领域的交流与合作

充分调动地方、园区、协会等的积极性，围绕智能制造、5G、信息物理系统等前沿领域加强国际交流与合作，尽早取得一批标志性成果。一是在信息安全、预防性维护、无线工业应用等领域加强与国际交流沟通，积极推进在5G、物联网、车联网、工业互联网等领域标准合作，推动相关具体标准的制定，实现标准带动产品，产品促进标准。二是聚焦工业机器人、增材制造、信息物理系统架构和技术、传感器、基础部件等领域，加强在基础研究和技术联合攻关方面的合作。三是结合国家制造业创新中心建设，推动中方相关研究机构与国外协会等权威机构就制造业创新体系开展技术交流、联合研发、人员培训等方面的合作。

三、“以点带面”开展国际间合作应用示范

与美国、德国等制造业强国联合搭建合作交流新载体，围绕智能制造、车联网、动力电池、机器人、工业软件等领域的技术、标准、人才、园区合作，在点（项目）、线（行业）、面（园区）三个层面组织开展试点示范，积极引进、学习、吸收国外先进技术和管理经验，按照“成熟一个发展一个”的理念，培育支持若干个具有示范性、引领性、标志性的国际合作项目。

四、完善“走出去”的国际化服务体系

在政府层面，应该进一步加大简政放权的工作力度，减少审批环节和程序。在社会层面，第三方机构需要加强发挥在评估、评价、保险和商务国际合作等方面的服务能力，为企业提供风险预测预警的服务，能够维护“走出去”企业的合法权益。在企业层面，企业是“走出去”的主体，在现有技术规范“走出去”的基础上，后续的工作包括售后服务体系、销售网络建立，需要更多地利用互联网，更多地利用国际平台搭建自身“走出去”的平台，挖掘“走出去”的路径和渠道，提升服务水平。

附　录

国务院关于深化制造业与互联网融合发展的指导意见

国发〔2016〕28 号

各省、自治区、直辖市人民政府，国务院各部委、各直属机构：

制造业是国民经济的主体，是实施“互联网+”行动的主战场。我国是制造业大国，也是互联网大国，推动制造业与互联网融合，有利于形成叠加效应、聚合效应、倍增效应，加快新旧发展动能和生产体系转换，前景广阔、潜力巨大。当前，我国制造业与互联网融合步伐不断加快，在激发“双创”活力、培育新模式新业态、推进供给侧结构性改革等方面已初显成效，但仍存在平台支撑不足、核心技术薄弱、应用水平不高、安全保障有待加强、体制机制亟需完善等问题。为进一步深化制造业与互联网融合发展，协同推进“中国制造 2025”和“互联网+”行动，加快制造强国建设，现提出以下意见。

一、总体要求

（一）指导思想

全面贯彻党的十八大和十八届三中、四中、五中全会精神，按照国务院决策部署，牢固树立和贯彻落实创新、协调、绿色、开放、共享的发展理念，以激发制造企业创新活力、发展潜力和转型动力为主线，以建设制造业与互联网融合“双创”平台为抓手，围绕制造业与互联网融合关键环节，积极培育新模式新业态，强化信息技术产业支撑，完善信息安全保障，夯实融合发展基础，营造融合发展新生态，充分释放“互联网+”的力量，改造提升传统动能，培育新的经济增长点，发展新经济，加快推动“中国制造”提质增效升级，实现从工业大国向工业强国迈进。

（二）基本原则

坚持创新驱动，激发转型新动能。积极搭建支撑制造业转型升级的各类互联网平台，充分汇聚整合制造企业、互联网企业等“双创”力量和资源，带动技术产品、组织管理、经营机制、销售理念和模式等创新，提高供给质量和效率，激发制造业转型升级新动能。

坚持融合发展，催生制造新模式。促进技术融合与理念融合相统一，推动制造企业与互联网企业在发展理念、产业体系、生产模式、业务模式等方面全面融合，发挥互联网聚集优化各类要素资源的优势，构建开放式生产组织体系，大力发展个性化定制、服务型制造等新模式。

坚持分业施策，培育竞争新优势。深刻把握互联网技术在不同行业、环节的扩散规律和融合方式，针对不同行业、企业融合发展的基础和水平差异，完善融合推进机制和政策体系，培育制造业竞争新优势。

坚持企业主体，构筑发展新环境。充分发挥市场机制作用，更好发挥政府引导作用，突出企业主体地位，优化政府服务，妥善处理鼓励创新与加强监管、全面推进与错位发展、加快发展与保障安全的关系，形成公平有序的融合发展新环境。

（三）主要目标

到2018年底，制造业重点行业骨干企业互联网“双创”平台普及率达到80%，相比2015年底，工业云企业用户翻一番，新产品研发周期缩短12%，库存周转率提高25%，能源利用率提高5%。制造业互联网“双创”平台成为促进制造业转型升级的新动能来源，形成一批示范引领效应较强的制造新模式，初步形成跨界融合的制造业新生态，制造业数字化、网络化、智能化取得明显进展，成为巩固我国制造业大国地位、加快向制造强国迈进的核心驱动力。

到2025年，制造业与互联网融合发展迈上新台阶，融合“双创”体系基本完备，融合发展新模式广泛普及，新型制造体系基本形成，制造业综合竞争实力大幅提升。

二、主要任务

（四）打造制造企业互联网“双创”平台

组织实施制造企业互联网“双创”平台建设工程，支持制造企业建设基于互联网的“双创”平台，深化工业云、大数据等技术的集成应用，汇聚众智，加快构建新型研发、生产、管理和服务模式，促进技术产品创新和经营管理优化，提升企业整体创新能力和水平。鼓励大型制造企业开放“双创”平台聚集的各类资源，加强与各类创业创新基地、众创空间合作，为全社会提供专业化服务，建立资源富集、创新活跃、高效协同的“双创”新生态。深化国有企业改革和科技体制改革，推动产学研“双创”资源的深度整合和开放共享，支持制造企业联合科研院所、高等院校以及各类创新平台，加快构建支持协同研发和技术扩散的“双创”体系。

（五）推动互联网企业构建制造业“双创”服务体系

组织实施“双创”服务平台支撑能力提升工程，支持大型互联网企业、基础电信企业建设面向制造企业特别是中小企业的“双创”服务平台，鼓励基础电信企业加大对“双创”基地宽带网络基础设施建设的支持力度，进一步提速降费，完善制造业“双创”服务体系，营造大中小企业合作共赢的“双创”新环境，开创大中小企业联合创新创业的新局面。鼓励地方依托国家新型工业化产业示范基地、国家级经济技术开发区、国家高新技术产业开发区等产业集聚区，加快完善人才、资本等政策环境，充分运用互联网，积极发展创客空间、创新工场、开源社区等新型众创空间，结合“双创”示范基地建设，培育一批支持制造业发展的“双创”示范基地。组织实施企业管理能力提升工程，加快信息化和工业化融合管理体系标准制定和应用推广，推动业务流程再造和组织方式变革，建立组织管理新模式。

（六）支持制造企业与互联网企业跨界融合

鼓励制造企业与互联网企业合资合作培育新的经营主体，建立适应融合发展的技术体系、标准规范、商业模式和竞争规则，形成优势互补、合作共赢的融合发展格局。推动中小企业制造资源与互联网平台全面对接，实现制造能力的在线发布、协同和交易，积极发展面向制造环节的分享经济，打破企业界限，共享技术、设备和服务，提升中小企业快速响应和柔性高效的供给能力。支持制造企业与电子商务企业开展战略投资、品牌培育、网上销售、物流配送等领域合作，整合线上线下交易资源，拓展销售渠道，打造制造、营销、物流等高效协同的生产流通一体化新生态。

（七）培育制造业与互联网融合新模式

面向生产制造全过程、全产业链、产品全生命周期，实施智能制造等重大工程，支持企业深化质量管理与互联网的融合，推动在线计量、在线检测等全产业链质量控制，大力发展网络化协同制造等新生产模式。支持企业利用互联网采集并对接用户个性化需求，开展基于个性化产品的研发、生产、服务和商业模式创新，促进供给与需求精准匹配。推动企业运用互联网开展在线增值服务，鼓励发展面向智能产品和智能装备的产品全生命周期管理和服务，拓展产品价值空间，实现从制造向“制造+服务”转型升级。积极培育工业电子商务等新业态，支持重点行业骨干企业建立行业在线采购、销售、服务平台，推动建设一批第三方电子商务服务平台。

（八）强化融合发展基础支撑

推动实施国家重点研发计划，强化制造业自动化、数字化、智能化基础技术和产业支撑能力，加快构筑自动控制与感知、工业云与智能服务平台、工业互联网等制造新基础。组织实施“芯火”计划和传感器产业提升工程，加快传感器、过程控制芯片、可编程逻辑控制器等产业化。加快计算机辅助设计仿真、制造执行系统、产品全生命周期管理等工业软件产业化，强化软件支撑和定义制造业的基础性作用。构建信息物理系统参考模型和综合技术标准体系，建设测试验证平台和综合验证试验床，支持开展兼容适配、互联互通和互操作测试验证。

（九）提升融合发展系统解决方案能力

实施融合发展系统解决方案能力提升工程，推动工业产品互联互通的标识解析、数据交换、通信协议等技术攻关和标准研制，面向重点行业智能制造单元、智能生产线、智能车间、智能工厂建设，培育一批系统解决方案供应商，组织开展行业系统解决方案应用试点示范，为中小企业提供标准化、专业化的系统解决方案。支持有条件的企业开展系统解决方案业务剥离重组，推动系统解决方案服务专业化、规模化和市场化，充分发挥系统解决方案促进制造业与互联网融合发展的“黏合剂”作用。

（十）提高工业信息系统安全水平

实施工业控制系统安全保障能力提升工程，制定完善工业信息安全管理等政策法规，健全工业信息安全标准体系，建立工业控制系统安全风险信息采集汇总和分析通报机制，组织开展重点行业工业控制系统信息安全检查和风险评估。组织开展工业企业信息安全保障试点示范，支持系统仿真测试、评估验证等关键共性技术平台建设，推动访问控制、追踪溯源、商业信息及隐私保护等核心技术产品产业化。以提升工业信息安全监测、评估、验证和应急处置等能力为重点，依托现有科研机构，建设国家工业信息安全保障中心，为制造业与互联网融合发展提供安全支撑。

三、保障措施

（十一）完善融合发展体制机制

深入推进简政放权、放管结合、优化服务改革，放宽新产品、新业态的市场准入限制，加强事中事后监管，提升为企业服务的能力和水平，营造有利于制造业与互联网融合发展的环境。适应制造业与互联网跨界融合发展趋势，积极发挥行业协会和中介组织的桥梁纽带作用，鼓励建立跨行业、跨领域的新型产学研用联盟，开展关键共性技术攻关、融合标准制定和公共服务平台建设。围绕新商业模式知识产权保护需求，完善相关政策法规，建设结构合理、层次分明、可持续发展的知识产权运营服务网络。

（十二）培育国有企业融合发展机制

鼓励中央企业设立创新投资基金，引导地方产业投资基金和社会资本，支持大企业互联网“双创”平台建设、创新创意孵化、科技成果转化和新兴产业培育。建立有利于国有企业与互联网深度融合、激发企业活力、积极开展“双创”的机制，完善国有企业内部创新组织体系和运行机制，探索引入有限合伙制，完善鼓励创新、宽容失败的经营业绩考核机制，研究建立中央企业创新能力评价制度，建立促进创新成果转让的收益分配、工资奖励等制度，对企业重要技术人员和经营管理人员实施股权和分红激励政策。

（十三）加大财政支持融合发展力度

利用中央财政现有资金渠道，鼓励地方设立融合发展专项资金，加大对制造业与互联网融合发展关键环节和重点领域的投入力度，为符合条件的企业实施设备智能化改造、“双创”平台建设运营和应用试点示范项目提供支持。充分发挥现有相关专项资金、基金的引导带动作用，支持系统解决方案能力提升和制造业“双创”公共服务平台建设。制造业与互联网融合发展相关工作或工程中涉及技术研发、确需中央财政支持的，通过优化整合后的科技计划（专项、基金等）统筹予以支持。创新财政资金支持方式，鼓励政府采购云计算等专业化第三方服务，支持中小微企业提升信息化能力。

（十四）完善支持融合发展的税收和金融政策

结合全面推开营改增试点，进一步扩大制造企业增值税抵扣范围，落实增值税优惠政策，支持制造企业基于互联网独立开展或与互联网企业合资合作开展新业务。落实研发费用加计扣除、高新技术企业等所得税优惠政策，积极研究完善科技企业孵化器税收政策。选择一批重点城市和重点企业开展产融合作试点，支持开展信用贷款、融资租赁、质押担保等金融产品和服务创新。鼓励金融机构利用“双创”平台提供结算、融资、理财、咨询等一站式系统化金融服务，进一步推广知识产权质押，创新担保方式，积极探索多样化的信贷风险分担机制。

（十五）强化融合发展用地用房等服务

支持制造企业在不改变用地主体和规划条件的前提下，利用存量房产、土地资源发展制造业与互联网融合的新业务、新业态，实行 5 年过渡期内保持土地原用途和权利类型不变的政策。鼓励有条件的地方因地制宜出台支持政策，积极盘活闲置的工业厂房、企业库房和物流设施等资源，并对办公用房、水电、网络等费用给予补助，为致力于制造业与互联网融合发展的创业者提供低成本、高效便捷的专业服务。

（十六）健全融合发展人才培养体系

深化人才体制机制改革，完善激励创新的股权、期权等风险共担和收益分享机制，吸引具备创新能力的跨界人才，营造有利于融合发展优秀人才脱颖而出的良好环境。支持高校设置“互联网+”等相关专业，推进高等院校专业学位建设，加强高层次应用型专门人才培养。在重点院校、大型企业和产业园区建设一批产学研用相结合的专业人才培训基地，积极开展企业新型学徒制试点。结合国家专业技术人才知识更新工程、企业经营管理人才素质提升工程、高技能人才振兴计划等，加强融合发展职业人才和高端人才培养。在大中型企业推广首席信息官制度，壮大互联网应用人才队伍。

（十七）推动融合发展国际合作交流

积极发起或参与互联网领域多双边或区域性规则谈判，提升影响力和话语权。推动建立中外政府和民间对话交流机制，围绕大型制造企业互联网“双创”平台建设、融合发展标准制定以及应用示范等，开展技术交流与合作。结合实施“一带一路”等国家重大战略，运用丝路基金、中非发展基金、中非产能合作基金等金融资源，支持行业协会、产业联盟与企业共同推广中国制造业与互联网融合发展的产品、技术、标准和服务，推动制造业与互联网融合全链条“走出去”，拓展海外市场；提升“引进来”的能力和水平，利用全球人才、技术、知识产权等创新资源，学习国际先进经营管理模式，支持和促进我国制造业与互联网融合发展。

各地区、各部门要高度重视深化制造业与互联网融合发展工作，统一思想，提高认识，加大工作力度，切实抓好本意见实施。国家制造强国建设领导小组要统筹研究完善制造业与互联网融合发展推进机制，加强对重大问题、重大政策和重大工程的综合协调，部署开展督导检查，推动各项任务落实。各有关部门要按照职责分工，加强协同配合，做好指导协调，抓紧出台配套政策，完善相关规章制度，强化跟踪督查，及时帮助有关方面解决遇到的困难和问题。国家制造强国建设战略咨询委员会要充分发挥作用，组织开展基础性、前瞻性、战略性研究，为重大决策及相关工程实施提供咨询。各地区要结合实际建立健全工作机制，制定具体实施方案，加强考核评估，确保融合发展各项任务落到实处。

国务院

2016 年 5 月 13 日

（此件公开发布）

中国制造 2025

国发〔2015〕28 号

制造业是国民经济的主体，是立国之本、兴国之器、强国之基。十八世纪中叶开启工业文明以来，世界强国的兴衰史和中华民族的奋斗史一再证明，没有强大的制造业，就没有国家和民族的强盛。打造具有国际竞争力的制造业，是我国提升综合国力、保障国家安全、建设世界强国的必由之路。

新中国成立尤其是改革开放以来，我国制造业持续快速发展，建成了门类齐全、独立完整的产业体系，有力推动工业化和现代化进程，显著增强综合国力，支撑我世界大国地位。然而，与世界先进水平相比，我国制造业仍然大而不强，在自主创新能力、资源利用效率、产业结构水平、信息化程度、质量效益等方面差距明显，转型升级和跨越发展的任务紧迫而艰巨。

当前，新一轮科技革命和产业变革与我国加快转变经济发展方式形成历史性交汇，国际产业分工格局正在重塑。必须紧紧抓住这一重大历史机遇，按照“四个全面”战略布局要求，实施制造强国战略，加强统筹规划和前瞻部署，力争通过三个十年的努力，到新中国成立一百年时，把我国建设成为引领世界制造业发展的制造强国，为实现中华民族伟大复兴的中国梦打下坚实基础。

《中国制造 2025》，是我国实施制造强国战略第一个十年的行动纲领。

一、发展形势和环境

（一）全球制造业格局面临重大调整

新一代信息技术与制造业深度融合，正在引发影响深远的产业变革，形成新的生产方式、产业形态、商业模式和经济增长点。各国都在加大科技创新力度，推动三维（3D）打印、移动互联网、云计算、大数据、生物工程、新能源、新材料等领域取得新突破。基于信息物理系统的智能装备、智能工厂等智能制造正在引领制造方式变革；网络众包、协同设计、大规模个性化定制、精准供应链管理、全生命周期管理、电子商务等正在重塑产业价值链体系；可穿戴智能产品、智能家电、智能汽车等智能终端产品不断拓展制造业新领域。我国制造业转型升级、创新发展迎来重大机遇。

全球产业竞争格局正在发生重大调整，我国在新一轮发展中面临巨大挑战。国际金融危机发生后，发达国家纷纷实施“再工业化”战略，重塑制造业竞争新优势，加速推进新一轮全球贸易投资新格局。一些发展中国家也在加快谋划和布局，积极参与全球产业再分工，承接产业及资本转移，拓展国际市场空间。我国制造业面临发达国家和其他发展中国家“双向挤压”的严峻挑战，必须放眼全球，加紧战略部署，着眼建设制造强国，固本培元，化挑战为机遇，抢占制造业新一轮竞争制高点。

（二）我国经济发展环境发生重大变化

随着新型工业化、信息化、城镇化、农业现代化同步推进，超大规模内需潜力不断释放，为我国制造业发展提供了广阔空间。各行业新的装备需求、人民群众新的消费需求、社会管理和公共服务新的民生需求、国防建设新的安全需求，都要求制造业在重大技术装备创新、消费品质量和安全、公共服务设施设备供给和国防装备保障等方面迅速提升水平和能力。全面深化改革和进一步扩大开放，将不断激发制造业发展活力和创造力，促进制造业转型升级。

我国经济发展进入新常态，制造业发展面临新挑战。资源和环境约束不断强化，劳动力等生产要素成本不断上升，投资和出口增速明显放缓，主要依靠资源要素投入、规模扩张的粗放发展模式难以为继，调整结构、转型升级、提质增效刻不容缓。形成经济增长新动力，塑造国际竞争新优势，重点在制造业，难点在制造业，出路也在制造业。

（三）建设制造强国任务艰巨而紧迫

经过几十年的快速发展，我国制造业规模跃居世界第一位，建立起门类齐全、独立完整的制造体系，成为支撑我国经济社会发展的重要基石和促进世界经济发展的重要力量。持续的技术创新，大大提高了我国制造业的综合竞争力。载人航天、载人深潜、大型飞机、北斗卫星导航、超级计算机、高铁装备、百万千瓦级发电装备、万米深海石油钻探设备等一批重大技术装备取得突破，形成了若干具有国际竞争力的优势产业和骨干企业，我国已具备了建设工业强国的基础和条件。

但我国仍处于工业化进程中，与先进国家相比还有较大差距。制造业大而不强，自主创新能力弱，关键核心技术与高端装备对外依存度高，以企业为主体的制造业创新体系不完善；产品档次不高，缺乏世界知名品牌；资源能源利用效率低，环境污染问题较为突出；产业结构不合理，高端装备制造业和生产性服务业发展滞后；信息化水平不高，与工业化融合深度不够；产业国际化程度不高，企业全球化经营能力不足。推进制造强国建设，必须着力解决以上问题。

建设制造强国，必须紧紧抓住当前难得的战略机遇，积极应对挑战，加强统筹规划，突出创新驱动，制定特殊政策，发挥制度优势，动员全社会力量奋力拼搏，更多依靠中国装备、依托中国品牌，实现中国制造向中国创造的转变，中国速度向中国质量的转变，中国产品向中国品牌的转变，完成中国制造由大变强的战略任务。

二、战略方针和目标

（一）指导思想

全面贯彻党的十八大和十八届二中、三中、四中全会精神，坚持走中国特色新型工业化道路，以促进制造业创新发展为主题，以提质增效为中心，以加快新一代信息技术与制造业深度融合为主线，以推进智能制造为主攻方向，以满足经济社会发展和国防建设对重大技术装备的需求为目标，强化工业基础能力，提高综合集成水平，完善多层次多类型人才培养体系，促进产业转型升级，培育有中国特色的制造文化，实现制造业由大变强的历史跨越。基本方针是：

——创新驱动。坚持把创新摆在制造业发展全局的核心位置，完善有利于创新的制度环境，推动跨领域跨行业协同创新，突破一批重点领域关键共性技术，促进制造业数字化网络化智能化，走创新驱动的发展道路。

——质量为先。坚持把质量作为建设制造强国的生命线，强化企业质量主体责任，加强质量技术攻关、自主品牌培育。建设法规标准体系、质量监管体系、先进质量文化，营造诚信经营的市场环境，走以质取胜的发展道路。

——绿色发展。坚持把可持续发展作为建设制造强国的重要着力点，加强节能环保技术、工艺、装备推广应用，全面推行清洁生产。发展循环经济，提高资源回收利用效率，构建绿色制造体系，走生态文明的发展道路。

——结构优化。坚持把结构调整作为建设制造强国的关键环节，大力发展先进制造业，改造提升传统产业，推动生产型制造向服务型制造转变。优化产业空间布局，培育一批具有核心竞争力的产业集群和企业群体，走提质增效的发展道路。

——人才为本。坚持把人才作为建设制造强国的根本，建立健全科学合理的选人、用人、育人机制，加快培养制造业发展急需的专业技术人才、经营管理人才、技能人才。营造大众创业、万众创新的氛围，建设一支素质优良、结构合理的制造业人才队伍，走人才引领的发展道路。

（二）基本原则

市场主导，政府引导。全面深化改革，充分发挥市场在资源配置中的决定性作用，强化企业主体地位，激发企业活力和创造力。积极转变政府职能，加强战略研究和规划引导，完善相关支持政策，为企业发展创造良好环境。

立足当前，着眼长远。针对制约制造业发展的瓶颈和薄弱环节，加快转型升级和提质增效，切实提高制造业的核心竞争力和可持续发展能力。准确把握新一轮科技革命和产业变革趋势，加强战略谋划和前瞻部署，扎扎实实打基础，在未来竞争中占据制高点。

整体推进，重点突破。坚持制造业发展全国一盘棋和分类指导相结合，统筹规划，合理布局，明确创新发展方向，促进军民融合深度发展，加快推动制造业整体水平提升。围绕经济社会发展和国家安全重大需求，整合资源，突出重点，实施若干重大工程，实现率先突破。

自主发展，开放合作。在关系国计民生和产业安全的基础性、战略性、全局性领域，着力掌握关键核心技术，完善产业链条，形成自主发展能力。继续扩大开放，积极利用全球资源和市场，加强产业全球布局和国际交流合作，形成新的比较优势，提升制造业开放发展水平。

（三）战略目标

立足国情，立足现实，力争通过“三步走”实现制造强国的战略目标。

第一步：力争用十年时间，迈入制造强国行列。

到2020年，基本实现工业化，制造业大国地位进一步巩固，制造业信息化水平大幅提升。掌握一批重点领域关键核心技术，优势领域竞争力进一步增强，产品质量有较大提高。制造业数字化、网络化、智能化取得明显进展。重点行业单位工业增加值能耗、物耗及污染物排放明显下降。

到2025年，制造业整体素质大幅提升，创新能力显著增强，全员劳动生产率明显提高，两化（工业化和信息化）融合迈上新台阶。重点行业单位工业增加值能耗、物耗及污染物排放达到世界先进水平。形成一批具有较强国际竞争力的跨国公司和产业集群，在全球产业分工和价值链中的地位明显提升。

第二步：到2035年，我国制造业整体达到世界制造强国阵营中等水平。创新能力大幅提升，重点领域发展取得重大突破，整体竞争力明显增强，优势行业形成全球创新引领能力，全面实现工业化。

第三步：新中国成立一百年时，制造业大国地位更加巩固，综合实力进入世界制造强国前列。制造业主要领域具有创新引领能力和明显竞争优势，建成全球领先的技术体系和产业体系。

2020年和2025年制造业主要指标

类别	指标	2013年	2015年	2020年	2025年
创新能力	规模以上制造业研发经费内部支出占主营业务收入比重（%）	0.88	0.95	1.26	1.68
	规模以上制造业每亿元主营业务收入有效发明专利数[1]（件）	0.36	0.44	0.70	1.10
质量效益	制造业质量竞争力指数[2]	83.1	83.5	84.5	85.5
	制造业增加值率提高	—	—	比2015年提高2个百分点	比2015年提高4个百分点
	制造业全员劳动生产率增速（%）	—	—	7.5左右（“十三五”期间年均增速）	6.5左右（“十四五”期间年均增速）

续表

类别	指标	2013 年	2015 年	2020 年	2025 年
两化融合	宽带普及率[3]（%）	37	50	70	82
	数字化研发设计工具普及率[4]（%）	52	58	72	84
	关键工序数控化率[5]（%）	27	33	50	64
绿色发展	规模以上单位工业增加值能耗下降幅度	—	—	比 2015 年下降 18%	比 2015 年下降 34%
	单位工业增加值二氧化碳排放量下降幅度	—	—	比 2015 年下降 22%	比 2015 年下降 40%
	单位工业增加值用水量下降幅度	—	—	比 2015 年下降 23%	比 2015 年下降 41%
	工业固体废物综合利用率（%）	62	65	73	79

1 规模以上制造业每亿元主营业务收入有效发明专利数=规模以上制造企业有效发明专利数/规模以上制造企业主营业务收入。

2 制造业质量竞争力指数是反映我国制造业质量整体水平的经济技术综合指标，由质量水平和发展能力两个方面共计 12 项具体指标计算得出。

3 宽带普及率用固定宽带家庭普及率代表，固定宽带家庭普及率=固定宽带家庭用户数/家庭户数。

4 数字化研发设计工具普及率=应用数字化研发设计工具的规模以上企业数量/规模以上企业总数量（相关数据来源于 3 万家样本企业，下同）。

5 关键工序数控化率为规模以上工业企业关键工序数控化率的平均值。

三、战略任务和重点

实现制造强国的战略目标，必须坚持问题导向，统筹谋划，突出重点；必须凝聚全社会共识，加快制造业转型升级，全面提高发展质量和核心竞争力。

（一）提高国家制造业创新能力

完善以企业为主体、市场为导向、政产学研用相结合的制造业创新体系。围绕产业链部署创新链，围绕创新链配置资源链，加强关键核心技术攻关，加速科技成果产业化，提高关键环节和重点领域的创新能力。

加强关键核心技术研发。强化企业技术创新主体地位，支持企业提升创新能力，推进国家技术创新示范企业和企业技术中心建设，充分吸纳企业参与国家科技计划的决策和实施。瞄准国家重大战略需求和未来产业发展制高点，定期研究制定发布制造业重点领域技术创新路线图。继续抓紧实施国家科技重大专项，通过国家科技计划（专项、基金等）支持关键核心技术研发。发挥行业骨干企业的主导作用和高等院校、科研院所的基础作用，建立一批产业创新联盟，开展政产学研用协同创新，攻克一批对产业竞争力整体提升具有全局性影响、带动性强的关键共性技术，加快成果转化。

提高创新设计能力。在传统制造业、战略性新兴产业、现代服务业等重点领域开展创新设计示范，全面推广应用以绿色、智能、协同为特征的先进设计技术。加强设计领域共性关键技术研发，攻克信息化设计、过程集成设计、复杂过程和系统设计等共性技术，开发一批具有自主知识产权的关键设计工具软件，建设完善创新设计生态系统。建设若干具有世界影响力的创新设计集群，培育一批专业化、开放型的工业设计企业，鼓励代工企业建立研究设计中心，向代设计和出口自主品牌产品转变。发展各类创新设计教育，设立国家工业设计奖，激发全社会创新设计的积极性和主动性。

推进科技成果产业化。完善科技成果转化运行机制，研究制定促进科技成果转化和产业化的指导意见，建立完善科技成果信息发布和共享平台，健全以技术交易市场为核心的技术转移和产业化服务体系。完善科技成果转化激励机制，推动事业单位科技成果使用、处置和收益管理改革，健全科技成果科学评估和市场定价机制。完善科技成果转化协同推进机制，引导政产学研用按照市场规律和创新规律加强合作，鼓励企业和社会资本建立一批从事技术集成、熟化和工程化的中试基地。加快国防科技成果转化和产业化进程，推进军民技术双向转移转化。

完善国家制造业创新体系。加强顶层设计，加快建立以创新中心为核心载体、以公共服务平台和工程数据中心为重要支撑的制造业创新网络，建立市场化的创新方向选择机制和鼓励创新的风险分担、利益共享机制。充分利用现有科技资源，围绕制造业重大共性需求，采取政府与社会合作、政产学研用产业创新战略联盟等新机制新模式，形成一批制造业创新中心（工业技术研究基地），开展关键共性重大技术研究和产业化应用示范。建设一批促进制造业协同创新的公共服务平台，规范服务标准，开展技术研发、检验检测、技术评价、技术交易、质量认证、人才培训等专业化服务，促进科技成果转化和推广应用。建设重点领域制造业工程数据中心，为企业提供创新知识和工程数据的开放共享服务。面向制造业关键共性技术，建设一批重大科学研究和实验设施，提高核心企业系统集成能力，促进向价值链高端延伸。

专栏 1　制造业创新中心（工业技术研究基地）建设工程

围绕重点行业转型升级和新一代信息技术、智能制造、增材制造、新材料、生物医药等领域创新发展的重大共性需求，形成一批制造业创新中心（工业技术研究基地），重点开展行业基础和共性关键技术研发、成果产业化、人才培训等工作。制定完善制造业创新中心遴选、考核、管理的标准和程序。

到 2020 年，重点形成 15 家左右制造业创新中心（工业技术研究基地），力争到 2025 年形成 40 家左右制造业创新中心（工业技术研究基地）。

加强标准体系建设。改革标准体系和标准化管理体制，组织实施制造业标准化提升计划，在智能制造等重点领域开展综合标准化工作。发挥企业在标准制定中的重要作用，支持组建重点领域标准推进联盟，建设标准创新研究基地，协同推进产品研发与标准制定。制定满足市场和创新需要的团体标准，建立企业产品和服务标准自我声明公开和监督制度。鼓励和支持企业、科研院所、行业组织等参与国际标准制定，加快我国标准国际化进程。大力推动国防装备采用先进的民用标准，推动军用技术标准向民用领域的转化和应用。做好标准的宣传贯彻，大力推动标准实施。

强化知识产权运用。加强制造业重点领域关键核心技术知识产权储备，构建产业化导向的专利组合和战略布局。鼓励和支持企业运用知识产权参与市场竞争，培育一批具备知识产权综合实力的优势企业，支持组建知识产权联盟，推动市场主体开展知识产权协同运用。稳妥推进国防知识产权解密和市场化应用。建立健全知识产权评议机制，鼓励和支持行业骨干企业与专业机构在重点领域合作开展专利评估、收购、运营、风险预警与应对。构建知识产权综合运用公共服务平台。鼓励开展跨国知识产权许可。研究制定降低中小企业知识产权申请、保护及维权成本的政策措施。

（二）推进信息化与工业化深度融合

加快推动新一代信息技术与制造技术融合发展，把智能制造作为两化深度融合的主攻方向；着力发展智能装备和智能产品，推进生产过程智能化，培育新型生产方式，全面提升企业研发、生产、管理和服务的智能化水平。

研究制定智能制造发展战略。编制智能制造发展规划，明确发展目标、重点任务和重大布局。加快制定智能制造技术标准，建立完善智能制造和两化融合管理标准体系。强化应用牵引，建立智能制造产业联盟，协同推动智能装备和产品研发、系统集成创新与产业化。促进工业互联网、云计算、大数据在企业研发设计、生产制造、经营管理、销售服务等全流程和全产业链的综合集成应用。加强智能制造工业控制系统网络安全保障能力建设，健全综合保障体系。

加快发展智能制造装备和产品。组织研发具有深度感知、智慧决策、自动执行功能的高档数控机床、工业机器人、增材制造装备等智能制造装备以及智能化生产线，突破新型传感器、智能测量仪表、工业控制系统、伺服电机及驱动器和减速器等智能核心装置，推进工程化和产业化。加快机械、航空、船舶、汽车、轻工、纺织、食品、电子等行业生产设备的智能化改造，提高精准制造、敏捷制造能力。统筹布局和推动智能交通工具、智能工程机械、服务机器人、智能家电、智能照明电器、可穿戴设备等产品研发和产业化。

推进制造过程智能化。在重点领域试点建设智能工厂/数字化车间，加快人机智能交互、工业机器人、智能物流管理、增材制造等技术和装备在生产过程中的应用，促进制造工艺的仿真优化、数字化控制、状态信息实时监测和自适应控制。加快产品全生命周期管理、客户关系管理、供应链管理系统的推广应用，促进集团管控、设计与制造、产供销一体、业务和财务衔接等关键环节集成，实现智能管控。加快民用爆炸物品、危险化学品、食品、印染、稀土、农药等重点行业智能检测监管体系建设，提高智能化水平。

深化互联网在制造领域的应用。制定互联网与制造业融合发展的路线图，明确发展方向、目标和路径。发展基于互联网的个性化定制、众包设计、云制造等新型制造模式，推动形成基于消费需求动态感知的研发、制造和产业组织方式。建立优势互补、合作共赢的开放型产业生态体系。加快开展物联网技术研发和应用示范，培育智能监测、远程诊断管理、全产业链追溯等工业互联网新应用。实施工业云及工业大数据创新应用试点，建设一批高质量的工业云服务和工业大数据平台，推动软件与服务、设计与制造资源、关键技术与标准的开放共享。

加强互联网基础设施建设。加强工业互联网基础设施建设规划与布局，建设低时延、高可靠、广覆盖的工业互联网。加快制造业集聚区光纤网、移动通信网和无线局域网的部署和建设，实现信息网络宽带升级，提高企业宽带接入能力。

针对信息物理系统网络研发及应用需求，组织开发智能控制系统、工业应用软件、故障诊断软件和相关工具、传感和通信系统协议，实现人、设备与产品的实时联通、精确识别、有效交互与智能控制。

专栏2　智能制造工程

紧密围绕重点制造领域关键环节，开展新一代信息技术与制造装备融合的集成创新和工程应用。支持政产学研用联合攻关，开发智能产品和自主可控的智能装置并实现产业化。依托优势企业，紧扣关键工序智能化、关键岗位机器人替代、生产过程智能优化控制、供应链优化，建设重点领域智能工厂/数字化车间。在基础条件好、需求迫切的重点地区、行业和企业中，分类实施流程制造、离散制造、智能装备和产品、新业态新模式、智能化管理、智能化服务等试点示范及应用推广。建立智能制造标准体系和信息安全保障系统，搭建智能制造网络系统平台。

到 2020 年，制造业重点领域智能化水平显著提升，试点示范项目运营成本降低 30%，产品生产周期缩短 30%，不良品率降低 30%。到 2025 年，制造业重点领域全面实现智能化，试点示范项目运营成本降低 50%，产品生产周期缩短 50%，不良品率降低 50%。

（三）强化工业基础能力

核心基础零部件（元器件）、先进基础工艺、关键基础材料和产业技术基础（以下统称“四基”）等工业基础能力薄弱，是制约我国制造业创新发展和质量提升的症结所在。要坚持问题导向、产需结合、协同创新、重点突破的原则，着力破解制约重点产业发展的瓶颈。

统筹推进“四基”发展。制定工业强基实施方案，明确重点方向、主要目标和实施路径。制定工业“四基”发展指导目录，发布工业强基发展报告，组织实施工业强基工程。统筹军民两方面资源，开展军民两用技术联合攻关，支持军民技术相互有效利用，促进基础领域融合发展。强化基础领域标准、计量体系建设，加快实施对标达标，提升基础产品的质量、可靠性和寿命。建立多部门协调推进机制，引导各类要素向基础领域集聚。

加强“四基”创新能力建设。强化前瞻性基础研究，着力解决影响核心基础零部件（元器件）产品性能和稳定性的关键共性技术。建立基础工艺创新体系，利用现有资源建立关键共性基础工艺研究机构，开展先进成型、加工等关键制造工艺联合攻关；支持企业开展工艺创新，培养工艺专业人才。加大基础专用材料研发力度，提高专用材料自给保障能力和制备技术水平。建立国家工业基础数据库，加强企业试验检测数据和计量数据的采集、管理、应用和积累。加大对“四基”领域技术研发的支持力度，引导产业投资基金和创业投资基金投向“四基”领域重点项目。

推动整机企业和“四基”企业协同发展。注重需求侧激励，产用结合，协同攻关。依托国家科技计划（专项、基金等）和相关工程等，在数控机床、轨道交通装备、航空航天、发电设备等重点领域，引导整机企业和“四基”企业、高校、科研院所产需对接，建立产业联盟，形成协同创新、产用结合、以市场促基础产业发展的新模式，提升重大装备自主可控水平。开展工业强基示范应用，完善首台（套）、首批次政策，支持核心基础零部件（元器件）、先进基础工艺、关键基础材料推广应用。

专栏 3　工业强基工程

开展示范应用，建立奖励和风险补偿机制，支持核心基础零部件（元器件）、先进基础工艺、关键基础材料的首批次或跨领域应用。组织重点突破，针对重大工程和重点装备的关键技术和产品急需，支持优势企业开展政产学研用联合攻关，突破关键基础材料、核心基础零部件的工程化、产业化瓶颈。强化平台支撑，布局和组建一批"四基"研究中心，创建一批公共服务平台，完善重点产业技术基础体系。

到 2020 年，40%的核心基础零部件、关键基础材料实现自主保障，受制于人的局面逐步缓解，航天装备、通信装备、发电与输变电设备、工程机械、轨道交通装备、家用电器等产业急需的核心基础零部件（元器件）和关键基础材料的先进制造工艺得到推广应用。到 2025 年，70%的核心基础零部件、关键基础材料实现自主保障，80 种标志性先进工艺得到推广应用，部分达到国际领先水平，建成较为完善的产业技术基础服务体系，逐步形成整机牵引和基础支撑协调互动的产业创新发展格局。

（四）加强质量品牌建设

提升质量控制技术，完善质量管理机制，夯实质量发展基础，优化质量发展环境，努力实现制造业质量大幅提升。鼓励企业追求卓越品质，形成具有自主知识产权的名牌产品，不断提升企业品牌价值和中国制造整体形象。

推广先进质量管理技术和方法。建设重点产品标准符合性认定平台，推动重点产品技术、安全标准全面达到国际先进水平。开展质量标杆和领先企业示范活动，普及卓越绩效、六西格玛、精益生产、质量诊断、质量持续改进等先进生产管理模式和方法。支持企业提高质量在线监测、在线控制和产品全生命周期质量追溯能力。组织开展重点行业工艺优化行动，提升关键工艺过程控制水平。开展质量管理小组、现场改进等群众性质量管理活动示范推广。加强中小企业质量管理，开展质量安全培训、诊断和辅导活动。

加快提升产品质量。实施工业产品质量提升行动计划，针对汽车、高档数控机床、轨道交通装备、大型成套技术装备、工程机械、特种设备、关键原材料、基础零部件、电子元器件等重点行业，组织攻克一批长期困扰产品质量提升的关键共性质量技术，加强可靠性设计、试验与验证技术开发应用，推广采用先进成型和加工方法、在线检测装置、智能化生产和物流系统及检测设备等，使重点实物产品的性能稳定性、质量可靠性、环境适应性、使用寿命等指标达到国际同类产品先进水平。在食品、药品、婴童用品、家电等领域实施覆盖产品全生命周期的质量管理、质量自我声明和质量追溯制度，保障重点消费品质量安全。大力提高国防装备质量可靠性，增强国防装备实战能力。

完善质量监管体系。健全产品质量标准体系、政策规划体系和质量管理法律法规。加强关系民生和安全等重点领域的行业准入与市场退出管理。建立消费品生产经营企业产品事故强制报告制度，健全质量信用信息收集和发布制度，强化企业质量主体责任。将质量违法违规记录作为企业诚信评级的重要内容，建立质量黑名单制度，加大对质量违法和假冒品牌行为的打击和惩处力度。建立区域和行业质量安全预警制度，防范化解产品质量安全风险。严格实施产品“三包”、产品召回等制度。强化监管检查和责任追究，切实保护消费者权益。

夯实质量发展基础。制定和实施与国际先进水平接轨的制造业质量、安全、卫生、环保及节能标准。加强计量科技基础及前沿技术研究，建立一批制造业发展急需的高准确度、高稳定性计量基标准，提升与制造业相关的国家量传溯源能力。加强国家产业计量测试中心建设，构建国家计量科技创新体系。完善检验检测技术保障体系，建设一批高水平的工业产品质量控制和技术评价实验室、产品质量监督检验中心，鼓励建立专业检测技术联盟。完善认证认可管理模式，提高强制性产品认证的有效性，推动自愿性产品认证健康发展，提升管理体系认证水平，稳步推进国际互认。支持行业组织发布自律规范或公约，开展质量信誉承诺活动。

推进制造业品牌建设。引导企业制定品牌管理体系，围绕研发创新、生产制造、质量管理和营销服务全过程，提升内在素质，夯实品牌发展基础。扶持一批品牌培育和运营专业服务机构，开展品牌管理咨询、市场推广等服务。健全集体商标、证明商标注册管理制度。打造一批特色鲜明、竞争力强、市场信誉好的产业集群区域品牌。建设品牌文化，引导企业增强以质量和信誉为核心的品牌意识，树立品牌消费理念，提升品牌附加值和软实力。加速我国品牌价值评价国际化进程，充分发挥各类媒体作用，加大中国品牌宣传推广力度，树立中国制造品牌良好形象。

（五）全面推行绿色制造

加大先进节能环保技术、工艺和装备的研发力度，加快制造业绿色改造升级；积极推行低碳化、循环化和集约化，提高制造业资源利用效率；强化产品全生命周期绿色管理，努力构建高效、清洁、低碳、循环的绿色制造体系。

加快制造业绿色改造升级。全面推进钢铁、有色、化工、建材、轻工、印染等传统制造业绿色改造，大力研发推广余热余压回收、水循环利用、重金属污染减量化、有毒有害原料替代、废渣资源化、脱硫脱硝除尘等绿色工艺技术装备，加快应用清洁高效铸造、锻压、焊接、表面处理、切削等加工工艺，实现绿色生产。加强绿色产品研发应用，推广轻量化、低功耗、易回收等技术工艺，持续提升电机、锅炉、内燃机及电器等终端用能产品能效水平，加快淘汰落后机电产品和技术。积极引领新兴产业高起点绿色发展，大幅降低电子信息产品生产、使用能耗及限用物质含量，建设绿色数据中心和绿色基站，大力促进新材料、新能源、高端装备、生物产业绿色低碳发展。

推进资源高效循环利用。支持企业强化技术创新和管理，增强绿色精益制造能力，大幅降低能耗、物耗和水耗水平。持续提高绿色低碳能源使用比率，开展工业园区和企业分布式绿色智能微电网建设，控制和削减化石能源消费量。全面推行循环生产方式，促进企业、园区、行业间链接共生、原料互供、资源共享。推进资源再生利用产业规范化、规模化发展，强化技术装备支撑，提高大宗工业固体废弃物、废旧金属、废弃电器电子产品等综合利用水平。大力发展再制造产业，实施高端再制造、智能再制造、在役再制造，推进产品认定，促进再制造产业持续健康发展。

积极构建绿色制造体系。支持企业开发绿色产品，推行生态设计，显著提升产品节能环保低碳水平，引导绿色生产和绿色消费。建设绿色工厂，实现厂房集约化、原料无害化、生产洁净化、废物资源化、能源低碳化。发展绿色园区，推进工业园区产业耦合，实现近零排放。打造绿色供应链，加快建立以资源节约、环境友好为导向的采购、生产、营销、回收及物流体系，落实生产者责任延伸制度。壮大绿色企业，支持企业实施绿色战略、绿色标准、绿色管理和绿色生产。强化绿色监管，健全节能环保法规、标准体系，加强节能环保监察，推行企业社会责任报告制度，开展绿色评价。

专栏 4　绿色制造工程

组织实施传统制造业能效提升、清洁生产、节水治污、循环利用等专项技术改造。开展重大节能环保、资源综合利用、再制造、低碳技术产业化示范。实施重点区域、流域、行业清洁生产水平提升计划，扎实推进大气、水、土壤污染源头防治专项。制定绿色产品、绿色工厂、绿色园区、绿色企业标准体系，开展绿色评价。

到 2020 年，建成千家绿色示范工厂和百家绿色示范园区，部分重化工行业能源资源消耗出现拐点，重点行业主要污染物排放强度下降 20%。到 2025 年，制造业绿色发展和主要产品单耗达到世界先进水平，绿色制造体系基本建立。

（六）大力推动重点领域突破发展

瞄准新一代信息技术、高端装备、新材料、生物医药等战略重点，引导社会各类资源集聚，推动优势和战略产业快速发展。

1．新一代信息技术产业

集成电路及专用装备。着力提升集成电路设计水平，不断丰富知识产权（IP）核和设计工具，突破关系国家信息与网络安全及电子整机产业发展的核心通用芯片，提升国产芯片的应用适配能力。掌握高密度封装及三维（3D）微组装技术，提升封装产业和测试的自主发展能力。形成关键制造装备供货能力。

信息通信设备。掌握新型计算、高速互联、先进存储、体系化安全保障等核心技术，全面突破第五代移动通信（5G）技术、核心路由交换技术、超高速大容量智能光传输技术、“未来网络”核心技术和体系架构，积极推动量子计算、神经网络等发展。研发高端服务器、大容量存储、新型路由交换、新型智能终端、新一代基站、网络安全等设备，推动核心信息通信设备体系化发展与规模化应用。

操作系统及工业软件。开发安全领域操作系统等工业基础软件。突破智能设计与仿真及其工具、制造物联与服务、工业大数据处理等高端工业软件核心技术，开发自主可控的高端工业平台软件和重点领域应用软件，建立完善工业软件集成标准与安全测评体系。推进自主工业软件体系化发展和产业化应用。

2．高档数控机床和机器人

高档数控机床。开发一批精密、高速、高效、柔性数控机床与基础制造装备及集成制造系统。加快高档数控机床、增材制造等前沿技术和装备的研发。以提升可靠性、精度保持性为重点，开发高档数控系统、伺服电机、轴承、光栅等主要功能部件及关键应用软件，加快实现产业化。加强用户工艺验证能力建设。

机器人。围绕汽车、机械、电子、危险品制造、国防军工、化工、轻工等工业机器人、特种机器人，以及医疗健康、家庭服务、教育娱乐等服务机器人应用需求，积极研发新产品，促进机器人标准化、模块化发展，扩大市场应用。突破机器人本体、减速器、伺服电机、控制器、传感器与驱动器等关键零部件及系统集成设计制造等技术瓶颈。

3．航空航天装备

航空装备。加快大型飞机研制，适时启动宽体客机研制，鼓励国际合作研制重型直升机；推进干支线飞机、直升机、无人机和通用飞机产业化。突破高推重比、先进涡桨（轴）发动机及大涵道比涡扇发动机技术，建立发动机自主发展工业体系。开发先进机载设备及系统，形成自主完整的航空产业链。

航天装备。发展新一代运载火箭、重型运载器，提升进入空间能力。加快推进国家民用空间基础设施建设，发展新型卫星等空间平台与有效载荷、空天地宽带互联网系统，形成长期持续稳定的卫星遥感、通信、导航等空间信息服务能力。推动载人航天、月球探测工程，适度发展深空探测。推进航天技术转化与空间技术应用。

4．海洋工程装备及高技术船舶

大力发展深海探测、资源开发利用、海上作业保障装备及其关键系统和专用设备。推动深海空间站、大型浮式结构物的开发和工程化。形成海洋工程装备综合试验、检测与鉴定能力，提高海洋开发利用水平。突破豪华邮轮设计建造技术，全面提升液化天然气船等高技术船舶国际竞争力，掌握重点配套设备集成化、智能化、模块化设计制造核心技术。

5．先进轨道交通装备

加快新材料、新技术和新工艺的应用，重点突破体系化安全保障、节能环保、数字化智能化网络化技术，研制先进可靠适用的产品和轻量化、模块化、谱系化产品。研发新一代绿色智能、高速重载轨道交通装备系统，围绕系统全寿命周期，向用户提供整体解决方案，建立世界领先的现代轨道交通产业体系。

6．节能与新能源汽车

继续支持电动汽车、燃料电池汽车发展，掌握汽车低碳化、信息化、智能化核心技术，提升动力电池、驱动电机、高效内燃机、先进变速器、轻量化材料、智能控制等核心技术的工程化和产业化能力，形成从关键零部件到整车的完整工业体系和创新体系，推动自主品牌节能与新能源汽车同国际先进水平接轨。

7．电力装备

推动大型高效超净排放煤电机组产业化和示范应用，进一步提高超大容量水电机组、核电机组、重型燃气轮机制造水平。推进新能源和可再生能源装备、先进储能装置、智能电网用输变电及用户端设备发展。突破大功率电力电子器件、高温超导材料等关键元器件和材料的制造及应用技术，形成产业化能力。

8．农机装备

重点发展粮、棉、油、糖等大宗粮食和战略性经济作物育、耕、种、管、收、运、贮等主要生产过程使用的先进农机装备，加快发展大型拖拉机及其复式作业机具、大型高效联合收割机等高端农业装备及关键核心零部件。提高农机装备信息收集、智能决策和精准作业能力，推进形成面向农业生产的信息化整体解决方案。

9．新材料

以特种金属功能材料、高性能结构材料、功能性高分子材料、特种无机非金属材料和先进复合材料为发展重点，加快研发先进熔炼、凝固成型、气相沉积、型材加工、高效合成等新材料制备关键技术和装备，加强基础研究和体系建设，突破产业化制备瓶颈。积极发展军民共用特种新材料，加快技术双向转移转化，促进新材料产业军民融合发展。高度关注颠覆性新材料对传统材料的影响，做好超导材料、纳米材料、石墨烯、生物基材料等战略前沿材料提前布局和研制。加快基础材料升级换代。

10．生物医药及高性能医疗器械

发展针对重大疾病的化学药、中药、生物技术药物新产品，重点包括新机制和新靶点化学药、抗体药物、抗体偶联药物、全新结构蛋白及多肽药物、新型疫苗、临床优势突出的创新中药及个性化治疗药物。提高医疗器械的创新能力和产业化水平，重点发展影像设备、医用机器人等高性能诊疗设备，全降解血管支架等高值医用耗材，可穿戴、远程诊疗等移动医疗产品。实现生物 3D 打印、诱导多能干细胞等新技术的突破和应用。

专栏 5　高端装备创新工程

组织实施大型飞机、航空发动机及燃气轮机、民用航天、智能绿色列车、节能与新能源汽车、海洋工程装备及高技术船舶、智能电网成套装备、高档数控机床、核电装备、高端诊疗设备等一批创新和产业化专项、重大工程。开发一批标志性、带动性强的重点产品和重大装备，提升自主设计水平和系统集成能力，突破共性关键技术与工程化、产业化瓶颈，组织开展应用试点和示范，提高创新发展能力和国际竞争力，抢占竞争制高点。

到 2020 年，上述领域实现自主研制及应用。到 2025 年，自主知识产权高端装备市场占有率大幅提升，核心技术对外依存度明显下降，基础配套能力显著增强，重要领域装备达到国际领先水平。

（七）深入推进制造业结构调整

推动传统产业向中高端迈进，逐步化解过剩产能，促进大企业与中小企业协调发展，进一步优化制造业布局。

持续推进企业技术改造。明确支持战略性重大项目和高端装备实施技术改造的政策方向，稳定中央技术改造引导资金规模，通过贴息等方式，建立支持企业技术改造的长效机制。推动技术改造相关立法，强化激励约束机制，完善促进企业技术改造的政策体系。支持重点行业、高端产品、关键环节进行技术改造，引导企业采用先进适用技术，优化产品结构，全面提升设计、制造、工艺、管理水平，促进钢铁、石化、工程机械、轻工、纺织等产业向价值链高端发展。研究制定重点产业技术改造投资指南和重点项目导向计划，吸引社会资金参与，优化工业投资结构。围绕两化融合、节能降耗、质量提升、安全生产等传统领域改造，推广应用新技术、新工艺、新装备、新材料，提高企业生产技术水平和效益。

稳步化解产能过剩矛盾。加强和改善宏观调控，按照“消化一批、转移一批、整合一批、淘汰一批”的原则，分业分类施策，有效化解产能过剩矛盾。加强行业规范和准入管理，推动企业提升技术装备水平，优化存量产能。加强对产能严重过剩行业的动态监测分析，建立完善预警机制，引导企业主动退出过剩行业。切实发挥市场机制作用，综合运用法律、经济、技术及必要的行政手段，加快淘汰落后产能。

促进大中小企业协调发展。强化企业市场主体地位，支持企业间战略合作和跨行业、跨区域兼并重组，提高规模化、集约化经营水平，培育一批核心竞争力强的企业集团。激发中小企业创业创新活力，发展一批主营业务突出、竞争力强、成长性好、专注于细分市场的专业化“小巨人”企业。发挥中外中小企业合作园区示范作用，利用双边、多边中小企业合作机制，支持中小企业走出去和引进来。引导大企业与中小企业通过专业分工、服务外包、订单生产等多种方式，建立协同创新、合作共赢的协作关系。推动建设一批高水平的中小企业集群。

优化制造业发展布局。落实国家区域发展总体战略和主体功能区规划，综合考虑资源能源、环境容量、市场空间等因素，制定和实施重点行业布局规划，调整优化重大生产力布局。完善产业转移指导目录，建设国家产业转移信息服务平台，创建一批承接产业转移示范园区，引导产业合理有序转移，推动东中西部制造业协调发展。积极推动京津冀和长江经济带产业协同发展。按照新型工业化的要求，改造提升现有制造业集聚区，推动产业集聚向产业集群转型升级。建设一批特色和优势突出、产业链协同高效、核心竞争力强、公共服务体系健全的新型工业化示范基地。

（八）积极发展服务型制造和生产性服务业

加快制造与服务的协同发展，推动商业模式创新和业态创新，促进生产型制造向服务型制造转变。大力发展与制造业紧密相关的生产性服务业，推动服务功能区和服务平台建设。

推动发展服务型制造。研究制定促进服务型制造发展的指导意见，实施服务型制造行动计划。开展试点示范，引导和支持制造业企业延伸服务链条，从主要提供产品制造向提供产品和服务转变。鼓励制造业企业增加服务环节投入，发展个性化定制服务、全生命周期管理、网络精准营销和在线支持服务等。支持有条件的企业由提供设备向提供系统集成总承包服务转变，由提供产品向提供整体解决方案转变。鼓励优势制造业企业“裂变”专业优势，通过业务流程再造，面向行业提供社会化、专业化服务。支持符合条件的制造业企业建立企业财务公司、金融租赁公司等金融机构，推广大型制造设备、生产线等融资租赁服务。

加快生产性服务业发展。大力发展面向制造业的信息技术服务，提高重点行业信息应用系统的方案设计、开发、综合集成能力。鼓励互联网等企业发展移动电子商务、在线定制、线上到线下等创新模式，积极发展对产品、市场的动态监控和预测预警等业务，实现与制造业企业的无缝对接，创新业务协作流程和价值创造模式。加快发展研发设计、技术转移、创业孵化、知识产权、科技咨询等科技服务业，发展壮大第三方物流、节能环保、检验检测认证、电子商务、服务外包、融资租赁、人力资源服务、售后服务、品牌建设等生产性服务业，提高对制造业转型升级的支撑能力。

强化服务功能区和公共服务平台建设。建设和提升生产性服务业功能区，重点发展研发设计、信息、物流、商务、金融等现代服务业，增强辐射能力。依托制造业集聚区，建设一批生产性服务业公共服务平台。鼓励东部地区企业加快制造业服务化转型，建立生产服务基地。支持中西部地区发展具有特色和竞争力的生产性服务业，加快产业转移承接地服务配套设施和能力建设，实现制造业和服务业协同发展。

（九）提高制造业国际化发展水平

统筹利用两种资源、两个市场，实行更加积极的开放战略，将引进来与走出去更好结合，拓展新的开放领域和空间，提升国际合作的水平和层次，推动重点产业国际化布局，引导企业提高国际竞争力。

提高利用外资与国际合作水平。进一步放开一般制造业，优化开放结构，提高开放水平。引导外资投向新一代信息技术、高端装备、新材料、生物医药等高端制造领域，鼓励境外企业和科研机构在我国设立全球研发机构。支持符合条件的企业在境外发行股票、债券，鼓励与境外企业开展多种形式的技术合作。

提升跨国经营能力和国际竞争力。支持发展一批跨国公司，通过全球资源利用、业务流程再造、产业链整合、资本市场运作等方式，加快提升核心竞争力。支持企业在境外开展并购和股权投资、创业投资，建立研发中心、实验基地和全球营销及服务体系；依托互联网开展网络协同设计、精准营销、增值服务创新、媒体品牌推广等，建立全球产业链体系，提高国际化经营能力和服务水平。鼓励优势企业加快发展国际总承包、总集成。引导企业融入当地文化，增强社会责任意识，加强投资和经营风险管理，提高企业境外本土化能力。

深化产业国际合作，加快企业走出去。加强顶层设计，制定制造业走出去发展总体战略，建立完善统筹协调机制。积极参与和推动国际产业合作，贯彻落实丝绸之路经济带和 21 世纪海上丝绸之路等重大战略部署，加快推进与周边国家互联互通基础设施建设，深化产业合作。发挥沿边开放优势，在有条件的国家和地区建设一批境外制造业合作园区。坚持政府推动、企业主导，创新商业模式，鼓励高端装备、先进技术、优势产能向境外转移。加强政策引导，推动产业合作由加工制造环节为主向合作研发、联合设计、市场营销、品牌培育等高端环节延伸，提高国际合作水平。创新加工贸易模式，延长加工贸易国内增值链条，推动加工贸易转型升级。

四、战略支撑与保障

建设制造强国，必须发挥制度优势，动员各方面力量，进一步深化改革，完善政策措施，建立灵活高效的实施机制，营造良好环境；必须培育创新文化和中国特色制造文化，推动制造业由大变强。

（一）深化体制机制改革

全面推进依法行政，加快转变政府职能，创新政府管理方式，加强制造业发展战略、规划、政策、标准等制定和实施，强化行业自律和公共服务能力建设，提高产业治理水平。简政放权，深化行政审批制度改革，规范审批事项，简化程序，明确时限；适时修订政府核准的投资项目目录，落实企业投资主体地位。完善政产学研用协同创新机制，改革技术创新管理体制机制和项目经费分配、成果评价和转化机制，促进科技成果资本化、产业化，激发制造业创新活力。加快生产要素价格市场化改革，完善主要由市场决定价格的机制，合理配置公共资源；推行节能量、碳排放权、排污权、水权交易制度改革，加快资源税从价计征，推动环境保护费改税。深化国有企业改革，完善公司治理结构，有序发展混合所有制经济，进一步破除各种形式的行业垄断，取消对非公有制经济的不合理限制。稳步推进国防科技工业改革，推动军民融合深度发展。健全产业安全审查机制和法规体系，加强关系国民经济命脉和国家安全的制造业重要领域投融资、并购重组、招标采购等方面的安全审查。

（二）营造公平竞争市场环境

深化市场准入制度改革，实施负面清单管理，加强事中事后监管，全面清理和废止不利于全国统一市场建设的政策措施。实施科学规范的行业准入制度，制定和完善制造业节能节地节水、环保、技术、安全等准入标准，加强对国家强制性标准实施的监督检查，统一执法，以市场化手段引导企业进行结构调整和转型升级。切实加强监管，打击制售假冒伪劣行为，严厉惩处市场垄断和不正当竞争行为，为企业创造良好生产经营环境。加快发展技术市场，健全知识产权创造、运用、管理、保护机制。完善淘汰落后产能工作涉及的职工安置、债务清偿、企业转产等政策措施，健全市场退出机制。进一步减轻企业负担，实施涉企收费清单制度，建立全国涉企收费项目库，取缔各种不合理收费和摊派，加强监督检查和问责。推进制造业企业信用体系建设，建设中国制造信用数据库，建立健全企业信用动态评价、守信激励和失信惩戒机制。强化企业社会责任建设，推行企业产品标准、质量、安全自我声明和监督制度。

（三）完善金融扶持政策

深化金融领域改革，拓宽制造业融资渠道，降低融资成本。积极发挥政策性金融、开发性金融和商业金融的优势，加大对新一代信息技术、高端装备、新材料等重点领域的支持力度。支持中国进出口银行在业务范围内加大对制造业走出去的服务力度，鼓励国家开发银行增加对制造业企业的贷款投放，引导金融机构创新符合制造业企业特点的产品和业务。健全多层次资本市场，推动区域性股权市场规范发展，支持符合条件的制造业企业在境内外上市融资、发行各类债务融资工具。引导风险投资、私募股权投资等支持制造业企业创新发展。鼓励符合条件的制造业贷款和租赁资产开展证券化试点。支持重点领域大型制造业企业集团开展产融结合试点，通过融资租赁方式促进制造业转型升级。探索开发适合制造业发展的保险产品和服务，鼓励发展贷款保证保险和信用保险业务。在风险可控和商业可持续的前提下，通过内保外贷、外汇及人民币贷款、债权融资、股权融资等方式，加大对制造业企业在境外开展资源勘探开发、设立研发中心和高技术企业以及收购兼并等的支持力度。

（四）加大财税政策支持力度

充分利用现有渠道，加强财政资金对制造业的支持，重点投向智能制造、“四基”发展、高端装备等制造业转型升级的关键领域，为制造业发展创造良好政策环境。运用政府和社会资本合作（PPP）模式，引导社会资本参与制造业重大项目建设、企业技术改造和关键基础设施建设。创新财政资金支持方式，逐步从“补建设”向“补运营”转变，提高财政资金使用效益。深化科技计划（专项、基金等）管理改革，支持制造业重点领域科技研发和示范应用，促进制造业技术创新、转型升级和结构布局调整。完善和落实支持创新的政府采购政策，推动制造业创新产品的研发和规模化应用。落实和完善使用首台（套）重大技术装备等鼓励政策，健全研制、使用单位在产品创新、增值服务和示范应用等环节的激励约束机制。实施有利于制造业转型升级的税收政策，推进增值税改革，完善企业研发费用计核方法，切实减轻制造业企业税收负担。

（五）健全多层次人才培养体系

加强制造业人才发展统筹规划和分类指导，组织实施制造业人才培养计划，加大专业技术人才、经营管理人才和技能人才的培养力度，完善从研发、转化、生产到管理的人才培养体系。以提高现代经营管理水平和企业竞争力为核心，实施企业经营管理人才素质提升工程和国家中小企业银河培训工程，培养造就一批优秀企业家和高水平经营管理人才。以高层次、急需紧缺专业技术人才和创新型人才为重点，实施专业技术人才知识更新工程和先进制造卓越工程师培养计划，在高等学校建设一批工程创新训练中心，打造高素质专业技术人才队伍。强化职业教育和技能培训，引导一批普通本科高等学校向应用技术类高等学校转型，建立一批实训基地，开展现代学徒制试点示范，形成一支门类齐全、技艺精湛的技术技能人才队伍。鼓励企业与学校合作，培养制造业急需的科研人员、技术技能人才与复合型人才，深化相关领域工程博士、硕士专业学位研究生招生和培养模式改革，积极推进产学研结合。加强产业人才需求预测，完善各类人才信息库，构建产业人才水平评价制度和信息发布平台。建立人才激励机制，加大对优秀人才的表彰和奖励力度。建立完善制造业人才服务机构，健全人才流动和使用的体制机制。采取多种形式选拔各类优秀人才重点是专业技术人才到国外学习培训，探索建立国际培训基地。加大制造业引智力度，引进领军人才和紧缺人才。

（六）完善中小微企业政策

落实和完善支持小微企业发展的财税优惠政策，优化中小企业发展专项资金使用重点和方式。发挥财政资金杠杆撬动作用，吸引社会资本，加快设立国家中小企业发展基金。支持符合条件的民营资本依法设立中小型银行等金融机构，鼓励商业银行加大小微企业金融服务专营机构建设力度，建立完善小微企业融资担保体系，创新产品和服务。加快构建中小微企业征信体系，积极发展面向小微企业的融资租赁、知识产权质押贷款、信用保险保单质押贷款等。建设完善中小企业创业基地，引导各类创业投资基金投资小微企业。鼓励大学、科研院所、工程中心等对中小企业开放共享各种实（试）验设施。加强中小微企业综合服务体系建设，完善中小微企业公共服务平台网络，建立信息互联互通机制，为中小微企业提供创业、创新、融资、咨询、培训、人才等专业化服务。

（七）进一步扩大制造业对外开放

深化外商投资管理体制改革，建立外商投资准入前国民待遇加负面清单管理机制，落实备案为主、核准为辅的管理模式，营造稳定、透明、可预期的营商环境。全面深化外汇管理、海关监管、检验检疫管理改革，提高贸易投资便利化水平。进一步放宽市场准入，修订钢铁、化工、船舶等产业政策，支持制造业企业通过委托开发、专利授权、众包众创等方式引进先进技术和高端人才，推动利用外资由重点引进技术、资金、设备向合资合作开发、对外并购及引进领军人才转变。加强对外投资立法，强化制造业企业走出去法律保障，规范企业境外经营行为，维护企业合法权益。探索利用产业基金、国有资本收益等渠道支持高铁、电力装备、汽车、工程施工等装备和优势产能走出去，实施海外投资并购。加快制造业走出去支撑服务机构建设和水平提升，建立制造业对外投资公共服务平台和出口产品技术性贸易服务平台，完善应对贸易摩擦和境外投资重大事项预警协调机制。

（八）健全组织实施机制

成立国家制造强国建设领导小组，由国务院领导同志担任组长，成员由国务院相关部门和单位负责同志担任。领导小组主要职责是：统筹协调制造强国建设全局性工作，审议重大规划、重大政策、重大工程专项、重大问题和重要工作安排，加强战略谋划，指导部门、地方开展工作。领导小组办公室设在工业和信息化部，承担领导小组日常工作。设立制造强国建设战略咨询委员会，研究制造业发展的前瞻性、战略性重大问题，对制造业重大决策提供咨询评估。支持包括社会智库、企业智库在内的多层次、多领域、多形态的中国特色新型智库建设，为制造强国建设提供强大智力支持。建立《中国制造 2025》任务落实情况督促检查和第三方评价机制，完善统计监测、绩效评估、动态调整和监督考核机制。建立《中国制造 2025》中期评估机制，适时对目标任务进行必要调整。

各地区、各部门要充分认识建设制造强国的重大意义，加强组织领导，健全工作机制，强化部门协同和上下联动。各地区要结合当地实际，研究制定具体实施方案，细化政策措施，确保各项任务落实到位。工业和信息化部要会同相关部门加强跟踪分析和督促指导，重大事项及时向国务院报告。

国务院关于积极推进“互联网+”行动的指导意见

国发〔2015〕40号

各省、自治区、直辖市人民政府，国务院各部委、各直属机构：

“互联网+”是把互联网的创新成果与经济社会各领域深度融合，推动技术进步、效率提升和组织变革，提升实体经济创新力和生产力，形成更广泛的以互联网为基础设施和创新要素的经济社会发展新形态。在全球新一轮科技革命和产业变革中，互联网与各领域的融合发展具有广阔前景和无限潜力，已成为不可阻挡的时代潮流，正对各国经济社会发展产生着战略性和全局性的影响。积极发挥我国互联网已经形成的比较优势，把握机遇，增强信心，加快推进“互联网+”发展，有利于重塑创新体系、激发创新活力、培育新兴业态和创新公共服务模式，对打造大众创业、万众创新和增加公共产品、公共服务“双引擎”，主动适应和引领经济发展新常态，形成经济发展新动能，实现中国经济提质增效升级具有重要意义。

近年来，我国在互联网技术、产业、应用以及跨界融合等方面取得了积极进展，已具备加快推进“互联网+”发展的坚实基础，但也存在传统企业运用互联网的意识和能力不足、互联网企业对传统产业理解不够深入、新业态发展面临体制机制障碍、跨界融合型人才严重匮乏等问题，亟待加以解决。为加快推动互联网与各领域深入融合和创新发展，充分发挥“互联网+”对稳增长、促改革、调结构、惠民生、防风险的重要作用，现就积极推进“互联网+”行动提出以下意见。

一、行动要求

（一）总体思路

顺应世界“互联网+”发展趋势，充分发挥我国互联网的规模优势和应用优势，推动互联网由消费领域向生产领域拓展，加速提升产业发展水平，增强各行业创新能力，构筑经济社会发展新优势和新动能。坚持改革创新和市场需求导向，突出企业的主体作用，大力拓展互联网与经济社会各领域融合的广度和深度。着力深化体制机制改革，释放发展潜力和活力；着力做优存量，推动经济提质增效和转型升级；着力做大增量，培育新兴业态，打造新的增长点；着力创新政府服务模式，夯实网络发展基础，营造安全网络环境，提升公共服务水平。

（二）基本原则

坚持开放共享。营造开放包容的发展环境，将互联网作为生产生活要素共享的重要平台，最大限度优化资源配置，加快形成以开放、共享为特征的经济社会运行新模式。

坚持融合创新。鼓励传统产业树立互联网思维，积极与“互联网+”相结合。推动互联网向经济社会各领域加速渗透，以融合促创新，最大程度汇聚各类市场要素的创新力量，推动融合性新兴产业成为经济发展新动力和新支柱。

坚持变革转型。充分发挥互联网在促进产业升级以及信息化和工业化深度融合中的平台作用，引导要素资源向实体经济集聚，推动生产方式和发展模式变革。创新网络化公共服务模式，大幅提升公共服务能力。

坚持引领跨越。巩固提升我国互联网发展优势，加强重点领域前瞻性布局，以互联网融合创新为突破口，培育壮大新兴产业，引领新一轮科技革命和产业变革，实现跨越式发展。

坚持安全有序。完善互联网融合标准规范和法律法规，增强安全意识，强化安全管理和防护，保障网络安全。建立科学有效的市场监管方式，促进市场有序发展，保护公平竞争，防止形成行业垄断和市场壁垒。

（三）发展目标

到 2018 年，互联网与经济社会各领域的融合发展进一步深化，基于互联网的新业态成为新的经济增长动力，互联网支撑大众创业、万众创新的作用进一步增强，互联网成为提供公共服务的重要手段，网络经济与实体经济协同互动的发展格局基本形成。

——经济发展进一步提质增效。互联网在促进制造业、农业、能源、环保等产业转型升级方面取得积极成效，劳动生产率进一步提高。基于互联网的新兴业态不断涌现，电子商务、互联网金融快速发展，对经济提质增效的促进作用更加凸显。

——社会服务进一步便捷普惠。健康医疗、教育、交通等民生领域互联网应用更加丰富，公共服务更加多元，线上线下结合更加紧密。社会服务资源配置不断优化，公众享受到更加公平、高效、优质、便捷的服务。

——基础支撑进一步夯实提升。网络设施和产业基础得到有效巩固加强，应用支撑和安全保障能力明显增强。固定宽带网络、新一代移动通信网和下一代互联网加快发展，物联网、云计算等新型基础设施更加完备。人工智能等技术及其产业化能力显著增强。

——发展环境进一步开放包容。全社会对互联网融合创新的认识不断深入，互联网融合发展面临的体制机制障碍有效破除，公共数据资源开放取得实质性进展，相关标准规范、信用体系和法律法规逐步完善。

到2025年，网络化、智能化、服务化、协同化的“互联网+”产业生态体系基本完善，“互联网+”新经济形态初步形成，“互联网+”成为经济社会创新发展的重要驱动力量。

二、重点行动

（一）“互联网+”创业创新

充分发挥互联网的创新驱动作用，以促进创业创新为重点，推动各类要素资源聚集、开放和共享，大力发展众创空间、开放式创新等，引导和推动全社会形成大众创业、万众创新的浓厚氛围，打造经济发展新引擎。（发展改革委、科技部、工业和信息化部、人力资源社会保障部、商务部等负责，列第一位者为牵头部门，下同）

1. 强化创业创新支撑。鼓励大型互联网企业和基础电信企业利用技术优势和产业整合能力，向小微企业和创业团队开放平台入口、数据信息、计算能力等资源，提供研发工具、经营管理和市场营销等方面的支持和服务，提高小微企业信息化应用水平，培育和孵化具有良好商业模式的创业企业。充分利用互联网基础条件，完善小微企业公共服务平台网络，集聚创业创新资源，为小微企业提供找得着、用得起、有保障的服务。

2. 积极发展众创空间。充分发挥互联网开放创新优势，调动全社会力量，支持创新工场、创客空间、社会实验室、智慧小企业创业基地等新型众创空间发展。充分利用国家自主创新示范区、科技企业孵化器、大学科技园、商贸企业集聚区、小微企业创业示范基地等现有条件，通过市场化方式构建一批创新与创业相结合、线上与线下相结合、孵化与投资相结合的众创空间，为创业者提供低成本、便利化、全要素的工作空间、网络空间、社交空间和资源共享空间。实施新兴产业“双创”行动，建立一批新兴产业“双创”示范基地，加快发展“互联网+”创业网络体系。

3. 发展开放式创新。鼓励各类创新主体充分利用互联网，把握市场需求导向，加强创新资源共享与合作，促进前沿技术和创新成果及时转化，构建开放式创新体系。推动各类创业创新扶持政策与互联网开放平台联动协作，为创业团队和个人开发者提供绿色通道服务。加快发展创业服务业，积极推广众包、用户参与设计、云设计等新型研发组织模式，引导建立社会各界交流合作的平台，推动跨区域、跨领域的技术成果转移和协同创新。

（二）“互联网+”协同制造

推动互联网与制造业融合，提升制造业数字化、网络化、智能化水平，加强产业链协作，发展基于互联网的协同制造新模式。在重点领域推进智能制造、大规模个性化定制、网络化协同制造和服务型制造，打造一批网络化协同制造公共服务平台，加快形成制造业网络化产业生态体系。（工业和信息化部、发展改革委、科技部共同牵头）

1. 大力发展智能制造。以智能工厂为发展方向，开展智能制造试点示范，加快推动云计算、物联网、智能工业机器人、增材制造等技术在生产过程中的应用，推进生产装备智能化升级、工艺流程改造和基础数据共享。着力在工控系统、智能感知元器件、工业云平台、操作系统和工业软件等核心环节取得突破，加强工业大数据的开发与利用，有效支撑制造业智能化转型，构建开放、共享、协作的智能制造产业生态。

2. 发展大规模个性化定制。支持企业利用互联网采集并对接用户个性化需求，推进设计研发、生产制造和供应链管理等关键环节的柔性化改造，开展基于个性化产品的服务模式和商业模式创新。鼓励互联网企业整合市场信息，挖掘细分市场需求与发展趋势，为制造企业开展个性化定制提供决策支撑。

3. 提升网络化协同制造水平。鼓励制造业骨干企业通过互联网与产业链各环节紧密协同，促进生产、质量控制和运营管理系统全面互联，推行众包设计研发和网络化制造等新模式。鼓励有实力的互联网企业构建网络化协同制造公共服务平台，面向细分行业提供云制造服务，促进创新资源、生产能力、市场需求的集聚与对接，提升服务中小微企业能力，加快全社会多元化制造资源的有效协同，提高产业链资源整合能力。

4. 加速制造业服务化转型。鼓励制造企业利用物联网、云计算、大数据等技术，整合产品全生命周期数据，形成面向生产组织全过程的决策服务信息，为产品优化升级提供数据支撑。鼓励企业基于互联网开展故障预警、远程维护、质量诊断、远程过程优化等在线增值服务，拓展产品价值空间，实现从制造向“制造+服务”的转型升级。

（三）“互联网+”现代农业

利用互联网提升农业生产、经营、管理和服务水平，培育一批网络化、智能化、精细化的现代“种养加”生态农业新模式，形成示范带动效应，加快完善新型农业生产经营体系，培育多样化农业互联网管理服务模式，逐步建立农副产品、农资质量安全追溯体系，促进农业现代化水平明显提升。（农业部、发展改革委、科技部、商务部、质检总局、食品药品监管总局、林业局等负责）

1. 构建新型农业生产经营体系。鼓励互联网企业建立农业服务平台，支撑专业大户、家庭农场、农民合作社、农业产业化龙头企业等新型农业生产经营主体，加强产销衔接，实现农业生产由生产导向向消费导向转变。提高农业生产经营的科技化、组织化和精细化水平，推进农业生产流通销售方式变革和农业发展方式转变，提升农业生产效率和增值空间。规范用好农村土地流转公共服务平台，提升土地流转透明度，保障农民权益。

2. 发展精准化生产方式。推广成熟可复制的农业物联网应用模式。在基础较好的领域和地区，普及基于环境感知、实时监测、自动控制的网络化农业环境监测系统。在大宗农产品规模生产区域，构建天地一体的农业物联网测控体系，实施智能节水灌溉、测土配方施肥、农机定位耕种等精准化作业。在畜禽标准化规模养殖基地和水产健康养殖示范基地，推动饲料精准投放、疾病自动诊断、废弃物自动回收等智能设备的应用普及和互联互通。

3. 提升网络化服务水平。深入推进信息进村入户试点，鼓励通过移动互联网为农民提供政策、市场、科技、保险等生产生活信息服务。支持互联网企业与农业生产经营主体合作，综合利用大数据、云计算等技术，建立农业信息监测体系，为灾害预警、耕地质量监测、重大动植物疫情防控、市场波动预测、经营科学决策等提供服务。

4. 完善农副产品质量安全追溯体系。充分利用现有互联网资源，构建农副产品质量安全追溯公共服务平台，推进制度标准建设，建立产地准出与市场准入衔接机制。支持新型农业生产经营主体利用互联网技术，对生产经营过程进行精细化信息化管理，加快推动移动互联网、物联网、二维码、无线射频识别等信息技术在生产加工和流通销售各环节的推广应用，强化上下游追溯体系对接和信息互通共享，不断扩大追溯体系覆盖面，实现农副产品“从农田到餐桌”全过程可追溯，保障“舌尖上的安全”。

（四）“互联网+”智慧能源

通过互联网促进能源系统扁平化，推进能源生产与消费模式革命，提高能源利用效率，推动节能减排。加强分布式能源网络建设，提高可再生能源占比，促进能源利用结构优化。加快发电设施、用电设施和电网智能化改造，提高电力系统的安全性、稳定性和可靠性。（能源局、发展改革委、工业和信息化部等负责）

1. 推进能源生产智能化。建立能源生产运行的监测、管理和调度信息公共服务网络，加强能源产业链上下游企业的信息对接和生产消费智能化，支撑电厂和电网协调运行，促进非化石能源与化石能源协同发电。鼓励能源企业运用大数据技术对设备状态、电能负载等数据进行分析挖掘与预测，开展精准调度、故障判断和预测性维护，提高能源利用效率和安全稳定运行水平。

2．建设分布式能源网络。建设以太阳能、风能等可再生能源为主体的多能源协调互补的能源互联网。突破分布式发电、储能、智能微网、主动配电网等关键技术，构建智能化电力运行监测、管理技术平台，使电力设备和用电终端基于互联网进行双向通信和智能调控，实现分布式电源的及时有效接入，逐步建成开放共享的能源网络。

3．探索能源消费新模式。开展绿色电力交易服务区域试点，推进以智能电网为配送平台，以电子商务为交易平台，融合储能设施、物联网、智能用电设施等硬件以及碳交易、互联网金融等衍生服务于一体的绿色能源网络发展，实现绿色电力的点到点交易及实时配送和补贴结算。进一步加强能源生产和消费协调匹配，推进电动汽车、港口岸电等电能替代技术的应用，推广电力需求侧管理，提高能源利用效率。基于分布式能源网络，发展用户端智能化用能、能源共享经济和能源自由交易，促进能源消费生态体系建设。

4．发展基于电网的通信设施和新型业务。推进电力光纤到户工程，完善能源互联网信息通信系统。统筹部署电网和通信网深度融合的网络基础设施，实现同缆传输、共建共享，避免重复建设。鼓励依托智能电网发展家庭能效管理等新型业务。

（五）“互联网+”普惠金融

促进互联网金融健康发展，全面提升互联网金融服务能力和普惠水平，鼓励互联网与银行、证券、保险、基金的融合创新，为大众提供丰富、安全、便捷的金融产品和服务，更好满足不同层次实体经济的投融资需求，培育一批具有行业影响力的互联网金融创新型企业。（人民银行、银监会、证监会、保监会、发展改革委、工业和信息化部、网信办等负责）

1．探索推进互联网金融云服务平台建设。探索互联网企业构建互联网金融云服务平台。在保证技术成熟和业务安全的基础上，支持金融企业与云计算技术提供商合作开展金融公共云服务，提供多样化、个性化、精准化的金融产品。支持银行、证券、保险企业稳妥实施系统架构转型，鼓励探索利用云服务平台开展金融核心业务，提供基于金融云服务平台的信用、认证、接口等公共服务。

2．鼓励金融机构利用互联网拓宽服务覆盖面。鼓励各金融机构利用云计算、移动互联网、大数据等技术手段，加快金融产品和服务创新，在更广泛地区提供便利的存贷款、支付结算、信用中介平台等金融服务，拓宽普惠金融服务范围，为实体经济发展提供有效支撑。支持金融机构和互联网企业依法合规开展网络借贷、网络证券、网络保险、互联网基金销售等业务。扩大专业互联网保险公司试点，充分发挥保险业在防范互联网金融风险中的作用。推动金融集成电路卡（IC卡）全面应用，提升电子现金的使用率和便捷性。发挥移动金融安全可信公共服务平台（MTPS）的作用，积极推动商业银行开展移动金融创新应用，促进移动金融在电子商务、公共服务等领域的规模应用。支持银行业金融机构借助互联网技术发展消费信贷业务，支持金融租赁公司利用互联网技术开展金融租赁业务。

3. 积极拓展互联网金融服务创新的深度和广度。鼓励互联网企业依法合规提供创新金融产品和服务，更好满足中小微企业、创新型企业和个人的投融资需求。规范发展网络借贷和互联网消费信贷业务，探索互联网金融服务创新。积极引导风险投资基金、私募股权投资基金和产业投资基金投资于互联网金融企业。利用大数据发展市场化个人征信业务，加快网络征信和信用评价体系建设。加强互联网金融消费权益保护和投资者保护，建立多元化金融消费纠纷解决机制。改进和完善互联网金融监管，提高金融服务安全性，有效防范互联网金融风险及其外溢效应。

（六）“互联网+”益民服务

充分发挥互联网的高效、便捷优势，提高资源利用效率，降低服务消费成本。大力发展以互联网为载体、线上线下互动的新兴消费，加快发展基于互联网的医疗、健康、养老、教育、旅游、社会保障等新兴服务，创新政府服务模式，提升政府科学决策能力和管理水平。（发展改革委、教育部、工业和信息化部、民政部、人力资源社会保障部、商务部、卫生计生委、质检总局、食品药品监管总局、林业局、旅游局、网信办、信访局等负责）

1. 创新政府网络化管理和服务。加快互联网与政府公共服务体系的深度融合，推动公共数据资源开放，促进公共服务创新供给和服务资源整合，构建面向公众的一体化在线公共服务体系。积极探索公众参与的网络化社会管理服务新模式，充分利用互联网、移动互联网应用平台等，加快推进政务新媒体发展建设，加强政府与公众的沟通交流，提高政府公共管理、公共服务和公共政策制定的响应速度，提升政府科学决策能力和社会治理水平，促进政府职能转变和简政放权。深入推进网上信访，提高信访工作质量、效率和公信力。鼓励政府和互联网企业合作建立信用信息共享平台，探索开展一批社会治理互联网应用试点，打通政府部门、企事业单位之间的数据壁垒，利用大数据分析手段，提升各级政府的社会治理能力。加强对“互联网+”行动的宣传，提高公众参与度。

2. 发展便民服务新业态。发展体验经济，支持实体零售商综合利用网上商店、移动支付、智能试衣等新技术，打造体验式购物模式。发展社区经济，在餐饮、娱乐、家政等领域培育线上线下结合的社区服务新模式。发展共享经济，规范发展网络约租车，积极推广在线租房等新业态，着力破除准入门槛高、服务规范难、个人征信缺失等瓶颈制约。发展基于互联网的文化、媒体和旅游等服务，培育形式多样的新型业态。积极推广基于移动互联网入口的城市服务，开展网上社保办理、个人社保权益查询、跨地区医保结算等互联网应用，让老百姓足不出户享受便捷高效的服务。

3. 推广在线医疗卫生新模式。发展基于互联网的医疗卫生服务，支持第三方机构构建医学影像、健康档案、检验报告、电子病历等医疗信息共享服务平台，逐步建立跨医院的医疗数据共享交换标准体系。积极利用移动互联网提供在线预约诊疗、候诊提醒、划价缴费、诊疗报告查询、药品配送等便捷服务。引导医疗机构面向中小城市和农村地区开展基层检查、上级诊断等远程医疗服务。鼓励互联网企业与医疗机构合作建立医疗网络信息平台，加强区域医疗卫生服务资源整合，充分利用互联网、大数据等手段，提高重大疾病和突发公共卫生事件防控能力。积极探索互联网延伸医嘱、电子处方等网络医疗健康服务应用。鼓励有资质的医学检验机构、医疗服务机构联合互联网企业，发展基因检测、疾病预防等健康服务模式。

4. 促进智慧健康养老产业发展。支持智能健康产品创新和应用，推广全面量化健康生活新方式。鼓励健康服务机构利用云计算、大数据等技术搭建公共信息平台，提供长期跟踪、预测预警的个性化健康管理服务。发展第三方在线健康市场调查、咨询评价、预防管理等应用服务，提升规范化和专业化运营水平。依托现有互联网资源和社会力量，以社区为基础，搭建养老信息服务网络平台，提供护理看护、健康管理、康复照料等居家养老服务。鼓励养老服务机构应用基于移动互联网的便携式体检、紧急呼叫监控等设备，提高养老服务水平。

5. 探索新型教育服务供给方式。鼓励互联网企业与社会教育机构根据市场需求开发数字教育资源，提供网络化教育服务。鼓励学校利用数字教育资源及教育服务平台，逐步探索网络化教育新模式，扩大优质教育资源覆盖面，促进教育公平。鼓励学校通过与互联网企业合作等方式，对接线上线下教育资源，探索基础教育、职业教育等教育公共服务提供新方式。推动开展学历教育在线课程资源共享，推广大规模在线开放课程等网络学习模式，探索建立网络学习学分认定与学分转换等制度，加快推动高等教育服务模式变革。

（七）“互联网+”高效物流

加快建设跨行业、跨区域的物流信息服务平台，提高物流供需信息对接和使用效率。鼓励大数据、云计算在物流领域的应用，建设智能仓储体系，优化物流运作流程，提升物流仓储的自动化、智能化水平和运转效率，降低物流成本。（发展改革委、商务部、交通运输部、网信办等负责）

1. 构建物流信息共享互通体系。发挥互联网信息集聚优势，聚合各类物流信息资源，鼓励骨干物流企业和第三方机构搭建面向社会的物流信息服务平台，整合仓储、运输和配送信息，开展物流全程监测、预警，提高物流安全、环保和诚信水平，统筹优化社会物流资源配置。构建互通省际、下达市县、兼顾乡村的物流信息互联网络，建立各类可开放数据的对接机制，加快完善物流信息交换开放标准体系，在更广范围促进物流信息充分共享与互联互通。

2. 建设深度感知智能仓储系统。在各级仓储单元积极推广应用二维码、无线射频识别等物联网感知技术和大数据技术，实现仓储设施与货物的实时跟踪、网络化管理以及库存信息的高度共享，提高货物调度效率。鼓励应用智能化物流装备提升仓储、运输、分拣、包装等作业效率，提高各类复杂订单的出货处理能力，缓解货物囤积停滞瓶颈制约，提升仓储运管水平和效率。

3. 完善智能物流配送调配体系。加快推进货运车联网与物流园区、仓储设施、配送网点等信息互联，促进人员、货源、车源等信息高效匹配，有效降低货车空驶率，提高配送效率。鼓励发展社区自提柜、冷链储藏柜、代收服务点等新型社区化配送模式，结合构建物流信息互联网络，加快推进县到村的物流配送网络和村级配送网点建设，解决物流配送“最后一公里”问题。

（八）“互联网+”电子商务

巩固和增强我国电子商务发展领先优势，大力发展农村电商、行业电商和跨境电商，进一步扩大电子商务发展空间。电子商务与其他产业的融合不断深化，网络化生产、流通、消费更加普及，标准规范、公共服务等支撑环境基本完善。（发展改革委、商务部、工业和信息化部、交通运输部、农业部、海关总署、税务总局、质检总局、网信办等负责）

1．积极发展农村电子商务。开展电子商务进农村综合示范，支持新型农业经营主体和农产品、农资批发市场对接电商平台，积极发展以销定产模式。完善农村电子商务配送及综合服务网络，着力解决农副产品标准化、物流标准化、冷链仓储建设等关键问题，发展农产品个性化定制服务。开展生鲜农产品和农业生产资料电子商务试点，促进农业大宗商品电子商务发展。

2．大力发展行业电子商务。鼓励能源、化工、钢铁、电子、轻纺、医药等行业企业，积极利用电子商务平台优化采购、分销体系，提升企业经营效率。推动各类专业市场线上转型，引导传统商贸流通企业与电子商务企业整合资源，积极向供应链协同平台转型。鼓励生产制造企业面向个性化、定制化消费需求深化电子商务应用，支持设备制造企业利用电子商务平台开展融资租赁服务，鼓励中小微企业扩大电子商务应用。按照市场化、专业化方向，大力推广电子招标投标。

3．推动电子商务应用创新。鼓励企业利用电子商务平台的大数据资源，提升企业精准营销能力，激发市场消费需求。建立电子商务产品质量追溯机制，建设电子商务售后服务质量检测云平台，完善互联网质量信息公共服务体系，解决消费者维权难、退货难、产品责任追溯难等问题。加强互联网食品药品市场监测监管体系建设，积极探索处方药电子商务销售和监管模式创新。鼓励企业利用移动社交、新媒体等新渠道，发展社交电商、“粉丝”经济等网络营销新模式。

4．加强电子商务国际合作。鼓励各类跨境电子商务服务商发展，完善跨境物流体系，拓展全球经贸合作。推进跨境电子商务通关、检验检疫、结汇等关键环节单一窗口综合服务体系建设。创新跨境权益保障机制，利用合格评定手段，推进国际互认。创新跨境电子商务管理，促进信息网络畅通、跨境物流便捷、支付及结汇无障碍、税收规范便利、市场及贸易规则互认互通。

（九）“互联网+”便捷交通

加快互联网与交通运输领域的深度融合，通过基础设施、运输工具、运行信息等互联网化，推进基于互联网平台的便捷化交通运输服务发展，显著提高交通运输资源利用效率和管理精细化水平，全面提升交通运输行业服务品质和科学治

理能力。（发展改革委、交通运输部共同牵头）

1．提升交通运输服务品质。推动交通运输主管部门和企业将服务性数据资源向社会开放，鼓励互联网平台为社会公众提供实时交通运行状态查询、出行路线规划、网上购票、智能停车等服务，推进基于互联网平台的多种出行方式信息服务对接和一站式服务。加快完善汽车健康档案、维修诊断和服务质量信息服务平台建设。

2．推进交通运输资源在线集成。利用物联网、移动互联网等技术，进一步加强对公路、铁路、民航、港口等交通运输网络关键设施运行状态与通行信息的采集。推动跨地域、跨类型交通运输信息互联互通，推广船联网、车联网等智能化技术应用，形成更加完善的交通运输感知体系，提高基础设施、运输工具、运行信息等要素资源的在线化水平，全面支撑故障预警、运行维护以及调度智能化。

3．增强交通运输科学治理能力。强化交通运输信息共享，利用大数据平台挖掘分析人口迁徙规律、公众出行需求、枢纽客流规模、车辆船舶行驶特征等，为优化交通运输设施规划与建设、安全运行控制、交通运输管理决策提供支撑。利用互联网加强对交通运输违章违规行为的智能化监管，不断提高交通运输治理能力。

（十）“互联网+”绿色生态

推动互联网与生态文明建设深度融合，完善污染物监测及信息发布系统，形成覆盖主要生态要素的资源环境承载能力动态监测网络，实现生态环境数据互联互通和开放共享。充分发挥互联网在逆向物流回收体系中的平台作用，促进再生资源交易利用便捷化、互动化、透明化，促进生产生活方式绿色化。（发展改革委、环境保护部、商务部、林业局等负责）

1．加强资源环境动态监测。针对能源、矿产资源、水、大气、森林、草原、湿地、海洋等各类生态要素，充分利用多维地理信息系统、智慧地图等技术，结合互联网大数据分析，优化监测站点布局，扩大动态监控范围，构建资源环境承载能力立体监控系统。依托现有互联网、云计算平台，逐步实现各级政府资源环境动态监测信息互联共享。加强重点用能单位能耗在线监测和大数据分析。

2．大力发展智慧环保。利用智能监测设备和移动互联网，完善污染物排放在线监测系统，增加监测污染物种类，扩大监测范围，形成全天候、多层次的智能多源感知体系。建立环境信息数据共享机制，统一数据交换标准，推进区域污染物排放、空气环境质量、水环境质量等信息公开，通过互联网实现面向公众的在线查询和定制推送。加强对企业环保信用数据的采集整理，将企业环保信用记录纳入全国统一的信用信息共享交换平台。完善环境预警和风险监测信息网络，提升重金属、危险废物、危险化学品等重点风险防范水平和应急处理能力。

3．完善废旧资源回收利用体系。利用物联网、大数据开展信息采集、数据分析、流向监测，优化逆向物流网点布局。支持利用电子标签、二维码等物联网技术跟踪电子废物流向，鼓励互联网企业参与搭建城市废弃物回收平台，创新再生资源回收模式。加快推进汽车保险信息系统、“以旧换再”管理系统和报废车管理系统的标准化、规范化和互联互通，加强废旧汽车及零部件的回收利用信息管理，为互联网企业开展业务创新和便民服务提供数据支撑。

4．建立废弃物在线交易系统。鼓励互联网企业积极参与各类产业园区废弃物信息平台建设，推动现有骨干再生资源交易市场向线上线下结合转型升级，逐步形成行业性、区域性、全国性的产业废弃物和再生资源在线交易系统，完善线上信用评价和供应链融资体系，开展在线竞价，发布价格交易指数，提高稳定供给能力，增强主要再生资源品种的定价权。

（十一）“互联网+”人工智能

依托互联网平台提供人工智能公共创新服务，加快人工智能核心技术突破，促进人工智能在智能家居、智能终端、智能汽车、机器人等领域的推广应用，培育若干引领全球人工智能发展的骨干企业和创新团队，形成创新活跃、开放合作、协同发展的产业生态。（发展改革委、科技部、工业和信息化部、网信办等负责）

1．培育发展人工智能新兴产业。建设支撑超大规模深度学习的新型计算集群，构建包括语音、图像、视频、地图等数据的海量训练资源库，加强人工智能基础资源和公共服务等创新平台建设。进一步推进计算机视觉、智能语音处理、生物特征识别、自然语言理解、智能决策控制以及新型人机交互等关键技术的研发和产业化，推动人工智能在智能产品、工业制造等领域规模商用，为产业智能化升级夯实基础。

2．推进重点领域智能产品创新。鼓励传统家居企业与互联网企业开展集成创新，不断提升家居产品的智能化水平和服务能力，创造新的消费市场空间。推动汽车企业与互联网企业设立跨界交叉的创新平台，加快智能辅助驾驶、复杂环境感知、车载智能设备等技术产品的研发与应用。支持安防企业与互联网企业开展合作，发展和推广图像精准识别等大数据分析技术，提升安防产品的智能化服务水平。

3．提升终端产品智能化水平。着力做大高端移动智能终端产品和服务的市场规模，提高移动智能终端核心技术研发及产业化能力。鼓励企业积极开展差异化细分市场需求分析，大力丰富可穿戴设备的应用服务，提升用户体验。推动互联网技术以及智能感知、模式识别、智能分析、智能控制等智能技术在机器人领域的深入应用，大力提升机器人产品在传感、交互、控制等方面的性能和智能化水平，提高核心竞争力。

三、保障支撑

（一）夯实发展基础

1．巩固网络基础。加快实施“宽带中国”战略，组织实施国家新一代信息基础设施建设工程，推进宽带网络光纤化改造，加快提升移动通信网络服务能力，促进网间互联互通，大幅提高网络访问速率，有效降低网络资费，完善电信普遍服务补偿机制，支持农村及偏远地区宽带建设和运行维护，使互联网下沉为各行业、各领域、各区域都能使用，人、机、物泛在互联的基础设施。增强北斗卫星全球服务能力，构建天地一体化互联网络。加快下一代互联网商用部署，加强互联网协议第 6 版（IPv6）地址管理、标识管理与解析，构建未来网络创新试验平台。研究工业互联网网络架构体系，构建开放式国家创新试验验证平台。（发展改革委、工业和信息化部、财政部、国资委、网信办等负责）

2．强化应用基础。适应重点行业融合创新发展需求，完善无线传感网、行业云及大数据平台等新型应用基础设施。实施云计算工程，大力提升公共云服务能力，引导行业信息化应用向云计算平台迁移，加快内容分发网络建设，优化数据中心布局。加强物联网网络架构研究，组织开展国家物联网重大应用示范，鼓励具备条件的企业建设跨行业物联网运营和支撑平台。（发展改革委、工业和信息化部等负责）

3．做实产业基础。着力突破核心芯片、高端服务器、高端存储设备、数据库和中间件等产业薄弱环节的技术瓶颈，加快推进云操作系统、工业控制实时操作系统、智能终端操作系统的研发和应用。大力发展云计算、大数据等解决方案以及高端传感器、工控系统、人机交互等软硬件基础产品。运用互联网理念，构建以骨干企业为核心、产学研用高效整合的技术产业集群，打造国际先进、自主可控的产业体系。（工业和信息化部、发展改革委、科技部、网信办等负责）

4．保障安全基础。制定国家信息领域核心技术设备发展时间表和路线图，提升互联网安全管理、态势感知和风险防范能力，加强信息网络基础设施安全防护和用户个人信息保护。实施国家信息安全专项，开展网络安全应用示范，提高“互联网+”安全核心技术和产品水平。按照信息安全等级保护等制度和网络安全国家标准的要求，加强“互联网+”关键领域重要信息系统的安全保障。建设完善网络安全监测评估、监督管理、标准认证和创新能力体系。重视融合带来的安全风险，完善网络数据共享、利用等的安全管理和技术措施，探索建立以行政评议和第三方评估为基础的数据安全流动认证体系，完善数据跨境流动管理制度，确保数据安全。（网信办、发展改革委、科技部、工业和信息化部、公安部、安全部、质检总局等负责）

（二）强化创新驱动

1．加强创新能力建设。鼓励构建以企业为主导，产学研用合作的“互联网+”产业创新网络或产业技术创新联盟。支持以龙头企业为主体，建设跨界交叉领域的创新平台，并逐步形成创新网络。鼓励国家创新平台向企业特别是中小企业在线开放，加大国家重大科研基础设施和大型科研仪器等网络化开放力度。（发展改革委、科技部、工业和信息化部、网信办等负责）

2．加快制定融合标准。按照共性先立、急用先行的原则，引导工业互联网、智能电网、智慧城市等领域基础共性标准、关键技术标准的研制及推广。加快与互联网融合应用的工控系统、智能专用装备、智能仪表、智能家居、车联网等细分领域的标准化工作。不断完善“互联网+”融合标准体系，同步推进国际国内标准化工作，增强在国际标准化组织（ISO）、国际电工委员会（IEC）和国际电信联盟（ITU）等国际组织中的话语权。（质检总局、工业和信息化部、网信办、能源局等负责）

3．强化知识产权战略。加强融合领域关键环节专利导航，引导企业加强知识产权战略储备与布局。加快推进专利基础信息资源开放共享，支持在线知识产权服务平台建设，鼓励服务模式创新，提升知识产权服务附加值，支持中小微企业知识产权创造和运用。加强网络知识产权和专利执法维权工作，严厉打击各种网络侵权假冒行为。增强全社会对网络知识产权的保护意识，推动建立“互联网+”知识产权保护联盟，加大对新业态、新模式等创新成果的保护力度。（知识产权局牵头）

4．大力发展开源社区。鼓励企业自主研发和国家科技计划（专项、基金等）支持形成的软件成果通过互联网向社会开源。引导教育机构、社会团体、企业或个人发起开源项目，积极参加国际开源项目，支持组建开源社区和开源基金会。鼓励企业依托互联网开源模式构建新型生态，促进互联网开源社区与标准规范、知识产权等机构的对接与合作。（科技部、工业和信息化部、质检总局、知识产权局等负责）

（三）营造宽松环境

1．构建开放包容环境。贯彻落实《中共中央国务院关于深化体制机制改革加快实施创新驱动发展战略的若干意见》，放宽融合性产品和服务的市场准入限制，制定实施各行业互联网准入负面清单，允许各类主体依法平等进入未纳入负面清单管理的领域。破除行业壁垒，推动各行业、各领域在技术、标准、监管等方面充分对接，最大限度减少事前准入限制，加强事中事后监管。继续深化电信体制改革，有序开放电信市场，加快民营资本进入基础电信业务。加快深化商事制度改革，推进投资贸易便利化。（发展改革委、网信办、教育部、科技部、工业和信息化部、民政部、商务部、卫生计生委、工商总局、质检总局等负责）

2．完善信用支撑体系。加快社会征信体系建设，推进各类信用信息平台无缝对接，打破信息孤岛。加强信用记录、风险预警、违法失信行为等信息资源在线披露和共享，为经营者提供信用信息查询、企业网上身份认证等服务。充分利用互联网积累的信用数据，对现有征信体系和评测体系进行补充和完善，为经济调节、市场监管、社会管理和公共服务提供有力支撑。（发展改革委、人民银行、工商总局、质检总局、网信办等负责）

3．推动数据资源开放。研究出台国家大数据战略，显著提升国家大数据掌控能力。建立国家政府信息开放统一平台和基础数据资源库，开展公共数据开放利用改革试点，出台政府机构数据开放管理规定。按照重要性和敏感程度分级分类，推进政府和公共信息资源开放共享，支持公众和小微企业充分挖掘信息资源的商业价值，促进互联网应用创新。（发展改革委、工业和信息化部、国务院办公厅、网信办等负责）

4．加强法律法规建设。针对互联网与各行业融合发展的新特点，加快“互联网+”相关立法工作，研究调整完善不适应“互联网+”发展和管理的现行法规及政策规定。落实加强网络信息保护和信息公开有关规定，加快推动制定网络安全、电子商务、个人信息保护、互联网信息服务管理等法律法规。完善反垄断法配套规则，进一步加大反垄断法执行力度，严格查处信息领域企业垄断行为，营造互联网公平竞争环境。（法制办、网信办、发展改革委、工业和信息化部、公安部、安全部、商务部、工商总局等负责）

（四）拓展海外合作

1．鼓励企业抱团出海。结合“一带一路”等国家重大战略，支持和鼓励具有竞争优势的互联网企业联合制造、金融、信息通信等领域企业率先走出去，通过海外并购、联合经营、设立分支机构等方式，相互借力，共同开拓国际市场，推进国际产能合作，构建跨境产业链体系，增强全球竞争力。（发展改革委、外交部、工业和信息化部、商务部、网信办等负责）

2．发展全球市场应用。鼓励“互联网+”企业整合国内外资源，面向全球提供工业云、供应链管理、大数据分析等网络服务，培育具有全球影响力的“互联网+”应用平台。鼓励互联网企业积极拓展海外用户，推出适合不同市场文化的产品和服务。（商务部、发展改革委、工业和信息化部、网信办等负责）

3．增强走出去服务能力。充分发挥政府、产业联盟、行业协会及相关中介机构作用，形成支持“互联网+”企业走出去的合力。鼓励中介机构为企业拓展海外市场提供信息咨询、法律援助、税务中介等服务。支持行业协会、产业联盟与企业共同推广中国技术和中国标准，以技术标准走出去带动产品和服务在海外推广应用。（商务部、外交部、发展改革委、工业和信息化部、税务总局、质检总局、网信办等负责）

（五）加强智力建设

1．加强应用能力培训。鼓励地方各级政府采用购买服务的方式，向社会提供互联网知识技能培训，支持相关研究机构和专家开展“互联网+”基础知识和应用培训。鼓励传统企业与互联网企业建立信息咨询、人才交流等合作机制，促进双方深入交流合作。加强制造业、农业等领域人才特别是企业高层管理人员的互联网技能培训，鼓励互联网人才与传统行业人才双向流动。（科技部、工业和信息化部、人力资源社会保障部、网信办等负责）

2．加快复合型人才培养。面向“互联网+”融合发展需求，鼓励高校根据发展需要和学校办学能力设置相关专业，注重将国内外前沿研究成果尽快引入相关专业教学中。鼓励各类学校聘请互联网领域高级人才作为兼职教师，加强“互联网+”领域实验教学。（教育部、发展改革委、科技部、工业和信息化部、人力资源社会保障部、网信办等负责）

3．鼓励联合培养培训。实施产学合作专业综合改革项目，鼓励校企、院企合作办学，推进“互联网+”专业技术人才培训。深化互联网领域产教融合，依托高校、科研机构、企业的智力资源和研究平台，建立一批联合实训基地。建立企业技术中心和院校对接机制，鼓励企业在院校建立“互联网+”研发机构和实验中心。（教育部、发展改革委、科技部、工业和信息化部、人力资源社会保障部、网信办等负责）

4．利用全球智力资源。充分利用现有人才引进计划和鼓励企业设立海外研发中心等多种方式，引进和培养一批“互联网+”领域高端人才。完善移民、签证等制度，形成有利于吸引人才的分配、激励和保障机制，为引进海外人才提供有利条件。支持通过任务外包、产业合作、学术交流等方式，充分利用全球互联网人才资源。吸引互联网领域领军人才、特殊人才、紧缺人才在我国创业创新和从事教学科研等活动。（人力资源社会保障部、发展改革委、教育部、科技部、网信办等负责）

（六）加强引导支持

1．实施重大工程包。选择重点领域，加大中央预算内资金投入力度，引导更多社会资本进入，分步骤组织实施“互联网+”重大工程，重点促进以移动互联网、云计算、大数据、物联网为代表的新一代信息技术与制造、能源、服务、农业等领域的融合创新，发展壮大新兴业态，打造新的产业增长点。（发展改革委牵头）

2．加大财税支持。充分发挥国家科技计划作用，积极投向符合条件的“互联网+”融合创新关键技术研发及应用示范。统筹利用现有财政专项资金，支持“互联网+”相关平台建设和应用示范等。加大政府部门采购云计算服务的力度，探索基于云计算的政务信息化建设运营新机制。鼓励地方政府创新风险补偿机制，探索“互联网+”发展的新模式。（财政部、税务总局、发展改革委、科技部、网信办等负责）

3．完善融资服务。积极发挥天使投资、风险投资基金等对“互联网+”的投资引领作用。开展股权众筹等互联网金融创新试点，支持小微企业发展。支持国家出资设立的有关基金投向“互联网+”，鼓励社会资本加大对相关创新型企业的投资。积极发展知识产权质押融资、信用保险保单融资增信等服务，鼓励通过债券融资方式支持“互联网+”发展，支持符合条件的“互联网+”企业发行公司债券。开展产融结合创新试点，探索股权和债权相结合的融资服务。降低创新型、成长型互联网企业的上市准入门槛，结合证券法修订和股票发行注册制改革，支持处于特定成长阶段、发展前景好但尚未盈利的互联网企业在创业板上市。推动银行业金融机构创新信贷产品与金融服务，加大贷款投放力度。鼓励开发性金融机构为“互联网+”重点项目建设提供有效融资支持。（人民银行、发展改革委、银监会、证监会、保监会、网信办、开发银行等负责）

（七）做好组织实施

1．加强组织领导。建立“互联网+”行动实施部际联席会议制度，统筹协调解决重大问题，切实推动行动的贯彻落实。联席会议设办公室，负责具体工作的组织推进。建立跨领域、跨行业的“互联网+”行动专家咨询委员会，为政府决策提供重要支撑。（发展改革委牵头）

2．开展试点示范。鼓励开展“互联网+”试点示范，推进“互联网+”区域化、链条化发展。支持全面创新改革试验区、中关村等国家自主创新示范区、国家现代农业示范区先行先试，积极开展“互联网+”创新政策试点，破除新兴产业行业准入、数据开放、市场监管等方面政策障碍，研究适应新兴业态特点的税收、保险政策，打造“互联网+”生态体系。（各部门、各地方政府负责）

3．有序推进实施。各地区、各部门要主动作为，完善服务，加强引导，以动态发展的眼光看待“互联网+”，在实践中大胆探索拓展，相互借鉴“互联网+”融合应用成功经验，促进“互联网+”新业态、新经济发展。有关部门要加强统筹规划，提高服务和管理能力。各地区要结合实际，研究制定适合本地的“互联网+”行动落实方案，因地制宜，合理定位，科学组织实施，杜绝盲目建设和重复投资，务实有序推进“互联网+”行动。（各部门、各地方政府负责）

国务院

2015 年 7 月 1 日

参考文献

[1] 国务院．国务院关于深化制造业与互联网融合发展的指导意见[OL]. http://www.gov.cn/zhengce/content/2016-05/20/content_5075099.htm.

[2] 国务院．中国制造 2025[OL]. http://www.gov.cn/zhengce/content/2015-05/19/content_9784.htm.

[3] 国务院．国务院关于积极推进“互联网+”行动的指导意见[OL]. http://www.gov.cn/zhengce/content/2015-07/04/content_10002.htm.

[4] 中共中央．中共中央关于全面深化改革若干重大问题的决定[OL]. http://news.xinhuanet.com/2013-11/15/c_118164235.htm.

[5] 中共中央.《中共中央关于全面深化改革若干重大问题的决定》辅导读本[M]. 北京：人民出版社，2013.

[6] 中共中央．中共中央关于制定国民经济和社会发展第十三个五年规划的建议[OL]. http://jjckb.xinhuanet.com/2015-11/03/c_134779811.htm.

[7] 国务院．中华人民共和国国民经济和社会发展第十三个五年规划纲要[OL]. http://news.xinhuanet.com/politics/2016lh/2016-03/17/c_1118366322.htm.

[8] 中共中央，国务院．中共中央 国务院关于深化体制机制改革加快实施改革驱动创新驱动发展战略的若干意见[OL]. http://www.gov.cn/gongbao/ content/2015/content_2843767.htm.

[9] 中共中央，国务院．中共中央国务院关于加大改革创新力度加快农业现代化建设的若干意见[OL]. http://www.gov.cn/gongbao/content/2015/content_2818447.htm.

[10] 国务院办公厅．国务院办公厅关于建设大众创业万众创新示范基地的实施意

见[OL]. http://www.gov.cn/zhengce/content/2016-05/12/content_5072633.htm.

[11] 国务院办公厅．国务院办公厅关于加快众创空间发展服务实体经济转型升级的指导意见（国办发〔2016〕7 号）[OL]. http://www.gov.cn/zhengce/content/2016-02/18/content_5043305.htm.

[12] 国务院．国务院关于加快构建大众创业万众创新支撑平台的指导意见（国发〔2015〕53 号）[OL]. http://www.gov.cn/xinwen/2015-09/26/content_2939239.htm.

[13] 国务院．国务院关于大力推进大众创业万众创新若干政策措施的意见（国发〔2015〕32 号）[OL]. http://www.gov.cn/xinwen/2015-06/16/content_2879971.htm.

[14] 国务院办公厅．国务院办公厅关于发展众创空间推进大众创新创业的指导意见（国办发〔2015〕9 号）[OL]. http://www.gov.cn/xinwen/2015-03/11/content_2832461.htm.

[15] 习近平．关于《中共中央关于全面深化改革若干重大问题的决定》的说明[J]. 人民日报，2013-11-16.

[16] 习近平．谈全面建成小康社会：贯彻落实创新、协调、绿色、开放、共享五大发展理念[J]．求是，2016，(1).

[17] 习近平．谈法治国家：加快建设社会主义法治国家[J]．求是，2015，(1).

[18] 习近平．谈深化改革：切实把思想统一到党的十八届三中全会精神上来[J]. 求是，2014，(1).

[19] 习近平．谈“十三五”规划：关于《中共中央关于制定国民经济和社会发展第十三个五年规划的建议》的说明[J]．求是，2015，(22).

[20] 习近平．谈党建政治：在会见全国优秀县委书记时的讲话[J]．求是，2015，(17).

[21] 习近平．在网络安全和信息化工作座谈会上的讲话[OL]. http://www.xinjiangnet.com.cn/2016/0627/1585053.shtm.

[22] 李克强．关于深化经济体制改革的若干问题[J]．求是，2014，(9).

[23] 李克强．催生新的动能 实现发展升级[J]．求是，2015，(20)．

[24] 李克强．李克强对当前中国经济的 6 点判断[OL]．http://www.gov.cn/xinwen/2015-10/ 16/content_2948459.htm.

[25] 李克强．在改革开放进程中深入实施扩大内需战略[J]．求是，2012，(4)．

[26] 李克强．催生新的动能实现发展升级[J]．新华文摘，2016，(1)．

[27] 李克强．简政放权 放管结合 优化服务 深化行政体制改革 切实转变政府职能——在全国推进简政放权放管结合职能转变工作电视电话会议上的讲话》[J]．中国机构改革与管理，2015，(6)．

[28] 马凯．构建产业新体系[N]．人民日报．2015-11-10（6）．

[29] 苗圩．扎实推进“双创”加快形成制造业发展新动能[J]．求是，2016，(2)．

[30] 苗圩．着力推进工业供给侧结构性改革[J]．紫光阁，2016，(6)．

[31] 刁石京．突破关键核心技术 增强产业支撑服务能力[N]．中国电子报，2014-12-22．

[32] 樊会文．制造业与互联网融合发展价值潜力广阔[N]．中国电子报，2016-5-27．

[33] 杨春立．协同推进中国制造 2025 与“互联网+”行动路径明确[N]．中国电子报，2016-6-3．

[34] 高新民．两个“四基”同时发力才会有更好效果[N]．中国电子报，2016-5-31．

[35] 蒋明炜．发展智能制造 走向制造强国[N]．中国电子报，2016-5-31．

[36] 杨海成．融合创新不仅是方向也是应对挑战之道[N]．中国电子报，2016-6-7．

[37] 周平．加快发展信息物理系统 夯实融合发展基础[N]．中国电子报，2016-6-14．

[38] 马化腾．互联网+：助推中国新一轮产业变革 [N]．新华日报，2015-7-9．

[39] 国家统计局．2015 年国民经济和社会发展统计公报 [OL]．http://www.stats.gov.cn/tjsj /zxfb/201602/t20160229_1323991.htm.

[40] 中国电子信息产业发展研究院．中国信息化与工业化深度融合发展水平评估蓝皮书（2014）[M]．北京：人民出版社，2015．

[41] 中国电子信息产业发展研究院．中国工业发展蓝皮书（2014—2015）[M]．北京：人民出版社，2015．

[42] 中国电子信息产业发展研究院．中国战略性新兴产业蓝皮书（2014—2015）[M]．北京：人民出版社，2015．

[43] 中国电子信息产业发展研究院．中国工业发展质量蓝皮书（2014—2015）[M]．北京：人民出版社，2015．

[44] 中国电子信息产业发展研究院．中国产业结构调整蓝皮书（2014—2015）[M]．北京：人民出版社，2015．

[45] 中国电子信息产业发展研究院．中国工业技术创新发展蓝皮书（2014—2015）[M]．北京：人民出版社，2015．

[46] 中国电子信息产业发展研究院．中国工业节能减排发展蓝皮书（2014—2015）[M]．北京：人民出版社，2015．

[47] 中国电子信息产业发展研究院．中国中小企业发展蓝皮书（2014—2015）[M]．北京：人民出版社，2015．

[48] 中国电子信息产业发展研究院．中国消费品工业发展蓝皮书（2014—2015）[M]．北京：人民出版社，2015．

[49] 中国电子信息产业发展研究院．中国原材料工业发展蓝皮书（2014—2015）[M]．北京：人民出版社，2015．

[50] 中国电子信息产业发展研究院．中国装备工业发展蓝皮书（2014—2015）[M]．北京：人民出版社，2015．

[51] 中国电子信息产业发展研究院．世界工业发展蓝皮书（2014—2015）[M]．北京：人民出版社，2015．

[52] 中国电子信息产业发展研究院．中国安全产业发展蓝皮书（2014—2015）[M]．北京：人民出版社，2015．

[53] 中国电子信息产业发展研究院．中国信息化发展水平评估蓝皮书（2014）[M]．

北京：人民出版社，2015.

[54] 中国电子信息产业发展研究院. 世界信息化发展蓝皮书（2014—2015）[M]. 北京：人民出版社，2015.

[55] 中国电子信息产业发展研究院. 中国电子信息产业发展蓝皮书（2014—2015）[M]. 北京：人民出版社，2015.

[56] 中国电子信息产业发展研究院. 世界电子信息产业发展蓝皮书（2014—2015）[M]. 北京：人民出版社，2015.

[57] 中国电子信息产业发展研究院. 中国集成电路产业发展蓝皮书（2014—2015）[M]. 北京：人民出版社，2015.

[58] 中国电子信息产业发展研究院. 中国软件产业发展蓝皮书（2014—2015）[M]. 北京：人民出版社，2015.

[59] 中国电子信息产业发展研究院. 世界软件产业发展蓝皮书（2014—2015）[M]. 北京：人民出版社，2015.

[60] 中国电子信息产业发展研究院. 中国网络安全发展蓝皮书（2014—2015）[M]. 北京：人民出版社，2015.

[61] 中国电子信息产业发展研究院. 中国无线电应用与管理蓝皮书（2014—2015）[M]. 北京：人民出版社，2015.

[62] 中国电子信息产业发展研究院. 中国北斗导航产业发展蓝皮书（2014—2015）[M]. 北京：人民出版社，2015.

[63] 上海市经济团体联合会，上海市化学化工学会. 节能减排理论基础与装备技术[M]. 上海：华东理工大学出版社，2010.

[64] 陈诗一. 节能减排、结构调整与工业发展方式转变研究[M]. 北京：北京大学出版社，2011.

[65] 符长青，张公忠. 信息化工程导论[M]. 北京：清华大学出版社，2010.

[66] 顾新建，纪杨建，祁国宁. 制造业信息化导论[M]. 杭州：浙江大学出版社，2010.

[67] 董丽华，范春华，孙伟．网络化制造技术与应用[M]．北京：电子工业出版社，2009．

[68] 樊海云．信息化规划与实践：信息化价值创造从无序到有序[M]．北京：清华大学出版社，2008.

[69] 何衍庆，黄海燕，黎冰．集散控制系统原理及应用[M]．北京：化学工业出版社，2009．

[70] 刘俊娥．制造业企业信息化建设方案建设及实施指南[M]．北京：机械工业出版社，2010．

[71] 刘树森．现代制造企业信息化[M]．北京：科学出版社，2005．

[72] 刘延林，陈心昭．柔性制造自动化概论[M]．武汉：华中科技大学出版社，2010．

[73] 马士华，林勇．供应链管理（第三版）[M]．北京：高等教育出版社，2011．

[74] 明新国，余锋，王鹏鹏．服务型制造业体系构建与案例分析：创造持续性收益的蓝海[M]．上海：上海交通大学出版社，2011．

[75] 邵新宇，饶运清．制造系统运行优化理论与方法[M]．北京：科学出版社，2010．

[76] 阿尔文·托夫勒．第三次浪潮[M]．黄明坚，译．北京：中信出版社，2006．

[77] 管克江．“共享经济”悄然改变消费模式[N]．人民日报，2013-3-28．

[78] 杰里米·李夫金．零边际成本社会[M]．赛迪研究院，译．北京：中信出版社，2014．

[79] 姜奇平．如何推进分享经济：分享经济的定义与特征描述[J]．互联网周刊，2015，(22)．

[80] 雷切尔·博茨曼．共享经济时代[M]．唐朝文，译．上海：上海交通大学出版社，2015．

[81] 罗宾·蔡斯．共享经济——重构未来商业新模式，[M]．王芮，译．杭州：浙江人民出版社，2015．

[82] 胡世良．互联网思维的十大特征[OL]. http://www.cnii.com.cn/mobile internet/2014-05/04/content_1354512.htm.

[83] 飞扬．人类在互联网上存在的意义[J]．互联网周刊，2015-3-14．

[84] 邹方．智能制造中关键技术与实现[J]．航空制造技术，2014，(14).

[85] 傅志华．大数据时代，面临的七个挑战和八大趋势[OL]. http://mt.sohu.com/20150319/n410033721.shtm.

[86] 朱慧．借鉴德国工业 4.0 经验建设创新 2.0 时代的智造强国[OL]. http://scitech.people.com.cn/n/2014/0814/c1007-25463482.htm.

[87] 新浪河南．满足个性定制 海尔空调推行工业 4.0 制造模式[OL]. http://henan.sina.com.cn/ shuma/2015-03-09/141337663.htm.

[88] 李娜．华为工业 4.0 揭秘：聚焦智能工厂和工程机械[OL]. http://www.yicai.com/news/4585917.htm.

[89] 吕瑞强，侯志霞．人工智能与智能制造[J]．航空制造技术，2015，(13).

[90] 吴俊文．基于 Web2.0 的协同物流信息共享模式研究[J]．经济论坛，2009，(18).

[91] 张亚斌，金培振，沈裕谋．两化融合对中国工业环境治理绩效的贡献——重化工业化阶段的经验证据[J]．产业经济研究，2014，(1).

[92] 沈裕谋，张亚斌．两化融合对中国工业绿色全要素生产率的影响研究[J]．湖南科技大学学报：社会科学版，2014，(3).

[93] 刘力强，冯俊文．我国区域两化融合水平评价模型及实证研究[J]．科技进步与对策，2014，(9).

[94] 黄明峰．新形势下两化融合工作的若干思考[J]．电信科学，2016，32(1).

[95] 肖斌，赖新峰．“互联网+”背景下中国制造业的柔性化生产研究[J]．企业经济，2015，(9).

[96] 秦业，张群，杜娟．“互联网+”时代制造业绿色发展模式与策略研究[J]．中国工程科学，2015，17(8).

[97] 陶永，王田苗，李秋实，赵罡．基于“互联网+”的制造业全生命周期设计、制造、服务一体化[J]．科技导报，2016，(4).

[98] 延建林，孔德婧．解析“工业互联网”与“工业 4.0”及其对中国制造业发展的启示[J]．中国工程科学，2015，(7).

[99] 黄阳华，林智，李萌．“互联网+”对我国制造业转型升级的影响[J]．中国党政干部论坛，2015，(7).

[100] 王友发，周献中．国内外智能制造研究热点与发展趋势[J]．中国科技论坛，2016，(4).

[101] 张益，冯毅萍，荣冈．智慧工厂的参考模型与关键技术[J]．计算机集成制造系统，2016，22(1).

[102] 宁振波，吴元良．从先进制造业的发展看实施工业 4.0 的前提条件[J]．航空制造技术，2014，(18).

[103] 宁振波．智能制造——从美、德制造业战略说起[J]．航空制造技术，2015，(13).

[104] 李志强．智能制造技术[J]．航空制造技术，2015，(13).

[105] 潘健生，王婧，顾剑锋．我国高性能化智能制造发展战略研究[J]．金属热处理，2015，(1).

[106] 冷单，王影．我国发展智能制造的案例研究[J]．经济纵横，2015，(8).

后记

当前，新一轮科技革命和产业变革蓄势待发，集成电路、人工智能、移动互联、大数据、新型传感器、3D打印等新技术持续演进，智能制造、网络制造、绿色制造、服务型制造等日益成为生产方式变革的重要方向，跨领域、协同化、网络化的创新平台正在重组制造业创新体系。深化制造业与互联网融合已成为我国突破发展瓶颈、提升国际竞争力和应对经济下行压力的关键选项，我们要抓住互联网技术发展带来的机遇，加快产业结构调整和新旧动能转换，实现制造业转型升级和由大变强。《指导意见》全面部署了深化制造业与互联网融合发展，是贯彻落实《中国制造 2025》、建设制造强国和网络强国的重要举措，是推进供给侧结构性改革、实现经济提质增效的现实选择。

中国电子信息产业发展研究院信息化研究中心全程、深度参与了《指导意见》的研究起草、专家论证、征求意见、送审印发等各项研究支撑工作。为了更好地让社会各界深刻认识制造业与互联网融合发展的本质和内涵，全面了解制造业与互联网融合发展的方向和路径，中国电子信息产业发展研究院的研究支撑团队编写了《制造业+互联网》一书。全书主要围绕一直以来困扰制造业与互联网在哪儿融合、用什么融合、怎么融合的问题进行解读，分析论述了制造业与互联网融合的“焊点”（新技术、新产品、新模式、新业态）、“焊料”（夯实“新四基”，即“一软一硬一网一平台”。“一软”是指核心工业软硬件，“一硬”是指自动传感控制与感知关键技术，“一网”是指工业互联网，“一平台”是指工业云与智能服务平台）以及“焊枪”（企业层面的“双创平台”建设和跨界牵手，行业层面的系统解决方案能力提升，区域层面的创业创新服务体系和工业信息安全保障体系），为各级政府主管部门、行业组织、企业把握制造业与互联网融合发展的现状和问题、趋势和规律、方向和重点、政策和措施提供重要参考。

在本书编撰过程中，李伯虎、高新民、杨海成、蒋明炜等专家参与讨论并提出许多中肯意见，各地方工业和信息化主管部门给予了大力支持和帮助，在此表示衷心感谢。

本书内容和观点虽然经过众多专家广泛而深入的讨论，在编写过程中也经过多次修改和提炼，但由于涉及领域宽、研究难度大，加之编写者的理论水平、眼界和视野所限，肯定有缺点和不足，甚至会有错误，敬请广大读者批评指正。

我国是制造业大国，也是互联网大国，制造业与互联网融合空间广阔、潜力巨大。中国电子信息产业发展研究院将务实开拓、进中求质，积极建设国家高端智库，加快推动制造业与互联网融合发展，为制造强国和网络强国建设增砖添瓦。

本书编委会